中国语文教育研究丛书

顾之川　主编

李运富　张素凤　李香平　著

汉字的三维属性与汉字教学

HANZI DE SANWEI SHUXING
YU HANZI JIAOXUE

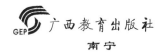

广西教育出版社

南宁

图书在版编目（CIP）数据

汉字的三维属性与汉字教学 / 李运富，张素凤，李香平著. -- 南宁：广西教育出版社，2021.3（2023.1重印）
（中国语文教育研究丛书 / 顾之川主编）
ISBN 978-7-5435-8800-4

Ⅰ. ①汉… Ⅱ. ①李… ②张… ③李… Ⅲ. ①汉字-教学研究 Ⅳ. ①H12

中国版本图书馆 CIP 数据核字 (2021) 第 037541 号

策　　划　黄力平	装帧设计　刘相文
组稿编辑　黄力平	责任技编　蒋　媛
责任编辑　农　郁　朱晓灿	封面题字　李　雁
责任校对　谢桂清　刘汉明	

出 版 人：石立民
出版发行：广西教育出版社
地　　　址：广西南宁市鲤湾路 8 号　　邮政编码：530022
电　　话：0771-5865797
本社网址：http://www.gxeph.com
电子信箱：gxeph@vip.163.com
印　　刷：广西金考印刷有限公司
开　　本：787 mm×1092 mm　1/16
印　　张：15
字　　数：219 千字
版　　次：2021 年 3 月第 1 版
印　　次：2023 年 1 月第 2 次印刷
书　　号：ISBN 978-7-5435-8800-4
定　　价：38.00 元

如发现印装质量问题，影响阅读，请与出版社联系调换。

序

　　中国教育正在加速推进现代化，立德树人成为教育改革总任务，完善中华优秀传统文化教育成为共识，新课标已陆续颁布，小学、初中语文教材已重新回归国家统编时代，高中语文新课标教材已在北京、天津、上海、辽宁、山东、海南开始试用，新高考改革方案正在稳步推进，语文教育的重要地位日益凸显。我国语文教育改革迎来新的发展机遇。我们必须清醒地看到，我国语文教育取得了举世公认的成就，同时也面临着诸多困难和问题。如何站在历史的高度，以严谨求实的科学态度，总结梳理中国语文教育教学改革所取得的成就，直面存在的困难和问题，深入剖析原因，为语文教育改革与发展献计献策，推进语文教育现代化，成为新一代语文教育工作者的神圣使命和义不容辞的责任。

　　2013年10月，中国教育学会中学语文教学专业委员会召开第十届年会，选举产生了新一届理事会。新一届理事会成立后，我们研究制订了《中国教育学会中学语文教学专业委员会事业发展规划（2013—2018）》，其中有一项重要内容，就是要"策划一套图书"。具体设想是：这套图书应分理论与实践两部分，前者重在全面系统地总结改革开放30多年来我国语文教育的经验教训，作为今后发展的借鉴；后者重在归纳梳理我国当代语文名师的教育教学思想，深入挖掘20世纪80年代语文名师的当代价值，同时推出一批当代语文名师，为新生代名师擂鼓助威。我们这一设想，与时任广西教育出版社副总编辑黄力平编审的想法不谋而合。他邀我们组织编撰"中国语文教育研究丛书",纳入他们正在组织实施的中国学科教育研究系列图书的出版计划。

编辑这套"中国语文教育研究丛书"的基本思路是:

把握时代脉搏,聚焦立德树人。

这套丛书着眼于推进语文教育现代化,把握时代脉搏,聚焦立德树人。围绕语文教育改革创新,推出一批反映、代表乃至引领我国语文教育现代化的研究成果,具有鲜明的中国当代特色。从时间上说,以改革开放到新世纪的发展历程为主,尤其注重反映我国实行新课改以来的语文教育研究;从内容上说,则力求反映我国语文教育理论与实践研究成果。

树立整体观念,开展综合研究。

这套丛书力求树立整体观念,开展语文教育教学的综合研究,全面深入系统地梳理总结我国语文教育改革成就和存在的问题。既有语文教育语用观、传统文化教育、语文工具论、语文教育民族化等理论层面的深入剖析,又有语文教材编制、语文教师专业发展、语文教学创新设计、语文考试评价改革等实践层面的研究。

拓展研究视野,实现互联互通。

这套丛书强调语文教育整体观念,整体观照中国语文教育各领域。纵向上,打通小学、中学与大学,努力挖掘语文教育的共同价值,避免过去那种"铁路警察,各管一段"的情况;横向上,涵盖中小学语文教育、汉语国际教育及华文教育等,并以宽广的国际视野,从中华文化圈的角度,审视我国语文教育教学改革的成就与突出问题。

理论联系实际,研究注重实效。

本丛书注重沟通语文教育理论研究与语文教育教学各组成要素的实践,包括教材编写实践、教学实践、考试命题实践以及教师培训与专业发展实践,努力克服过去学科理论研究与教育教学实践"两张皮",教育理论研究"不接地气"等缺陷,既注意反映我国语文教育理论研究的新成果,也注重将一线语文教师的教学经验、教学智慧进行理论上的梳理与提升。研究尤重建设性,以建设性思维为统领,着眼于解决我国语文教学领域存在的实际问题。

坚持守正创新,强调原创研究。

这套丛书坚持守正创新,注重权威性与代表性,继承我国语文教育优良传统,借鉴国外先进的母语教育理念和方法,注重吸收各种语文教育理论和各个教学流派的研究成果,反映作者最新的原创性研究成果。弘扬改革创新主旋律,传递语文教育教学正能量,在保证科学性的基础上,注意可读性。内容新颖,资料翔实,数据齐全,为以后的语文教育研究留下可资参考借鉴的理论成果。

我们这一设想,得到我国语文教育界专家同仁的积极响应和大力支持,他们同意将其最新研究成果惠赐给我们,列入本丛书。

广西教育出版社是我国很有影响的教育出版社之一,在教育理论、教材教辅及文化艺术等方面,均出版了不少影响深远的系列图书。尤其是出版于20世纪90年代的"学科现代教育理论书系",曾极大地推进了我国教育改革,实现了社会效益与经济效益的双丰收。进入新时期以来,该社审时度势,又策划出版学科教育研究书系,立足于中国本土,以独特敏锐的眼光,打造具有中国特色的学科教育理论体系。这不仅是教育创新的要求,也是新时代的呼唤。

目前,这套丛书正在陆续出版,作为丛书主编,我既有欣喜,也有不安,深恐由于自己的浅陋和粗疏而使各位作者的佳构留下缺憾,更期待着广大读者尤其是语文教育界同仁的批评、指教。令人欣喜的是,在广西教育出版社诸位同仁的努力下,经国家出版基金管理委员会批准,"中国语文教育研究丛书"(第一辑)被确定为2017年度国家出版基金项目,获得经费资助。这也是对我们这套丛书的学术价值与出版意义的肯定。在此,我不仅要对黄力平编审、广西教育出版社相关编辑等同仁表达谢意,更要对北京大学中文系温儒敏、曹文轩两位教授的热情推荐表示感谢。

值此新中国成立70周年,中国教育学会中学语文教学专业委员会成立40周年之际,南国传佳音,我得到一个好消息,说这套丛书已出版的8种,经过教育部组织专家评审,全部列入全国中小学图书馆馆配目录,即将重印。这再次证明这套"中国语文教育研究丛书"的学术价值与出版意义。

学术总是薪火相传，研究贵在创新发展。牛顿说他站在巨人肩膀上，杜甫说"转益多师是汝师"。我们进入一个大众创业、万众创新的时代，改革创新成为当今中国的时代主题。建设创新型国家，培养创新型人才，语文教育工作者肩负着神圣使命。语文百年，众多语文人默默耕耘，浇灌出语文学科生态园的参天大树；百年语文，无数语文人直面问题，探寻语文教育改革创新之路。我们策划、组织这套丛书，就是想为实现中华民族伟大复兴的中国梦略尽语文人的绵薄之力。我们的愿望如此，至于效果怎样，那就要由实践来检验了。

顾之川

于京东大运河畔两不厌居
2016 年 3 月 23 日初稿
2017 年 4 月 18 日第一次修改
2019 年 9 月 24 日第二次修改

顾之川简介：浙江师范大学教授，人民教育出版社编审。兼任中国教育学会中学语文教学专业委员会理事长，国家社科基金评审专家，教育部考试中心特聘专家，教育部"国培计划"首批专家，国家统编义务教育语文（七至九年级）教科书主编。主要从事语文教育研究和语文教材编写工作，主编人教版多套初中、高中语文教材。著有《语文工具论》《顾之川语文教育新论》《顾之川语文教育论》《语文论稿》《明代汉语词汇研究》《顾之川语文人生随笔》等，并有古籍整理著作多种。

目　录

第一章　　　汉字的"三维属性"

　　汉字难认、难记、难写是汉字教学的"三难"问题。为了破解这个"三难"问题，近几十年来，关于汉语识字教学和汉语国际教育汉字教学的研究成果不断涌现，各类教学方法不断被提出、实践和推广，可惜成效有限。要解决汉字教学的难题，必须科学研究汉字的属性，形成能够指导汉字教学的科学汉字观。受传统语言文字观的影响，学界普遍采用"形音义三要素说"进行汉字教学研究。此种学说实则制约了汉字教学内容在深度和广度上的拓展，汉字独特的构形属性和文化价值没有得到足够重视与利用。在此情况下，我们有必要突破旧有观念的束缚，引进新的汉字学理论。"三维属性"就是一个有效考察汉字本体、指导汉字教学的理论，它关注汉字构形理据和职用，将汉字文化带入课堂教学。

第一节　汉字"形音义三要素说"评议

如今的汉字研究和汉字教学多以"形音义三要素说"作为基本理论支撑。这个理论认为，每个汉字都由形、音、义三要素构成，三位一体，因此研究汉字或教学汉字，都必须把这三个要素搞清楚。

这一说法是《说文解字》析字方式流传以来汉字的研究传统。段玉裁在《说文解字注》中说，"凡文字有义、有形、有音……凡篆一字，先训其义……次释其形……次释其音……合三者以完一篆"[1]，又说研究汉字要形、音、义"三者互相求"[2]。王筠也说："夫文字之奥，无过形音义三端。而古人之造字也，正名百物，以义为本，而音从之，于是乎有形。后人之识字也，由形以求其音，由音以考其义，而文字之说备。"[3]这不仅成为公认的传统汉字研究法则，甚至被当作识读汉字的检验标准，所以吴玉章说："认识一个汉字必须要知道它的形、声、义三个要素，三个中间缺少一个，就不能算做认识了这个字。"[4]

一、"形音义三要素说"的实用价值

"形音义三要素说"从古代一直延续到现代，影响汉字研究与教学两千多年，自然有其存在的理由与价值，主要表现在以下几个方面。

一是解决文献阅读障碍。古代进行汉字研究的主要目的是顺利阅读文献。通过分析汉字的形体，获得对应的读音，再根据读音确定其在文献中的具体含义。所以考证汉字的形、音、义关系，最终目的是求"文之说"。这种认识在古代的文献注解和训诂实践中发挥着重要作用，解决了很多实际问题。

二是建立传统学术体系。古人从形、音、义出发，分别建立了以《说文解字》为代表的形体学，以《广韵》为代表的音韵学，以《尔雅》为

[1] 段玉裁.说文解字注[M].上海：上海古籍出版社，1981：1.
[2] 段玉裁.广雅疏证：序[M]//王念孙.广雅疏证.南京：江苏古籍出版社，1984：2.
[3] 王筠.说文释例：序[M].北京：中华书局，1987：1.
[4] 吴玉章.文字改革文集[M].北京：中国人民大学出版社，1978：39.

代表的训诂学，从而奠定了传统语言文字学三足鼎立的格局，统称为"文字学"或"小学"。如宋朝晁公武说："文字之学凡有三：其一体制，谓点画有衡（横）纵曲直之殊；其二训诂，谓称谓有古今雅俗之异；其三音韵，谓呼吸有清浊高下之不同。论体制之书，《说文》之类是也；论训诂之类，《尔雅》《方言》之类是也；论音韵之书，沈约《四声谱》及西域反切之学是也。三者虽各一家，其实皆小学之类。"[1]

三是规范字典列举模式。从《说文解字》开始，古人整理、列举汉字惯用字典形式。字典的内容大都包含形体、读音、释义三个部分，这既是汉字三要素说形成的反映，也规定了汉语字典的基本框架。形、音、义三合一的字典模式一直沿用到现代，现代汉字的规范和汉字资源库的建设也是以分析汉字形、音、义基本属性为前提。

四是便于汉字教学实践。既然汉字具有形、音、义三要素，那么对个体汉字的掌握自然就落实到具体字的形、音、义上，这样无论是教还是学都有一种可以明确感知的"字典式"目标，容易操作把控。而且文字跟语言结合教学，既认识文字的形，又明晰文字在语言中的音和义，掌握了文字的形、音、义就能大致阅读和写作，非常实用。所以"形音义三要素说"在基础教育领域有广泛的接受度。

二、"形音义三要素说"的理论局限

"形音义三要素说"虽然有其实用价值，但其局限性也不容忽视，尤其是在汉字教学和汉字应用领域，其理论局限带来的制约作用已越来越明显。

第一，把文字和语言捆绑成一体后，文字与语言的区别不易分清，忽略了汉字的独特性。"汉字三要素说"强调形、音、义三位一体，形体是文字本身具有的元素，音、义是文字在语言系统中所具有的元素，形体属文字系统，音、义属语言系统，把分属不同系统的元素归为一体，客观上混淆了语言和文字的界限。宋朝戴侗在《六书故·六书通释》中说：

---

[1] 晁公武，孙猛. 郡斋读书志校证[M]. 上海：上海古籍出版社，1990：145–146.

"夫文，生于声者也。有声而后形之以文，义与声俱立，非生于文也。"[1]就是说文字的产生源自语言，用形体表示语言中的发音便是文字，意义与声音是并存的，而不是由文字赋予的。也就是说，音和义属于语言，与文字本体的形不在一个范畴。日常生活中，我们可以看到两三岁的孩子虽然还不识字，但能够清楚地用语言表达自己想要什么，如"妈妈抱""我喝水"；不识字的老人与别人说话交流一般也不会有障碍（排除方言干扰）。可见，没有文字，人们一样可以交流，即通过具有一定意义的声音进行沟通，这是文字产生前人类交流的主要方式。

也就是说，把语言的音和义当作文字学的内容，显然不符合现代语言与文字学认识，"形音义三要素说"难以构建起科学的汉字学理论体系，这无疑阻碍了汉字学的进一步发展。20世纪初，文字学家开始意识到文字和语言的差别，逐渐将音韵和训诂的研究内容从传统文字学中剥离出去。唐兰在《中国文字学》中旗帜鲜明地提出："文字学本来就是字形学，不应该包括训诂和声韵。一个字的音和义虽然和字形有关系，但在本质上，它们是属于语言的。严格说起来，字义是语义的一部分，字音是语音的一部分，语义和语音是应该属于语言学的。"[2]

第二，就汉字个体而言，三要素也不能涵盖所有的汉字，不少汉字并无形、音、义三位一体的特性。音和义对于一些汉字来说并不是必不可少的，有时可以只示音或者只表义，因此即使把它和对应的语言单位捆绑为一体，也未必能分析出三个要素。具体而言，汉字个体跟语言单位的对应关系有三种：形↔音义（结合体）、形↔音、形↔义。第一种形↔音义（结合体）的音义还能依三要素分析，可形↔音、形↔义对应时却无论如何也分析不出三个要素。如专示音不表义的汉字"㘉"是翻译佛经时在音似汉字上增加构件"口"造出的专用字，"䢔""䭾""䭿"是用两个汉字拼合成一个音节的切音字[3]。这些汉字都是为记音而造，义不是它们所具有的元素。所谓"要素"应该是某个事

---

［1］戴侗.温州文献丛书：六书故[M].上海：上海社会科学院出版社，2006：10.
［2］唐兰.中国文字学[M].上海：上海古籍出版社，2005：4-5.
［3］郑贤章.龙龛手镜研究[M].长沙：湖南师范大学出版社，2004：70，77.

物必须具有的实质或本质的组成部分，音、义既然可缺，那么它们就不是所有汉字必备的要素。所以梁东汉说："过去一般文字学家都把形、音、义看作'文字的三要素'，认为任何一个字都必须具备这三个要素，否则它就不是文字。这种'三要素论'是不科学的，它在某种条件下可以成立，但是当一个字只是代表词的一个音节时，这种说法就站不住脚了。"[1]

第三，现代的"形音义三要素说"造成个体汉字分析跟整体汉字学系统不一致。自唐兰以后，现代文字学已经把音韵学和训诂学的内容排除，但"形音义三要素说"还在沿袭，甚至更为强化，特别是在汉字教学领域。仔细分析就能发现，现代所谓"汉字三要素说"跟古人的"形音义互相求"其实不完全相同。在古人眼里，个体汉字的形、音、义三位一体，相应的学科关系也归结为一体（见图1-1），即"因形以得其音，因音以得其义"，形制学、音韵学、训诂学三者各自独立又递进联系，同属于传统文字学范畴。形在现代属文字学，而音、义属语言学，其关系实为对立的两端（见图1-2）。现代的文字学虽然不包括独立的音、义因素，但在解说和教学个体汉字时仍要分出形、音、义三个要素，这势必造成个体汉字分析和学术系统的不对应。

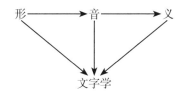

图1-1 传统形、音、义三要素的学理关系

文字学 ← 形 ↔ 音、义 → 语言学
图1-2 现代形、音、义三要素的学理关系

第四，形、音、义三要素中，"形是什么"一直没有明确的概念。古今论及汉字的形，一般有如下几个层面的含义：

（1）汉字外形。在大众和基础教育领域，形指的是外形。掌握形就是指能够认识某个字形或者写出某个字形，至于字形的结构理据则没有

---

[1] 梁东汉.汉字的结构及其流变[M].上海：上海教育出版社，1959：3.

硬性要求。具体来说，形主要指笔画、笔顺、连接方式、部件、组合方式等具体书写单位及书写要素的可视化形体，这是对形最通俗、最普遍的理解。例如"谢"字的形就是：笔画 12，部件 3 个，左中右结构。在汉字教学领域，教学汉字就是学生能认读、抄写、默写、听写这个字的外形，考察与评价汉字能力也侧重于外形的复现能力。

（2）汉字结构。就是体现造字意图的形体构造，包括体现汉字造字理据的构形单位及其组合模式。传统文字学中，形主要指形体结构，《说文解字》就专门分析汉字的形体结构。现代汉字学专家眼中，形一般也是指形体结构。无论古今，在汉字研究的学术层面，基本上只关注汉字结构的分类和归类。例如"照"字，构造方式是义音合体（形声字），包括两个构形单位"昭"和"灬（火）"，前者是声符，后者是义符，声符示音，义符表义。这是从汉字构造角度对字形的分析，也是认识汉字理据的基本途径。

（3）汉字字体。汉字有各种不同的字体，如甲骨文、金文、篆文、隶书、楷书、行书、草书等。即便同一字体，也可能有颜体、柳体、欧体、赵体等差异。汉字的"形"有时指称的就是这些不同的字体风格。

所以，通常所说的"形"其实是模糊的，可能指个体的外形，可能指整体的风格（字体），可能指结构理据，可能指形体构架，还可能指甲骨文、金文等某种具体文字载体材料。概念不清，系统难成，模糊的"形音义三要素说"在一定程度上妨碍了汉字学的正常发展和有效应用。

第五，"汉字三要素"也直接或间接地造成不合理的汉字教学观念，形成现有"字典式"汉字教学模式。所谓"字典式"汉字教学模式，就是在教学中简单呈现个体汉字静态层面的形体、读音和意义，强调汉字外形的书写教学，尤其是笔画、笔顺的教学，而忽略汉字的构造理据和系统性，忽略汉字的应用职能和内在文化的教学。以现代常用汉字"礼"字为例，按照形、音、义三要素的角度分析，其属性见表 1-1。

表1-1

	字形	字音	字义	组词		
礼	笔画：5 部件：2 组合方式： 左右结构	lǐ	1.社会生活中由于风俗习惯而形成的为大家 共同遵守的仪式	礼拜	礼节	礼貌
				礼遇	礼物	礼服
			2.表示尊敬的言语和动作	礼金	礼让	礼花
			3.礼物，用来表示庆贺或敬意	礼品		

落实到汉字教学层面，就是分别从形、音、义三个角度开展汉字的教学（见图1-3）。

图1-3 "礼"字的教学内容

事实上，使用这种"字典式"的汉字教学模式，学习者往往无法对汉字构形进行有效分析，也就无法通过构形理解汉字的字理与文化，自然不能真正学会如何使用这个汉字。由于音、义的学习主要在词汇教学中完成，所以现有基础语文教学中的汉字教学实际集中在字形教学上，尤其集中于汉字笔画、笔顺的教学，教学方法上大量使用机械重复的抄写、默写等方式，这其实非常影响汉字教学效率和学习者的学习兴趣。

第二节　汉字形构用"三维属性"的提出

把训诂学（义）、音韵学（音）的内容剔除后，文字学只剩下形一项教学要素。而且现今大多数教师对形的理解不清晰，这使得许多所谓的"汉字学"教学内容单薄且重点不一，或主要讲字体演变，或主要讲结构类型，或主要讲字形规范，没有一个符合学理的独立而又完整的体系。但是，造成这一局面的原因不在于拿掉了音和义，而在于对汉字的本体属性缺乏正确认识。

一、考察汉字本体的三维视角

汉字的形所指必须明确，不能模糊游移，否则汉字学的立足点不稳固，许多学术问题也就无从探究。不少学者已经意识到这一问题，提出汉字的形应该细分为字体和结构两个方面。王力认为："关于字形，应该分为两方面来看：第一是字体的变迁；第二是字式的变迁。字体是文字的笔画姿态，字式是文字的结构方式，二者是不能混为一谈的。"[1]将形体和结构区别开来，主要是为了分类。正是因为没把"形体"和"结构"视为汉字的不同属性，现今学说很少为两者分别建立系统，或是只建立了结构方面的系统而没有相应的形体系统。

汉字的外部形态和内部结构其实不是同一系统中的类别问题，而应是不同视角的认知问题，它们反映了汉字的不同属性，分属于不同的学术系统，两者互有联系而又各自分立。汉字作为一种符号，必然有其表达职用，没有职用就不能称之为符号，离开职用空谈汉字的形，或把形再分为形和构，都不算是完整的汉字学。

汉字与语言的音、义密切相关，但研究汉字本体应该研究的是字与音、义的关系，而不是语言层面的音、义本身，更不是语音系统和词义系统。字与音、义的关系是双向的，甚至是多方交错的。一个字可以记录哪些音、义，一些音、义又可以用哪些字记录，这些在文献中客观存在的字词关系、

---

[1] 王力.汉语史稿：上[M].北京：中华书局，1980：39.

字际关系和词际关系反映了字的职能，也反映了语言的用字面貌，这些都可以把它们统称为汉字的职用。

汉字的职用还存在超语符状况，也就是字可以不记录语言层面的音、义，直接通过汉字形体的离散变异、排序组合等手段实现表情达意的功能。如以笔画表超语符义（"、丁上心禾"表"一二三四五"），以构件表超语符义（"吕"表"口对口接吻"），以外形表超语符义（"大"形容睡姿、"十"表示"十字路口"），变化字形表超语符义（把"酒"字的三点水加粗放大表示"酒里掺太多水"）等[1]。

因此，汉字的职用虽与音、义相关，但又不等于语言的音、义。语言的音、义不属于汉字的要素，而记录音、义的职能以及与音、义无关的超语符职能，还有语言的用字现象等，都属于汉字的研究范畴，所以汉字"职用"也是汉字本体的属性之一。这样一来，我们可以从形体、结构和职用三个不同角度认识汉字的属性，这就是汉字的"三维属性"（见图1-4）。

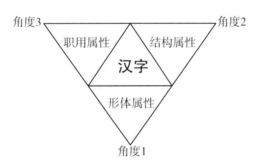

图1-4　汉字的"三维属性"

只有排除了属于语言层面的语音和语义，从形体、结构、职用三个角度进行独立考察，才能真正认清汉字的本体属性，进而把汉字教学跟语言的词汇教学区别开来，针对汉字的本体属性进行有效的汉字教学。

---

[1] 李运富，何余华.汉字超语符功能论析[C]//杨荣祥，胡敕瑞.源远流长：汉字国际学术研讨会暨AEARU第三届汉字文化研讨会论文集.北京：北京大学出版社，2017：153-173.

二、汉字"三维属性"的学理系统

通常认为,文字是记录语言的形体符号,是人类交流思想的辅助工具。这一说法当然是正确的,但也是概念式的,过于抽象笼统。平日人们所言的"字"所指非常复杂,并非都是同一性质的东西,可以指称音节单位,例如"他咬紧牙一字不吐""你刚才说的话用十个字就能概括";可以指称发音,例如说"咬字很准""字正腔圆";等等。这些"字"都与字形没有直接关系,我们现在要研究的"汉字"应该指记录汉语或在汉语背景中表达一定意义的形体符号,它的内涵也不是单一的,至少可以归纳出三个内涵。

(一)指称外部形态——字样

例如:"学"字跟"学"字不同,隶体字是从篆体字演变来的,那个字写得不好看,那块匾上的字真漂亮,书法家的字很值钱。这些加点的"字"指的就是外部形态,外部形态不同就是不同的字。凡线条、绘图元素,或笔画在种类、数量、交接方式、位向、体式等方面有差异的字样,也就是凡不能同比例重合的字,都算不同的字(形),如"户""户""户""户""户""户"应算六个字。总体来说,这种"字"是无穷无尽的,无法统计。民间流传的"百寿图",就是用一种字体(例如篆体)写出100个"寿"字(见图1-5)。衡山还有"万寿大鼎"(见图1-6),

图1-5 百寿图　　　　图1-6 万寿大鼎

鼎上铸有 10000 个"寿"字，故名"万寿大鼎"。这些"寿"字在外形上都略有差异。

　　汉字外部形态的总体风格即所谓"字体"。从演变过程来看，大多数汉字的形体都经历了甲骨文、金文、小篆、隶书、楷书、行书、草书等不同字体的发展变化（见表 1-2）。

表1-2

	甲骨文	金文	小篆	隶书	楷书
1				酉	酉
2				逆	逆
3				牧	牧
4				虎	虎
5				見	见

　　除了时间流逝造成的形体变化，同一时期一个字也可以有不同写法，形成不同的书法字体。同为汉代隶书，曹全碑和张迁碑的字体风格就不一样；唐宋楷书也有颜体、柳体、欧体、赵体等不同样式。现代社会毛笔书法虽不像古代普及，电子字库中也有多种可选用的电脑字体，如宋体、仿宋体、黑体等。

　　即便同属一种字体或风格，也会出现不同的字形写法，文字学上所谓"异写字""异体字""繁简字""正俗字"等就属于这一情况。单是"福"字，《金文编》中就收录了各种不同的写法[1]（见图 1-7）。

[1]　容庚. 金文编[M]. 北京：中华书局，1985：8-9.

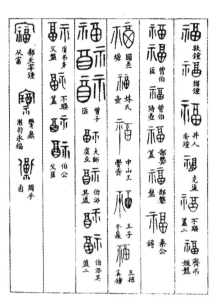

图 1-7

（二）指称内部结构——字构

例如："明"字为会意字；独体为文，合体为字；现代的"争"字不好分析。这些加点的"字"就是指汉字的内部结构。在这种情况下，只有内部结构不同的形体才算不同的字，写法或外形不同而内部结构相同的仍然算一个字。如"泪""泪""泪""泪""淚""淚"只能算两个字。同形而异构的字应该算不同的字。如"体"有两种结构，算两个字：若从"人"，"本"声，属义音合体字，读"bèn"，表示愚笨，是通假字"笨"的本字；若从"人"从"本"，属会义合体字，读"tǐ"，表示身体，为"體/軆/躰/骵"的简化字。

汉字的内部结构实际上是指汉字形体的构造理据或分析依据，包括组成汉字的构件、构件功能及功能关系。例如"河"字由"氵"和"可"两个构件组成，"氵"的功能属表义，"可"的功能属示音，因此"河"的结构可以描述为"义音合体字"。如果我们说"尘字是会意字"，"泪字跟淚字是不同的字"，其中加点的"字"指的就是内部结构。

在汉字初创时期，每个汉字都有其构形理据。随着汉字结构的演变发展，很多汉字的理据发生了变化，因此有的汉字构形理据需要重新分析。尤其是现代汉字，有的构形理据完全消失了，成了不能解析的记号；有的结构理据重新建构了，就要根据新的构形对字理进行重新诠释；还有的字结构理据隐含在系统之中，需要联合其他类别做群体分析才能看出隐藏在系统中的构形原理。如"虹"字甲骨文作"🌈"，籀文作"𧈈"，小篆作"虹"，楷书作"虹"。甲骨文字形构意象两首蜿蜒向下的巨龙之形，传说虹有两首，能下饮江河之水。籀文用"虫"和闪电之形重造会意字，用"虫"表示虹的意义类属，用闪电之形表示虹常常出现在雷雨闪电之后。小篆又重造从"虫""工"声的形声字"虹"。"虹"字经历了象形字、会意字和形声字三种不同的结构理据，这是汉字结构演变的结果。"额"字由"客"和"页"两个构件组成，"客"有示音作用，"页"在现代汉语的常用义是"页码"，这很难与"额"的音义相联系，因此"页"构件在"额"字中的功能不易直接看出。但如果联系含有"页"构件的"顶""颊""颈""颌""颐""额""颜""颠""项""须""颅""领"等字进行归纳，就会发现这些字的意义都与人的头部有关，因此"额"字中"页"的功能应该也是表示人的头部，从而明白"额"的本义是额头。

（三）指称记录或表达的对象——字用

例如："迹跟跡是同一个字"，"天空飘来五个字：那都不是事"。这里加点的"字"指称它所记录的具体语言单位（某个音节或某个语素[1]），属于职用问题，包含字符单位跟具体语言单位的对应关系。记录同一语素的不同字形可算同一字，记录不同语素的相同字形可算不同字。如上举"体"可以记录"bèn（愚笨）"和"tǐ（身体）"两个语素，当然应该算两个字；"花"可以记录"花朵"和"花费"两个语素，也应该算两个字；"体""體""軆""躰""骵"记录的是同一个语素，因而算一个字；"蜚"和"飞"也可以记录同一个语素（如"流言蜚语"），有时也算作一个字。这种算法与其说是"字"的统计，不如说是"语素"或语言单位的统计。就一定范围的语料来说，字符单位和语符单位的对应关系是可以厘清的，而对总体字料或语料来说，因为字和语符的对应关系是开放、

---

[1] 本文所说的"语素"同时适用于"词"，一般情况下不加区别。

变动的，要从使用功能上来统计字数实际上难以做到[1]。

汉字的基本职用是记录汉语的语素，包括能够独立运用的语素（如"人"字就能直接使用）和不能独立运用的语素（如"民"字不能独立运用，必须与其他语素组成合成词），有时也用来记录构成语素的一个音节（如"麦克风"的"麦"字没有任何意义，只有记录语音的作用）。除记录语言的基本职用外，汉字还有很多特殊的表达功能，如可以利用形体超越语符单位表情达意等。

可见，汉字的"字"在不同情况下具有不同的内涵和不同的实质，所指称的对象不同时，个体的确定和数量的统计也不同，由个体组成的系统平面当然也会不同。那么，我们在讨论具体的汉字问题时，必须先弄明白这里的"字"是属于哪个平面系统的"字"，也就是必须在含义明确的情况下才能进行讨论。正因为汉字的"字"有不同的内涵和实质，从而决定了汉字学研究必然要区分不同的观察角度，形成不同的学术系统。根据上面所说的三种指称，汉字的本体研究从学理上来说至少应该产生三种平面的"学"。

1. 从外部形态入手，研究字样含义的"字"。主要指字的书写规律和变异规律，包括书写单位、书写方法、书写风格、字体类型、字形变体等。这一平面的汉字研究即汉字样态学，也叫作汉字形体学，简称为字样学或字形学。

2. 从内部结构着眼，研究字构含义的"字"。主要指汉字的构形理据和构形规律，包括构形单位、构件类别、构形理据、组合模式以及各种构形属性的变化等。这一种研究叫作汉字构形学或汉字结构学，简称为字构学。

3. 从记录或表达职用的角度，研究字用含义的"字"。主要指怎样用汉字来记录汉语，包括记录单位、记录方式、使用属性、字词对应关系、

---

[1] "字"还可以指称多音词或泛指语言单位，如"创业者的字典里找不到'害怕'这个字"（指称文字记录的多音词），"这一篇文章文从字顺"（泛指文字记录的语言单位）。实际上这是"字"的临时借用，不是"字"的固定含义，这样的"字"跟所指单位不对称，无法确定数量，不属于本体属性。

同功能字际关系、超语符表情达意等。此种研究叫作汉字职用学，简称为字用学。

这三个学术系统或学术平面不是并列的，也不是层叠的，而是同一立体物的不同侧面，有些内容彼此关联，甚至有交叉。

第三节 "三维属性"理论对汉字教学的指导意义

汉字的形体、结构、职用"三维属性"不是对传统形、音、义三要素的简单分合,而是有着本质差异的两种学术思路。三要素的"三位一体"是虚假的,其中的形属文字系统,音、义属语言系统且两者分离,所以它们的关系是"形—(音—义)"。以此为依据建立起来的传统文字学、音韵学、训诂学属于不同的学科;现代的文字学只有形,没有音、义,而解析单个汉字时却仍强调形、音、义,致使单字的要素分析与学科体系内容不对应。"三维属性"是汉字的不同方面,形体、结构、职用三者分立而不分离,所以它们的关系是"形 + 构 + 用",以此为基础建立起来的汉字形体学、汉字结构学、汉字职用学都属于汉字学,是立足于汉字本体而形成的分立而不分离的三维学术体系。这种以"三维属性"为根基的汉字学理论具有重要的理论意义和广泛的应用价值。

对汉字教学而言,"三维属性"理论给我们的启发是不宜再照搬"字典式"的教学模式,而应该从形体、结构、职用三个角度关注教学目的和要点。形体教学是基础,但不能局限于会书写,能区别相似形体才是关键;职用教学是目的,掌握字的功能才能正确理解和灵活运用;结构教学是纽带,可以关联形体和职用,也可以衍生泛文化效益。汉字教学应该克服单纯的工具观,避免陷入掌握工具的死板和利用工具的功利,致使主要精力花在认字写字上,忽略了汉字的符号职能及文化内涵。具体到汉字教学中,汉字"三维属性"理论对汉字教学具有以下几项指导意义。

一、汉字教学的重点是分析汉字的构形理据

汉字教学应该重点引导学习者理解汉字的构形理据,让学习者知其然也知其所以然。汉字造字之初,汉字所具有的形体、结构、职用三方面比较统一,因义构形、见形知义是汉字区别于其他文字的显著特征,也是汉字字理教学法的基础。但随着汉字形体的演变,形义联系出现脱节。

尤其是隶变之后，字形的变化及字义的变化，使得某些字形、音、义统一的关系被严重削弱或者打破，形义的矛盾凸显出来，原本具有较强理据性的汉字系统呈现出符号化的倾向。例如"开"繁体字作"開"，字形中有"門"，表示字与开门有关，简化字中这一具有较强表义功能的构件消失，从而导致该字形、义严重脱节。又如"赤"，小篆作""，从"大"从"火"，用大火表示红色，其形义联系十分紧密。楷体的字形上面是"土"，下面不成字，与"红色"的字义看不出任何联系。现代汉字形、义的矛盾大大增加了汉字教学的难度。

汉字"三维属性"理论认为，汉字从产生就具有形（形体）、构（结构）、用（职用）三个方面的属性。其中形是外在、显性的，是书写时必须关注的笔画、部件、组合方式等要素，也是汉字书写教学的主要内容。构是内在、隐性的，是造字之初形与义联系的纽带，也是文字内在的构造理据。用是汉字的职用属性，是这个字所记录、表达的义或语素。其中构虽然隐性存在于个体字符和汉字系统中，但却制约、影响着汉字的认读与书写。就汉字系统本身而言，抛开汉字职用属性，形与构之间具有较强的联系，形的差异往往能从构上得到说明，而构的差别往往也体现在形上，这是汉字构形系统性的重要体现，也是汉字独立性和独特性的重要体现。例如"晴""睛"两个形近字的差别，就可以从构上得到很好的说明，两个汉字都是形声字，都用"青"作为声旁，但形旁不同，字义就不同。"日"字旁表示太阳，"目"字旁表示眼睛。又如学生常常将"礻"字旁写成"衤"字旁，就是因为对汉字形体的表意作用没有很好地理解和认识，无法在学习中建立汉字形构联系的理据系统，只能依靠机械的记忆方式来强化形体、读音和意义的联系，识字效果自然大打折扣。"三维属性"理论强调字理的教学，就是要引导学习者理解汉字的构形理据，做到有理识字。

二、汉字教学的难点在汉字职用的多样性

现代汉字职用丰富，字与义的关系复杂，造字之初一字一义一词的格局早就被打破，一字多义、一字多用现象普遍存在，形、用的矛盾也越来越明显。可见，汉字教学的突出难题不是"会写"，而是"会用"。

现代汉语中，如果从共时平面来讲，汉字与所记录的语义有三种对应关系，即一字一义、一字多义和多字一义。而从历时平面来讲，汉字职用存在扩展、缩减、转移、兼并等多种情况。要真正掌握一个常用字的职用，并不是一件容易的事情。

首先，常用汉字的一字多义、一字多用是教学的难点。越是常用的汉字，所负载的含义越多，其职用越丰富。打开一本《新华字典》就可发现，很多常用字义项众多，这还不包括古代使用过的意义。如"白""打""点""发"字都有 15 个以上的义项，"开车""开公司""开会"三个词的"开"意思都不一样。这些不同的意义之间并不是毫无关系的，彼此的地位也不是完全平等，有的是本用，有的是兼用，有的是借用。从是否独立成词来看，有的字义就是成词义，有的是不成词的语素义。教学一个常用汉字，不是只教会这个汉字的某一个读音和意义就可以了，必须要掌握这个汉字所有的意义和用法，才算是真正掌握了这个汉字。

其次，汉字职用的多样性导致汉字系统复杂的字际关系，这种复杂的字际关系又大大加深了汉字职用教学的难度。如字词系统中就存在同音字、同义字、音义皆同字、音义相关字的复杂字际关系。以同义字为例，"尖"和"锐"、"舟"和"船"、"亡"和"逃"、"头"和"首"、"桥"和"梁"等字组在某些情境下同义，但使用范围与搭配条件并不完全相同，学习者需要仔细辨别才不会用错。"独木舟""逆水行舟""破釜沉舟"只能用"舟"，不能用"船"；"草船借箭""水涨船高""脚踏两只船"就不能用"舟"。

三、汉字教学的重要内容是汉字文化

汉字最早是表形文字，个体汉字字形记载并传递了除字义之外的文化信息，这就是汉字的字形文化。因为汉字有字理，适当的字理阐释有助于学生更好地理解形义之间的联系，从而有效记忆和使用汉字。可见，字形文化对于汉字教学来说具有重要价值：一方面帮助学习者有效理解记忆汉字的字形、字构和字用；另一方面帮助学习者接触和了解中国传统文化，提高学习者对语言文字文化的认同。汉字是适合汉语的书写系统，汉字本身也是一种文化事象。汉字教育是其他教育的基石，全民了解和正确使用汉字是提高民族文化素养的奠基性工程。中小学语文识字教学中，利用汉字的文化功能撬动传统文化的学习，无疑是当今汉字教学的主要方向。2017 年王宁在中央电视台《开学第一课》中讲解中国汉字，现场演示了"正""直"两个字字形发展隐含的汉字文化，"行不离轨就是正，目不斜视就是直"，用汉字造字的意图告诉我们汉字传达出的"看清道路，奔向目标"的字形文化信息，十分形象且直观地说明汉字是中国文化的精神之源，汉字教学不能忽视汉字文化的教学。针对基础语文教育和一些电视节目过分关注汉字字形的识写而忽略汉字文化信息的现象，王宁批评说："汉字携带的是文化，现在的问题是，基础教育和某些汉字节目跑偏了，使劲增加难度，最后考的是记性，不是汉字本身，这样下去也就多培养几个死记硬背的人而已。"[1]

同样，汉语国际教育中的汉字教学也需要重视汉字文化。长期以来，汉语国际教育界忽略汉字的文化教学。卞觉非认为，汉语国际教育中的汉字教学是指以外国人为对象的、以现代汉字为内容的、用外语教学方法进行的、旨在掌握汉字运用技能的教学活动。也就是说，汉字教学的根本目的是讲清现代汉字的形、构、用，帮助学生读写汉字，学习汉语，掌握汉语的书面语。虽然汉字教学中不可能不涉及汉字文化，但是汉字教学终究不是文化教学。他还认为，现下的国际汉字教学对象主要有两类，一类是零起点的欧美学习者，一类是韩日学习者，没有涉及以学习中国文化为主要目的的海外华侨、华人这一群体。事实上，华人才是目前汉语国际教育的主要对象。如果面对中、高级阶段的中文学习者，其汉字教学依旧只关注现代汉字的形、音、义，教学内容就显得单薄而无趣。[2]其实，汉字的字形文化、字源文化、游戏文化、书法文化，都应归于汉字教学内容，这些看似与现代汉字形、音、义认读和书写教学没有直接联系的汉字文化，不但不会偏离汉字教学的最终目标，反而能够通过汉字的独特文化现象让学习者理解汉字的构形规律和结构特点，从而更好地掌握常用汉字。以汉字字形文化为例，学习者经常弄错许多形近偏旁，

---

[1] 王宁. 汉字教育太跑偏 [J]. 瞭望东方周刊，2015 (1)：72.
[2] 卞觉非. 汉字教学：教什么？怎么教？[J]. 语言文字应用，1999 (1)：71–76.

如果能在中、高级阶段的教学中结合形旁字的源头，适当介绍不同偏旁的来源以及在汉字中的构形文化，学生就能很好地理解和掌握不同偏旁在汉字中的分布以及所传递的文化信息。又如汉字字谜是汉字游戏文化的重要内容，学习者如果只是机械地抄写，其识记效果并不好，若能利用汉字形体结构制作汉字字谜，就能很好地帮助学习者记忆、理解汉字的形体结构特点，同时提高汉字的学习兴趣。尤其为高级阶段学习者开设的汉字课，更应该重视汉字系统构造规律及汉字字形文化、读音文化和意义文化的传授。这些内容的展开不但不会模糊汉字教学的主要目标，反而能让学习者感受到汉字的文化魅力与学习汉字的趣味性。

总之，在现代信息技术环境中，单纯的认读和书写已不符合汉字学习需要。大量信息输入下，想要认读两三千汉字并不困难，加上科学技术的支持，汉字的高效书写与艺术化展现也可轻易实现。汉字除了形体的认读和书写外，构形理据和实际应用是最大的难点，因为汉字单位和它所记录的语言单位并不是一一对应、固定不变的，同字异义和异字同义的现象普遍存在，能认、写几千个汉字，不一定就能读懂或创作几千字的文章，更不一定就能知道汉字跟语言（形与音、义）的内在联系。汉字"三维属性"理论告诉我们，汉字教学应该把重点放在汉字的文化解构和职能应用方面，让学生不仅知其然且知其所以然，在掌握汉字之用的同时，感受汉字之美，了解汉字之源，明白汉字之理。只有这样，才能突破汉字工具的局限，真正把汉字当作符号来应用，当作文化来传承，汉字教学才会内涵丰富且生机盎然。

第二章　汉字形体的教学

　　汉字形体是汉字成立的基础。掌握汉字的形体不是学习汉字的最终目的，但形体是最容易认知的汉字特征，汉字教学也需要从形体入手。形体是汉字的基础，了解汉字形体的来源和变化，能更好地辨识和书写汉字，为后续的汉字学习打下基础。需要注意的是，以往将形体教学作为重中之重的教学观念是有所偏颇的。字用才是汉字教学真正的难点，而形体辨识与书写是正确使用汉字的前提。

第一节　汉字形体教学的基本理念

形体上，英文的书写元素是线条，古代汉字也有这些线条（如小篆），但在隶书后逐渐形成笔画系统。汉字作为书写元素，无论是线条还是笔画，在实际应用时是千变万化的。汉字书写只是汉字形体呈现的一种方式，现代信息技术的发展更是降低了逐笔书写的重要性。因此我们认为，在汉字的形体教学方面，不必过于强调书写的笔形和笔顺，如果在这一方面耗费大量时间和精力，结果可能得不偿失。

例如"万"字在一横后是先写撇还是先写横折钩其实不重要，只要不写成"方"或"刀"就行。"乃"和"及"先写"丿"还是后写"丿"也不重要，只要不把两个字弄混即可。死板的硬性规定不利于学生个性的发挥，尤其对留学生而言，要他们严格按照汉字的笔形和笔顺来书写很难做到，如果不强求一笔一画循规蹈矩，学生也能学得更轻松。还有人把汉字的形体教学混同于书法教学。汉字作为符号，记录语言、传递信息是主要功能，艺术审美是次要的。当然，为了美观和易于辨认，我们应当适度追求字形的艺术美，但书法艺术不应该成为汉字形体的教学目标，正确运用、识读理解和作文表达才是学习汉字的最终目的。书法艺术可以作为文化兴趣传承，但不必成为汉字教学的普遍任务或主要任务，如同珠算可以作为文化传承，但不应成为数学课必教的教学内容之一。

既然汉字形体教学不必在笔形、笔顺和美观上耗费太多精力，那么汉字形体教学的重点应该放在哪里？

汉字总体形态呈二维方块，笔画和部件分合自由，讲究部件的位置和方向，所以辨认和书写比英文难。虽然书写的困难已在一定程度上被智能机器淡化，形体的识别仍然是运用的基础，所以汉字形体教学中应该抓住"形体识别"这一重点。汉字形体识别与英文识别有共同点，都要注意构字部件（或笔画）的种类和数量。不同之处在于要特别注意构字部件（或笔画）的空间分布，包括构字部件（或笔画）的置向，构字部件（或笔画）的交接方式和占位面积等。

汉字形体的识别既是教学重点，也是教学的难点。如果形体差异决定字根和字位的不同，教师就应该仔细讲解，否则可以忽略或者不必耗费大量精力。在汉字教学中，教师要根据不同汉字的特点有针对性地进行教学。此外，教师还要明白自己应该掌握什么。俗话说，要给学生一碗水，教师得先准备一桶水。对汉字形体的基础教育来说，学生可能只需要能够识别和认读不同的汉字形体就可以了，但教师还需要掌握更多的汉字形体知识，包括汉字形体的来源与演变、汉字形体的书写和辨析、汉字形体的改良和规范等。只有掌握了充足的汉字学知识，教师才能在汉字教学上得心应手。

第二节　汉字形体的来源、发展与变化

汉字从产生、演变、发展到现在，个体字符和汉字系统都发生了巨大的变化。了解汉字的来源、发展与变化的基本规律，有助于我们科学合理地教学和学习汉字。

一、汉字形体的来源

汉字形体的最初来源是什么？汉代许慎对此有精辟的描述："仓颉之初作书，盖依类象形，故谓之文。其后形声相益，即谓之字。文者，物象之本；字者，言孳乳而寖多也。"[1]许慎认为，汉字的产生有两个来源：第一个是"依类象形"，即根据客观事物的特征描画出字形符号，这种反映"物象之本"的原生符号叫作"文"；第二个是"形声相益"，直接根据语言的音和义构造字形以增加文字数量，也就是利用已有符号的音和义功能或象形构件、标志构件的相互组合创制新的字形符号，这种从原有符号孳生出来的新符号摆脱了客观事物的局限，能够"孳乳寖多"，所以叫作"字"。可见许慎的"文"与"字"反映的是不同创造性质的符号，强调的是符号形体的来源和创制"初""后"的顺序[2]。

具体来说，汉字形体是通过两个阶段五种方式来创造的。

第一阶段：原生构字，即创造前所未有的字符。主要有两种方式。

1.直接描摹客观事物的典型形状或特征，用以代指该事物本身与特征或与该事物相关联的事物，从而成为记录某个含义的字符（下文用{ }标示）。如"𩨹"描绘鹿的全形而代指｛鹿｝，"𐤳"选取牛的头形而代指｛牛｝，"𐇳"截取水流的一段而代指｛水｝，"瓜"描摹藤瓜相连的情状而代指｛瓜｝，"𥥑"描摹鸟在巢上的情景表示｛西｝（栖息义的初文），"高"描绘亭台高耸的情状表示｛高｝，"大"以人体张大四肢的情状表示｛大｝，"立"以

---

[1]　段玉裁.说文解字注[M].上海：上海古籍出版社，1981：754.
[2]　李运富."形声相益"新解与"文""字"关系辨正[J].语言科学，2017（2）：192-199.

斧头形象代指执掌斧头而拥有生杀大权的｛王｝，"🍶"以酒坛形象代指坛中的｛酒｝等。这就是通常所说的"象形法"。象形与否不以表示的意义为标准，而是以字形是否描绘某种或某几种客观事物的形状或特征作为依据。

2.直接规定某个符号代指某个事物或概念。如规定用"一"代表数词｛一｝，用"丨"或"十"代表数词｛十｝，用"口"代表｛方｝，用"〇"代表｛圆｝，用"凹""凸"代表｛凹｝｛凸｝；规定用多个符号或规定符号与象形符号组合构成"二｛上｝""二｛下｝""中｛中｝""八｛八｝""丩｛丩｝""小｛小｝""△｛亼｝""雨｛雨｝""韭｛韭｝"等。这种直接指定意义的符号我们称之为"标志"，在构字表义时起象征、指示或区别的作用。

第二阶段：孳生构字，即利用已有的字符来构造新的字符。包括三种方式。

1.用某个已有的字形加上某些非字的象形符号或标志符号构成新的字符。如"胃｛胃｝""桼｛桼｝""巢｛巢｝""石｛石｝""眉｛眉｝"等是由原有的字"肉""木""厂""目"和象形符号构成的；"旦｛旦｝""夫｛夫｝""甘｛甘｝""彭｛彭｝""牟｛牟｝"等是由"日""大""口""壴""牛"和象征性标志符号构成的；"刃｛刃｝""亦｛亦｝""本｛本｝""末｛末｝""朱｛朱｝"等是由"刀""大""木"等字与指示性标志符号构成的。

2.将两个或两个以上原有字符组合成另一个新字符，原有字符可起示音、表义作用，也可起象形作用。如"林""明""间"等义与义的组合；"悟""静""勇（fū）"等音与音的组合；"松""柏""椿"等义与音的组合；"齿｛齿｝""鸡｛鸡｝""凤｛凤｝"等形与音的组合；"淵｛淵｝""𡿧｛𡿧｝""秝｛秝｝"等形与义的组合。

3.利用某个音义相关的原有字符加以形体变化成为新字符。如"化｛化｝"字是"人｛人｝"字的倒反，"帀｛帀｝"字是"㞢｛之｝"字的倒反，"世｛世｝"字是"卅｛卅｝"字左竖曲折拉长而成，"丂｛亏｝"字是"一"字两端下垂而成，"右"字取"有"之反义而省其笔画，"刁"字借"刀"之音而变其笔形，"孑""孓"源出于"子"，"乒""乓"来自"兵"，如此种种，皆属变形造字。

汉字千千万，不外乎原生和孳生，构字之式不外乎象形描摹、规定标志、成字加非字、成字加成字、成字变异等五种。[1]

综上所述，汉字形体的创字过程应该是这样的：第一阶段通过描摹某一事物的特点创造新字，这类字有的由一个象形构件构成，有的由两个或多个象形构件组合而成，有的用象征性标志构件代表相关事物，还有的在象形字的基础上增加标志性符号而成。第二阶段主要以第一阶段所创造的字作为基础，利用原有字的音、义进行组合或变异创造新字。第一阶段是基础，不仅产生了一批汉字，也为第二阶段准备了"原料"；第二阶段利用第一阶段创造的"原料"进行组合或变异，大大提高了汉字的产能，使汉字能够满足记录汉语的需要。

二、汉字字体的发展

汉字形体可以分为"字形"和"字体"两个方面，前文所论的形体主要从字形方面展开，即个体字符的从无到有。有了形体就需要书写，于是形成形体风格——字体。学界一般把汉字的字体分为古文字和今文字两大阶段，古文字阶段的汉字形体具有一定象形意味，如甲骨文、金文、战国文字和小篆；今文字阶段的汉字形体已经丧失了象形意味，有隶书、楷书、行书、草书等字体。

（一）古文字阶段

1.甲骨文

甲骨指龟甲和一些兽骨，甲骨文就是刻在其上的文字，主要内容是占卜，故又称甲骨卜辞。由于主要发掘于河南殷墟，因此又称殷墟文字。后来在陕西也发现了甲骨文，所以甲骨文包括殷商甲骨文和周原甲骨文。

自清末以来，有文字的甲骨片已经发现了 10 万多片，共有单字 4500 多字，已经识别出的文字约 1700 多个。甲骨文虽然已成体系，但形体多不规范，往往字无定形，异体繁多。有的正反无别，如人字可以写作"𧘇"，也可写作"𠂊"；有的字笔画可多可少，如"帝"字可以写作"𢁫"，也可写作"𢆟"；有的偏旁部首的位置可以移易，如"降"字可以

---

[1] 李运富.汉字教学的理与法[J].语文建设，2013（12）：4-7.

写作"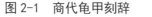"，也可写作"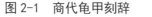"。因为字是用刀刻在较硬的龟甲、兽骨上，所以笔画较细，方笔居多（见图2-1、图2-2）。

图2-1　商代龟甲刻辞　　图2-2　商代牛骨刻辞

2. 金文

金文又称钟鼎文、铜器铭文等，是古代铸（少数是刻）在青铜器物上的文字。金文字体整齐遒丽，古朴厚重，和甲骨文相比脱去板滞，变化多样，笔画圆转丰满，形体更为匀称、整齐（见图2-3、图2-4）。

图2-3　西周南姞甗铭　　图2-4　西周静簋铭

3. 战国文字

战国时期的文字品类很多，有用毛笔写在竹简与木牍上的简牍文、写在缯帛上的帛书、写在玉片上的盟书、铸（刻）在金属器物上的铭文、符节文、货币文、刻于石上的石刻文、镌在公私印章上的玺印文等都是战国时期的文字。此外，许慎《说文解字》中所收的古文和籀文、三体石经中的古文，郭忠恕的《汗简》也收录了许多战国文字。战国文字的载体众多，字体也极为丰富，因此不能像商代甲骨文、西周金文那样以其附着物来命名，只好以时代来标称，统称为"战国文字"。

战国文字最突出的特点是形体丰富。同一个字不仅在不同地区构形有异，同一地区也有不同。这一时期的汉字出现了大量省变或讹变，但还是承自甲骨文、金文。某些简册文，例如鄂君启舟节（见图2-5），其形体的变化与用笔特点已有隶书笔法的一些特征，秦汉之际流行的古隶与之一脉相承。

图2-5　鄂君启舟节（局部）

4. 小篆

小篆是秦始皇统一中国后实行"书同文"政策时颁行的标准字体。许慎在《说文解字·叙》中说，为了尽快改变战国时代"言语异声、文字异形"的局面，"秦始皇帝初兼天下，丞相李斯乃奏同之，罢其不与秦文合者。斯作《仓颉篇》，中车府令赵高作《爰历篇》，太史令胡毋敬作《博学篇》，皆取史籀大篆，或颇省改，所谓小篆者也"。小篆的推行宣布了古文字的终结，它固定了偏旁部首的位置和写法，基本上做到了形体的定型化；书写上要求整齐划一，笔画不论横竖曲直一律用粗细等匀的线条，古文字进一步抽象化、线条化，做到了形体的符号化（如图 2-6）。小篆为秦始皇利用政权的力量统一规范，一定程度上实现了汉字的标准化、规范化，很快结束了战国时期汉字异体丛生、形体杂乱的局面。

图 2-6　秦朝李斯《峄山刻石》（局部）

（二）今文字阶段

1. 隶书

隶书历史上也称佐书、史书、八分，是以点、横、波磔、掠等点画结构取代篆书的线条结构，使之便于书写的一种字体。据现已出土的文字来看，早在秦始皇推行小篆之前，民间已有隶书的萌芽。秦王朝在推行小篆的同时，为了"以趋约易"也大量地使用了隶书，1975 年湖北云梦县睡虎地出土的大量秦简就是最好的证明。隶书从根本上改变了篆书的构形和笔道形态，成为一种独具特色的新字体。文字学上将小篆到隶书的演变称之为"隶变"，并认为这是汉字演变的重要阶段。后人称初创阶段的隶书为"古隶"或"秦隶"，成熟阶段的隶书为"汉隶"。古隶是古今文字的分水岭，汉隶是汉代官方的正式字体，是今文字的开端。如今所谓隶书，主要指汉隶。《张迁碑》（见图 2-7）和《乙瑛碑》（见图 2-8）就是汉隶的代表作。

图 2-7　东汉《张迁碑》（局部）　　图 2-8　东汉《乙瑛碑》（局部）

2. 楷书

楷书也叫"真书""正书"，产生于汉末，盛行于魏晋南北朝，一直沿用至今。楷书由隶书经过长期演变慢慢蜕化而来，因为在相当长的时间里或多或少带有隶书的意味，所以历史上也称为"今隶"。楷书与它的母体隶书相比，有两个明显的特点。

第一，彻底摆脱了篆书的影响，构形单一。隶书以点画取代篆书的线条结构，但形体并没有严格的规范统一，繁简异写的情况很普遍，如"善"字有"𦍌"和"𦎍"繁简异写。楷书出现之后，为了适应科举考试的需要，人们有意识地对字形进行整理与规范，使得汉字字形逐渐规范统一，如《干禄字书》之类字书的出现就促进了楷书的标准化。

第二，点画形态比隶书丰富。楷书不仅比隶书增加了斜勾（隶书用波磔）、挑（隶书是横画斜写）、折（隶书是横画与竖画的自然结合）等基本点画，而且每种基本点画的特征都比隶书鲜明，书法创作的空间更大。从字体的演变过程来看，虽然隶书的形成是汉字由线条变为点画的标志，但是汉字点画结构的典型字体不是隶书而是楷书。如图 2-9 就是典型的点画楷书字形。

图 2-9　唐代颜真卿《颜勤礼碑》（局部）

3. 草书

草书是隶书粗略快速写就的字体，是与隶书、楷书同时通行的一种辅助性字体。特点是结构简省、笔画连绵。草书形成于汉代，是为了书写简便、提高书写速度演化而成。草书可分为章草、今草和狂草三个阶段。图 2-10 所示属于狂草。

图 2-10　唐张旭《古诗四帖》（局部）

4. 行书

行书是汉末继草书、楷书之后出现的一种字体，以晋朝王羲之的行书为代表。行书是在楷书的基础上稍加变化，使之书写起来更简便却又易于辨认。它介乎草书和楷书之间，既不像草书那样难写难认，又不像楷书那样严谨端庄，所以古人说它"非真非草"。

行书可以分为真行、草行两个层面。真行是比较规整、近似于真书的行书，亦称"楷行""行楷"。王羲之的《兰亭序》（见图2-11）虽是一份草稿，却是行楷的代表作。草行比较流动，是近于草书的行书。王羲之《得示帖》可谓草行之典型。

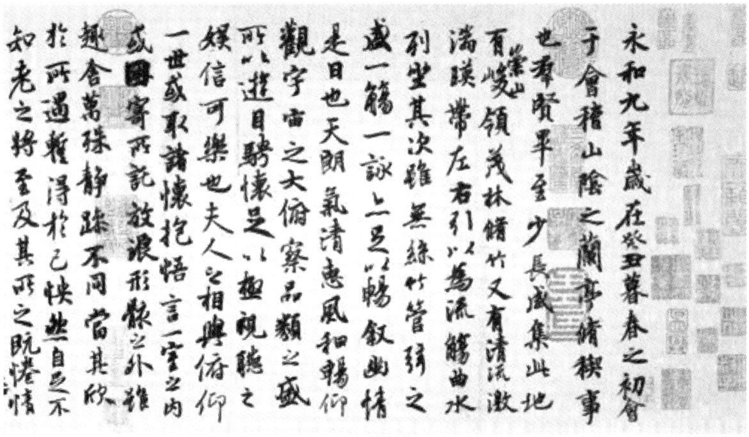

图 2-11　晋王羲之《兰亭序》（局部）

三、汉字形体的变化 [1]

汉字发展到今天，形体经历过以下两次最大的变化。

（一）隶变

裘锡圭认为："在汉字发展史上，由古文字演变为隶书，是最重要的一次字形简化。这次简化使带有图绘性质的象形的字符变成点、横、撇、捺等笔画组成的字符，大大方便了书写。"[2]梁东汉也认为："隶变是汉字发展史上的一个里程碑，标志着古汉字演变成现代汉字的起点。有隶变，才有今天的汉字……只有了解隶变，才能真正认识汉字，特别是现代汉字；只有了解隶变的起因、经过、现象、规律和影响，才能够比较清楚地认

---

［1］参考李香平《汉字理论与应用》（暨南大学出版社，2012年版）第二章。

［2］裘锡圭.谈谈汉字整理工作中可以参考的某些历史经验[J].语文建设，1987（2）：3-6.

识汉族文化以及它在隶变阶段中取得的种种成就。"[1]隶变引起汉字结构、形态的巨大变化主要表现在如下几个方面。

第一，用点、横、竖、撇、捺、折、钩、挑等基本笔画取代小篆中直、横、弧等匀圆的线条。改变小篆笔画线条粗线均匀、圆转绵长的特点，使汉字呈现扁方形的整体构造，也使汉字的笔画计算成为可能。以《曹全碑》中的汉字为例，可比较小篆与隶书（今隶）在笔画形态上的特点（见表 2-1）。

表2-1

小篆	隶书	小篆	隶书

由上表可以看出，小篆"∪""〰""〗"等弧形线条在隶书中都变成了直线、折线构成的单笔画和折笔画，大大缩短了运笔线路，简化了书写过程，提高了书写速度。有学者把篆书曲笔到隶书直笔的变化叫作笔画的趋直性。

第二，隶变对汉字的一些部件进行简化、变形，使汉字的结构发生了根本的变化，许多象形、表义的构件变成非象形、不表义的符号，汉字由写实的象形变成符号或笔画。

"更"字小篆作"叓"，是从"丙"从"攴"的会意字，但隶书中已经无法离析出这两个部件。

[1] 赵平安.隶变研究[M].保定：河北大学出版社，2008：1.

"要"字小篆作"𦥼",即人腰部之形。隶书已讹变为上部从"覀",下部从"女",形义关系脱节。

"寒"字小篆作"𡗫",从"人"在"宀"下,以"茻"覆盖之,下有"仌",整字会意。清代顾蔼吉编撰《隶辨》收录的汉代碑文作"**寒**",与小篆差异较大。

"香"字小篆作"𪎮",本来是从"黍"从"甘"的会意字,东汉的《史晨碑》作"**香**",为隶书的规范写法,形体已经变为从"禾"从"日"了。

第三,小篆中的偏旁部件因所处位置不同而演变为不同的偏旁变体。如"心"(心)在小篆中无论是处于左边"𢘑"(怡),还是位于下边"念"(念)、"慕"(慕),写法都完全一样,到了隶书里,则分别演变为"忄""心""小"。

第四,部分形体不同的部件隶变后类化为同一个部件。例如,"黑"字下面的四个点通常看作是"火"的变体,但在繁体字"鳥"中,四个点其实是鸟爪的象形,"馬"中的四点是马蹄的象形,"魚"中的四点则是鱼尾的类化,"燕"中的四点是燕尾的类化。又如"夫",当我们将小篆与隶书比对时可见:

小篆 ——————→ 隶书

小篆	隶书
𣆃	**春**
𥠅	**秦**
𥢝	**泰**
𢌿	**奏**

这一变化虽然大大减少了汉字常用部件的数量,却也造成今文字形义关系的严重脱节,是汉字表意属性弱化、记号属性加强的重要标志。从隶书开始,汉字的书写速度得到大大提高,但汉字以形会意的格局受到破坏,朝着符号化方向发展。

(二)繁简之变

文字作为交流的工具,发展的总体趋势是简化,汉字也是这样。从古文字阶段的甲骨文、金文到小篆,再到隶书、楷书,其发展的总体趋势就是简化,这种趋势一方面受到文字发展总规律的制约和推动,另一方面也是基于文字作为书写工具这一基本性质。汉字工具性的特点必然要求书写快捷、方便，这一基本要求是汉字不断简化的主要推动力。甲骨文时期，一个字可以有很多简化的写法，简体和繁体并存。我们选择《甲骨文字典》、《金文编》以及《说文解字》中所录"涉"字字形进行比较，就可以看出汉字简化的发展趋势。

《甲骨文字典》：

《金文编》：

《说文解字》：

汉字的简化在古文字到隶楷阶段主要表现为图画性到线条性的变化，并将太繁的文字省去一部分，如上面所举的"涉"字。又如甲骨文中的"车"字繁简各异，最繁的"车"字画出了带有两轮的车厢，以及车的轴、辕、轭等部分，忠实于原物的描摹，但发展到后来，繁复的"车"字一律被简化的"车"所取代。

虽然文字的简化伴随文字发展的始终，但这种简化是汉字在使用过程中因为交流的需要自然缓慢进行的过程。另一方面也存在大范围短时间内发生的汉字简化运动，影响最大的当属新中国成立后政府推行的简化字运动。1964年中国文字改革委员会编辑的《简化字总表》由三个表组成。第一表收352个不作简化偏旁用的简化字，第二表是132个可作简化偏旁用的简化字和14个简化偏旁，第三表是应用第二表所列简化字和简化偏旁类推简化得出的1754个简化字，三个表总计2238字。其中"签""须"两字重现，实为2236字。为了纠正20世纪80年代末期以来用字混乱的现象，人们普遍使用规范的简化字。经国务院批准，国家语言文字工作委员会（以下简称"国家语委"）于1986年10月10日重新发表了《简化字总表》。根据几十年来简化字在社会上的使用情况，新版的《简化字总表》对原字表中的个别字做了调整。我们现在通行的简化字便是1986年版《简化字总表》所规定的规范简化字。这次汉字简化运动取得很好的成效，多方面取得积极效果：第一，减省了汉字笔画，平均每字减少5.7画，方便了汉字的学习和书写；第二，消除了一批异体字，合并了一些同音字，汉字个体减少，减轻学生的学习负担；第三，某些简化字的构造比繁体更合理，更容易记忆，如"态""运"等；第四，汉字形体更为简洁美观，文章版面更加清晰爽目；第五，扫盲试验中，简化字扫盲的效率比繁体字扫盲的效率高出 20% 左右。

可见，简化字对快速提高全民文化素质起到很大作用。但任何事物总是有利有弊，以《简化字总表》为标志的汉字简化也存在一些缺点，主要表现在如下几个方面。

第一，缺乏系统参照，致使有些构件的简化不一致。这种不一致主要有两种情况。一是同样的偏旁或部首，有的简化有的不简化，有的简化为甲，有的简化为乙。例如"雚"作构件时，"觀""歡""嘆"分别简化为"观""欢""叹"，而"灌""罐""鸛""獾""嬽"却没有简化。又如"盧"简化为"卢"，以"盧"作偏旁的"顱""墟""瀘""轤""櫨""鸕"类推简化为"颅""垆""泸""轳""栌""鸬"，而同样以"盧"作偏旁的"蘆""廬""爐""驢"却被简化为"芦""庐""炉""驴"，两者不一致。二是不同的偏旁或部首有时使用同样的简化符号，如"仅""权""对""树""汉""鸡""邓""凤""轰"等字的简化符号"又"分别取代的是"僅""權""對""樹""漢""鷄""鄧""鳳""轟"等字中的不同构件。这样的不一致打乱了系统对应关系，实际上增加新的学习困难。

第二，减少一些形近字的同时，又增加了一些形近字或形近偏旁。汉字简化使部分原来的形近字变得易于区别，如"畫""晝""盡"原来形近易混，简化为"画""昼""尽"后很容易区别。但有些字的简化又导致一些新形近字的产生，如"庆"和"厌"，"户"和"卢"，"风"和"凤"，"开"和"升"，等等。而且由于个体平均书写笔画大量减少，个体与个体之间的区别度势必降低，所以总体来说，简化字系统的形近易混概率要大于繁体字系统。

第三，破坏了部分汉字的形义关联或构形理据。《简化字总表》在制定时追求笔画的简化，采用了一些不能体现构字理据的记号，破坏了汉字原有的形义关联。例如"尽"的繁体为"盡"，是会意字，画的是一只手拿着一把刷子在洗涤器皿，表示器皿之中的东西已经全部除去，而简化的"尽"的字体则毫无理据可言。又如"当"的繁体为"當"，是形声字，形旁为"田"，声旁为"尚"，本意为两块田地面积相当，简化字"当"则既无形旁又无声旁，只是个记号字。

这种形义关系的破坏有时还是成批造成的。如以"氵"为部首的字意义与水有关，以"冫"为部首的字意义与冰冷有关。但"沖""決""淨""況""準""凌""減""湊"等意义与水有关的字却被分别简化为"冲""决""净""况""准""凌""减""凑"，使得这批字的形义关系发生错乱，违背了汉字本身的结构规律。再如以"广"为部首的字意义与房屋有关，以"厂"为部首的字意义与山石崖岩有关。但"廳""廁""廂""廈""廚""廏"等意义与房屋有关的字，分别被简化为"厅""厕""厢""厦""厨""厩"，同样破坏了汉字形义的系统关联。

汉字简化对形义的破坏导致汉字的理据文化遭到破坏，这也成为一部分学者反对推行简化汉字的理由。虽然汉字简化造成的这些问题有的可以在适当的时候加以调整，但在已经广泛使用简化字的现在，重新推行繁体字既无可能，也无必要。实际上，现代汉字使用中的繁、简问题主要体现的是现代简化字对不同古代字种的不严格兼并，即一简对多繁。近年来有些人热衷于写繁体字，却不清楚简化字和繁体字之间复杂的对应关系，使得繁简转换后常常出现错误。例如烟台一家糖果厂曾经生产过一种金色锡箔纸包装的元宝形巧克力，包装纸上的"恭喜发财"写成了繁体的"恭喜髮财"。他们不知道"发"字有两个对应的繁体，一个是表示射箭、出发、发出、发财的"發"，一个是表示"毛发"的"髮"。厂家用头发义的繁体"髮"对应"因得到大量财物而兴旺"义的"发"，自然闹成笑话。坐落在河北唐山的开滦国家矿山公园，门前镌刻的《开滦赋》文采飞扬，内容华美，深刻反映了开滦厚重的历史文化积淀和"特别能战斗"的顽强精神。但文中出现的几处别字，不免让人深感遗憾，其问题就出在繁简字的转换上。如："星转斗移"作"星轉鬥移"；"千里壮怀"作"千裏壯懷"；"吐出闷气千斗"作"吐出悶氣千鬥"；"赑屃还被禹后擒"作"贔屭還被禹後擒"；"挥鞭新征"作"揮鞭新徵"。其中的"鬥""裏""鬥""後""徵"都没有使用正确的繁体字。繁简字的错误转换甚至在高等学府也有出现。例如一家大学"中文系"的牌子上赫然写着"中文係"，其实表示类别关联意义的"xì"字本来就应该写作"系"，只有在表示捆束缠绕的意义时"系"与"係"才构成繁简转换关系。名人和书法家题字简繁转换错误的现象也常见于报道，如有人把"影后"写成"影後"，把"九球天后"写成"玖球天後"，把"圣人邻里"写成"聖人鄰裡"等，真是贻笑大方。

要避免出现繁简转换的错误，最好的方式还是全面掌握非一一对应关系的繁简字组，慎重择取对应的关系字。

第三节 汉字形体的书写[1]

语文识字教学和汉语国际教育汉字教学中,写字既是重点也是难点。甚至在很长一段时间里,普遍认为汉字教学就是写字教学,可见汉字书写的重要性。

一、书写与书法

识字教学中的汉字书写与汉字书法既有联系又有区别。汉字书写教学是对每个汉字书写者,尤其是对尚处于基础教育阶段和汉语学习初级阶段学习者的基本要求,目的是培养学生的写字技巧,以满足日常应用,检测指标是正确率与速度。而书法是为了满足学习者文化传承、艺术培养和审美的需要。二者的目的有根本区别。

在识字教学的初级阶段,书写教学是识字教学的有机组成部分,书写有助于更好地认字,认字也是为了更好地书写,二者相辅相成,难以分割。因此,未掌握汉字形、音、义的低年级学生,其汉字书写属于“识字的写字”,即以写对为主要目的。高年级学生在掌握了汉字形、音、义情况下进行书写,是“书法的写字”,即以写好为主要目的。可见,书写与书法在汉字教学上有着天然的联系。考察中小学生日常汉字书写能力可以细分为以下几个方面。

第一,正确书写常用笔画的能力。汉字书写的基本单位是笔画,也是汉字的“建筑材料”。汉字学习者初学汉字,必须培养常用笔画的书写能力,只有能够一笔一画写汉字,熟悉笔画的名称与书写技巧,才能养成正确书写汉字的习惯与意识。除了常用笔画,一些部件笔画的变形也要熟练掌握。例如,左右结构的字如果左边部件的最后一笔是横,为了与右边的部件协调统一,组成结构紧凑的汉字,末笔的横要改为提,如“攻”;左右结构的字如果左边的部件是“半”“羊”“辛”,末笔的竖要改为撇,如“叛”;左右结构、全包围结构、半包围结构的字如果左边、里

---

[1] 参考李香平《汉字理论与应用》(暨南大学出版社,2012年版)。

边的部件有捺，为了不使捺的出锋与其他外围笔画相交，要改捺为点，如"村"。笔画的变形是汉字书写基本能力的重要方面，不但影响汉字的形体美观，也会影响汉字书写的准确性。

第二，熟练使用基本笔顺规则的能力。汉字的基本笔顺规则是保证书写快速、准确的前提条件。按照基本笔顺规则书写汉字，有助于书写达到"自动化"，提高书写质量与速度。虽然我们不主张在汉字初学阶段过分纠缠于某一个字或者几个字的笔顺，但也不主张完全无视基本的笔顺规则。毕竟，基本笔顺规则是在长期的汉字书写和书法创作中总结出来的书写规律，符合便捷、快速书写的原则。

第三，精确分析与再现字形的能力。汉字的书写需要对字形有精确的分析与再现能力。笔画的形态、长短，笔画的连接方式都是汉字书写中需要特别注意的。例如，"土"和"士"、"太"和"犬"、"大"和"丈"等字需要学习者能够精确辨析才能正确再现字形。

第四，组合结构的能力。汉字字形中，除了小部分独体字，大部分是合体字，而合体字结构类型多样，不同的结构类型有不同的书写技巧。例如"晶"字是品字形结构，写成上下结构就不对；"落"是上下结构，写成左右结构就错了。此外，不同的结构类型，在书写时各部分的比例是不同的。左右结构中根据左右两个部分的大小，有三种情况：左窄右宽，如"你""汉"；左右相等，如"的""以"；左宽右窄，如"外""刻"。上下结构根据上下两个部分的大小也可分为三种：上短下长，如"字""写"；上下相等，如"是""名"；上长下短，如"点""息"。半包围结构实际上包括上三包围如"问"、左三包围如"匡"、下三包围如"凶"、上左包围如"压"、上右包围如"句"、下左包围如"这"。这些细微的分类也是培养汉字书写能力的重要组成部分。

识字教学中，汉字的书写教学不同于书法教学。字首先要写对、易于辨认，是否符合书法审美要求不是识字教学追求的主要目标。在信息技术发达的现代，键盘打字、语音输入、扫描识别等方式给人们使用汉字带来极大便利，纸笔书写不再成为唯一的书写模式。一方面大众对日常书写侧重实用功能而降低了审美需求，另一方面书法偏向纯艺术创作的定位也使得书法的审美追求难以在日常书写中普及。这两方面都制约了书法艺术的发展和提高。从这一角度来说，现在的汉字书法艺术难以开创另一个艺术高峰，汉字书写也越来越趋向技术性而非艺术性。传统书写模式及其产生的独特书写文化是汉字书写教学的基础，汉字书写工具、书写姿势、运笔姿势、笔画形态、结构布局、部件的形变规律等都是汉字书写文化的重要组成部分。此外，汉字书写中独特的审美需求也是汉字书写文化的重要组成部分，如横平竖直，撇捺要展开并大抵相平，笔画与笔画之间间隔要均衡，部件之间距离要匀称，重心平稳。汉字书写文化是培养汉字学习者审美情操的重要方面，如何利用传统书法书写经验提高现代书写教学的效率，同时培养母语识字者的文化素养，是目前汉字书写教学中需要研究的重要课题。

二、印刷体与手写体

英文字母有印刷体和手写体的区别，汉字其实也是这样。同样是楷书，印刷体楷书笔画形态固定，笔画之间衔接紧凑，使得汉字构件组合具有紧密的整体感（如接连笔画、框架结构等），字体相对平稳。手写体楷书则不同，书写讲究意趣，注重节奏灵动、气韵生动，为贯通笔意使得笔画起伏、跳跃的成分明显增多，笔画之间时而留有恰当空隙，字体静中有动，意趣横生。印刷体和手写体不但在书写形态上有所不同，在个体汉字的笔画上也体现一定的差异。我们在小学语文汉字教学和华文汉字教学中，强调学生以印刷体楷书作为写字学习的标准。因为作为参照标准，标准字的字形需要规范统一。但作为书写工具，字应该是技术和艺术的结合，因此在实际书写时，手写体与印刷体应有所差异。

第一，印刷体是标准化的字体，没有个体差异和书写风格的不同，手写体因书写者的不同往往出现较大差异。这种差异不但表现在字的整体风格上，还体现在个体对汉字笔画、结构的处理上。这些处理一旦成为书写者普遍呈现的书写特点，就会形成一些普遍适应于手写体的标准，而这种约定俗成的标准便是人们长期书写实践中形成的不成文的共识。例如"英"字的大字底，印刷体末笔一般作捺，但手写体中往往写为长点；"集"字的木字底，印刷体为撇捺，历代手写体多写为左右点；"困"等全包围结构的字，印刷体是全封闭，但历代书法家的手写体通常在左上、左下、右下三个角开一至三个小口，并解释为"围而不堵，守不宜困"，"可祛除呆板、滞闷之感"。下图为历代有名的几位书法家所写的"集""英""困"三字，体现了书法创作中的共同倾向。

米芾　　祝允明　　褚遂良

图 2-12[1]

　　除了约定俗成的标准之外，书写者个人的书写习惯和书写特点使得书写体呈现出千姿百态的变化。例如书法家米芾写木字旁，一律处理成"扌"，如"扗"（杜）、"扣"（相）、"扗"（桓），这就是非常明显的个人特点。现代许多书法爱好者在研习米芾《千字文》时，也将"木"字旁写成"扌"，这是书法领域对书写艺术的认同，不能通用于一般汉字交际领域。

　　第二，同样是手写体汉字，书法层面的手写体和实用层面的手写体要求不同。书法层面的手写体求新求变，要突出个性，彰显着对艺术审美的追求，因而一个人在同一个书法作品中，可能会对同一个字、同一个部件的写法和处理有所区别，而用于交际的实用汉字则要求尽量规范、统一、稳定。大书法家智永所写楷书《千字文》是后人楷书临摹的典范，是书法艺术美的高度体现，其中的同一个字、同一个部件的写法往往各异。例如"辶"是汉字中常见的构字部件，智永的《千字文》中有 25 个含"辶"的汉字，至少有三种"辶"的写法（见图 2-13）。

---

　　[1] 本节所引古代书法家字体均取自杨宪金主编《历代千字文真迹比较（楷书卷）》及智永《真草千字文》，下文不再特别注明。

第一种：邋 迩 造

第二种：連 逐 通

第三种：迴 逼

图 2-13

又如"臣""匪""匡"三字都含有"匚"，无论是印刷体还是规范的手写体都把这个部件看作两个笔画——横、竖折，但智永《千字文》中这三个字的"匚"写法并不相同（见图 2-14）。

臣 匪 匡

图 2-14

可见，书法创作中的汉字书写更多地服务于艺术审美的需要而淡化了汉字记录信息的工具性要求，因此书法字形的规范性要求相对较低。相反，用于实用交际的手写体汉字，其工具性功能是第一位，艺术审美功能是第二位，在保证可认读、便于认读的前提下才考虑其艺术审美的需求。日常书写中，无论是"辶"，还是"匚"，都必须尽量写得接近印刷楷体的规范字形，否则将因不易辨识而妨碍交际和信息的传达。

第三，日常汉字书写既不可能达到印刷体汉字高度规范和统一的要求，也不能像书法创作为了追求艺术的需要而任意求新求变，因此日常书写存在的一些书写变化和书写模式应该维持在大众能认读识别的程度。前例中，米芾将"木"写成"才"只能通用于书法创作中，日常书写中易和"扌"混淆，不利于字与字的区别。"木"写在字的下边时，印刷体中的"杀""杂""条""亲""寨"等字中的"木"写法不同，通常叫作"小木底"，其他如"集""某""朵""呆"等字都写成"木"，通常叫作"大木底"。手写体中，小木底和大木底通常并没有严格区分，很多书写者习惯都写成小木底，这种处理既有历史渊源，也存在现实需求的基础，是约定俗成的字体变异，不影响交际和认读。日常书写时切忌一味模仿历代名家碑帖中的写法而不考虑日常交际的客观需要，以免违背日常书写便于认读和识别的基本目的。如智永《千字文》中"祭"作"祭"，"明"作"明"，"盟"作"盟"，都不宜在日常书写中采用，以免影响认读。

由此可见，手写汉字虽然容许书写者保留个体差异和不同的书写风格，但基本字形必须规范统一，至少符合约定俗成的法则。

第四节　汉字形体的辨析

汉字的形体是汉字学习和应用的重要对象。汉字系统存在很多形近字，从这一意义上说，汉字形体教学就是汉字字形的辨析教学。要辨析汉字形体，就必须了解汉字形体的构形元素与区别特征。

一、汉字形体的区别元素

现代汉字形体都可以从构形元素和书写元素两个层面来分析。构形元素的分析可以利用古文字字形，多考虑汉字的源流发展，以利于汉字构造理据和汉字形、义的分析。书写元素的分析着重关注现代汉字的形体及书写，能帮助学习者掌握书写的基本要素。古代大部分汉字的构形元素与书写元素相统一，分析构形元素也就分析了书写元素。现代汉字大部分构形元素已经模糊或消失，形体分析中显性的书写元素是汉字形体学习和使用的基础，也是汉字认读和书写的基础，和汉字的造字理据、构形分析没有必然的联系。例如"要"字就是由"西""女"两个书写元素构成的上下结构的汉字，两个部件都为记号，没有任何表义信息。而考察其古文字形即可知，"要"的甲骨文、金文都是描绘人身之形，属于象形字。

对于一般的汉字使用者来说，认读和书写常用汉字，一般只关心一个字的笔画多少、笔顺关系、连接方式、部件多少、部件构成关系、部件形态等汉字的显性信息，也就是汉字的书写元素，这也是现代汉字字形的主要区别性特征。

（一）笔画

笔画是构成字形的各种点和线。笔画是现代汉字字形的基本结构单位，每一个汉字，无论是独体字还是合体字，都由不同笔画组合而成。写字的时候，由落笔到提笔，不管笔头在纸上所走的路线是横的还是竖的，是长的还是短的，是直的还是弯的，都算一个笔画。

现代汉字有多少种笔画，不同的汉字教学教材有不同的数目。傅永和的《汉字结构和构造成分的基础研究》把现代汉字笔画分为两大类，平笔笔形 6 种和折笔笔形 23 种，共计 29 种。其中折笔笔形包括单折笔 12 种和复折笔 11 种。张静贤的《现代汉字教程》分为基本笔形 6 种，派生笔形 25 种，共计 31 种。李大遂的《简明实用汉字学》分为基本笔画 8 种和变体笔画 27 种，共计 35 种。胡裕树的《现代汉语》分为主要笔形 8 种和变化笔形 25 种，共计 33 种。分歧产生的原因很多，主要是笔画分类的目的不同导致标准和结果不同。如果分类时着眼于构造字形的最小单位，应该突出每类笔画的总体特点，强调它们在组成不同部件和整个汉字过程中的区别特征，但总体相同下的细微变化可以忽略不计，分类的结果宜粗不宜细。如果是出于书写需要，则应该注意每类笔画在不同位置上的多变形态，强调各种变化形态的个性，分类的结果宜细不宜粗。本书采用国家对汉字笔画有关规定的标准来划分和介绍基本笔画与折笔笔画的名称、种类，具体教学时教师可以根据需要适当取舍，不必完全按照哪种分类方式。

汉字的单笔画，本书确定为 5 种（见表 2-2）。

表2-2

笔画	名称	举例
一	横	大
丨	竖	中
丿	撇	八
乀	捺	人
丶	点	小

有的书中将提归入单笔画，考虑到以横为末笔的部件出现在左边时，末笔的横都要形变为提（如"埋"左边土字旁的末笔、"站"左边立字旁的末笔），此处把提并入横。

汉字笔画中除了单笔画外，还有由基本笔画组合而成的复合笔画，主要是一些带拐弯的笔画，即折笔笔形。《印刷通用汉字字形表》进一步规定了汉字（印刷宋体）折笔笔形分类、排序、名称，GB13000.1 字符集汉字折笔笔形表（见表 2-3）依笔画、折数对折笔进行分类。

表2-3　GB13000.1字符集汉字折笔笔形表

折数	序号	名称（全称）	名称（简称（或俗称））	笔　形	例　字
1折	5.1	横折竖	横折	一（フ）	口 见 达 舆 已 罗 马 丑 贯 / 敢 为
	5.2	横折撇	横撇	フ（フ）	又 祭 之 社 登 卯 / 令 了
	5.3	横钩	横钩	一	买 宝 皮 饭
	5.4	竖折横	竖折	L（L、一）	山 世 岀 / 母 互 乐 / 发 牙 降
	5.5	竖弯横	竖弯	L	四 西 尢
	5.6	竖折提	竖提	L	长 瓜 鼠 以 瓦 叫 收
	5.7	撇折横	撇折	ㄥ（ㄥ）	公 离 云 红 乡 亥 / 车 东
	5.8	撇折点	撇点	ㄥ	女 巡
	5.9	撇钩	撇钩	ノ	ㄥ
	5.10	弯竖钩	弯钩（俗称）	ㄋ	扰 家
	5.11	捺钩	斜钩（俗称）	ㄟ	代 戈

续表

折数	编号	笔画名称	简称	符号	例字
2 折	5.12	横折竖折横	横折折	㇅	凹 卍
	5.13	横折竖弯横	横折弯	㇜	朵
	5.14	横折竖折提	横折提	㇗	计 颍 鸠
	5.15	横折竖折钩	横折钩	㇆（乛）	同 门 却 永 耍 万 母 仓／也
	5.16	横折撇捺钩	横斜钩（俗称）	㇂	飞 风 执
	5.17	竖折横折竖	竖折折	㇘	鼎 乐 亞 吴
	5.18	竖折横折撇	竖折撇	㇙（㇄、㇟）	专／臾／头
	5.19	竖弯横折钩	竖弯钩	㇄	已 匕 电 心
3 折	5.20	横折竖折横折	横折折折	㇋	凸
	5.21	横折竖折横折撇	横折折撇	㇋	及 延
	5.22	竖折横弯钩	横折弯钩	㇈（乙）	几 丸／艺 亿
	5.23	横折撇弯折竖钩	横撇弯钩（俗称）	㇌	阳 部
	5.24	竖折横折竖钩	竖折折钩	㇉（㇉）	马 与 钙／号 弓
4 折	5.25	横折竖折横折竖钩	横折竖折钩	㇉（㇉）	乃／杨

（二）笔画连接方式

现代汉字中，笔形、笔画的多少和笔画的连接方式构成汉字字形的区别性特征。相同的书写单位交接方式不同，也会产生不同的形体。如"甲""由""申""田"都由两横画、两竖画和一折笔组成，"已""巳"都由横折、横、竖弯钩写出，但由于这些笔画相离、相交、相接的方式各异，所以形成了不同的形体。

现代汉字中笔画有三种组合关系，即相离、相交、相接。相离就是互不交接的笔画构成汉字，如"二""三""川""小"。相交就是用相互交叉的笔画构成汉字，如"十""九""丈"。相接就是用相互连接的笔画构成汉字，一般有两种情况：第一种是某一笔画的笔首或笔尾与另一笔画的线条相接，如"人""刀""上""久"等；第二种是某一笔画的笔首或笔尾与另一笔画的笔首或笔尾相接，如"厂""几""口""己"。

笔画的连接方式是汉字构形的重要因素。相同的笔画笔顺，连接方式不同可以组成不同的汉字和构件。例如：

厂—广　元—无　八—人—入　天—夫　矢—失　大—丈　刁—刀

占—古　开—井　工—土—干　午—牛　田—由—甲—申　石—右

刀—力　已—巳—己　久—夂

对于这类笔画连接方式不同的形近字，教学中应引导学生发现其区别性特征，帮助学生熟悉笔画连接方式。

（三）部件

部件是由笔画组成的、组配汉字形体的构字单位，有人称之为"字根""字元""字素""形位"等。部件不同于部首、偏旁等传统文字学上的概念，也不同于功能分析的构件（详见下章），是立足于汉字书写、识记和辨析而提出的汉字形体单位，并不注重其构字功能。一般来说，部件大于笔画，小于整字，但下列两种情况部件等于笔画和整字：第一，"乙"（忆）以及处于分离状态的横（旦）、竖（旧）、撇（胤）、点（勺）、折（礼）等单笔画等于部件；第二，整字即一个部件，如"一""人""口""手"等，整字就是部件。

部件是汉字的形体单位，虽然有时相当于笔画和整字，但大多数时候都是介于笔画和整字中间的单位，具有自己的特征。表现在：

1. 绝大多数部件具有一定的组字能力，可以作为独立的单位参构两个或两个以上的整字。

2. 具有不可分割性。或笔画相交，如"七""乂"；或笔画相接，如"千""天"；或笔画相聚，如"氵""彡""心"等。

3. 部件本身具有笔画、笔顺的自足性，可以作为一个独立的书写单位。即在一个合体字中，总是先写完一个部件再写另一个部件，部件的书写顺序遵循笔顺的基本规则，虽然有时为了整个汉字布局需要，调整个别笔画的顺序，但不影响部件视觉印象上的完整性。如"国"在书写时是先外后里再封口，但"口"和"玉"两个部件间界限分明。

4. 仅作为书写符号，不关注音、义。有的部件有音和义，看起来跟一般的偏旁、部首没有不同，如"氵""阝""疒""口"。但作为形体概念的部件其实并不关注音和义，也不一定具有音和义，只是纯粹的书写符号，如"区"字的里边、"曹"字的上边等。

（四）形体结构方式

现代汉字按照形体结构可分为独体字和合体字。独体字结构简单，只有笔画形态、数量多少的区别，内部不存在结构类型的不同；合体字由部件按照一定的组合模式组成汉字，这个组合模式就是汉字的结构方式。传统所说的结构方式是第一级部件的组合方式，即第一次拆分所得部件的结构方式（见表 2-4）。

表2-4

名称	例字
左右结构	彭　样　袱　棚
左中右结构	衙　辩　树　掰
上下结构	杲　婆　盒　室
上中下结构	复　曼　京　鱼
全包围结构	图　园　回　围
半包围结构	凶　区　席　遢
对称结构	巫　坐　黄　畺
品字结构	众　森　晶　鑫

汉字教学中，还可以利用画结构图的方式教学生掌握汉字的结构类型（见表2-5）。

表2-5

字型代号	字型	图示	字例	特征
1	左右型		汉 湖 封 结	字根之间可有间距，总体看是左右排列
2	上下型		字 莫 花 华	字根之间可有间距，总体看是上下排列
3	杂合型		国 凶 进 司 乘 果	字根之间虽有间距，但不分上下左右；浑然一体，不分离

表2-5所示的左右结构和上下结构各包含四种小类型，杂合形结构则包括全包围结构、半包围结构、对称结构、交叉结构。

结构类型是现代汉字书写和认读中的重要内容，也是形体辨析的主要依据。部件相同而结构类型不同，就能组成不同的汉字，如含—吟、呆—杳、呆—杏—困。

二、形近字的辨析

汉字中有些字的形体十分相似，但读音和意义却不相同。李禄兴的《由简化造成的形似字统计分析》从3500个常用汉字中，能择取出837个常见易混的形似字。辨析形近字，可以从独体字和合体字两个角度出发。

（一）独体形近字的认同别异

李禄兴择取的837个形近字中有126个为独体形近字，这些字的区别点主要有：笔画连接方式不同、个别笔形不同、笔画数目不同。

1.笔画数相同，笔形一致，笔画连接方式不同。即笔画相接、相离、相交的位置和方式不同。

元—无 石—右 午—牛 七—匕 失—矢 天—夫

目—且 力—刀 人—入—八 田—由—甲—申 开—井

2.笔画数相同，个别笔形存在差异。

开—升 风—凤 贝—见 干—千 于—干 未—末 几—几

土—士　天—夭　犬—尤　寸—才　刁—刀　东—乐　用—甩

五—丑　又—义

3.笔形基本重合，笔画数略有不同。

半—羊　丙—两　厂—广　大—太　丹—舟　刃—刀　斗—头

几—凡　小—少　冈—网　个—介　巾—币　今—令　斤—斥

皿—血　木—本　内—肉　乃—及　去—丢　全—金　上—止

尸—户　水—永　术—米　乌—鸟　夕—歹　予—矛　爪—瓜

尢—龙　丈—文　之—乏　心—必　又—叉　白—臼　勺—匀

丘—乒—乓—兵　大—犬

4.笔形和笔画数都不同，但整字形体相近。

井—并　出—击　我—找　久—欠

（二）合体形近字的认同别异

现代常用汉字中，合体字占绝大多数。对于合体字的认同别异，主要从构字部件的角度进行辨析。根据部件的功能可以分为形旁的认同别异和声旁的认同别异两种。此外，本节随后附上"易混淆部件一览表"（见下页表2-6）供大家辨析学习。

1.形旁的认同别异

用形旁别异是辨别同声旁同音字、音近字的有效途径。汉字学习中，同声旁同音字的出错率最高，是造成同音别字的主要来源。同声旁字声旁相同、读音相同或相近，形旁必定相异。利用形旁表义的特点来区别同音近音字，为学习者领悟词义、辨析字形提供了有利条件。例如"寒暄"的"暄"有人误写为"喧闹"的"喧"，"风驰电掣"的"驰"有人误写为"一张一弛"的"弛"，"巧舌如簧"的"簧"误写为"装潢"的"潢"，"涣然冰释"的"涣"误写为"容光焕发"的"焕"等。但是若能仔细考察这些同音别字的形旁，联系字义思考词意，就能轻易辨别字形。

此外也要注意形旁相似造成的混同。如"冫"与"氵"、"囗""日"与"目"、"日"与"曰"、"目"与"月"、"大""木"与"本"、"艹"与"宀"、"宀"与"穴"、"扌"与"牛（牛字旁）"、"小"与"⺌"、"贝"与"见"、"土"与"士"、"忄"与"十（十字旁）"、"口"与"囗（围字框）"、"厂"与"广"、"广"与"疒"、"礻"与"衤"等。这些形旁构字能力强，相似度也高,有些可以和同一个声旁组成相似的形声字,更是增加了辨别的难度,如冷—泠、喝—喝、晴—睛等。

2.声旁的认同别异

现行形声字有相当一部分声旁能够直接提示读音,是形声字中的规则字,也是培养学生形声字声旁意识的重要案例。在汉字教学和学习中,通过构字能力强的声旁进行偏旁识字是提高识字效率的好方法。形近字中有一批声旁相同而形旁相近的形近字,这些字可以利用声旁辨别、记忆字形加以区分。如:

良(liang)—浪、狼(lang)/跟、粮(liang)/娘、酿(niang)

艮(gen)—狠、恨、很(hen)/根、跟(gen)

仑(lun)—抡、论、轮、伦、沦(lun)

仓(cang)—抢、枪、呛、跄(qiang)/沧、苍、伧(cang)

令(ling)—伶、玲、铃、聆、零、龄、岭、领、羚(ling)/冷(leng)/怜(lian)

今(jin)—衿、矜、妗(jin)/衾、琴(qin)/吟(yin)

上面列举的"良"字族和"艮"字族,"仑"字族和"仓"字族,"令"字族和"今"字族,彼此之间很容易混淆。若利用声旁的示音功能就能区分哪个字应该用"良",哪个字应该用"艮";哪一个应该用"仑",哪一个应该用"仓";哪一个应该用"令",哪一个应该用"今"。

附: 　　　　　　　表2-6　易混淆部件一览表

编号	形近部件	例字	辨析
1	亻(单人旁)	住 侍 体 休 位	"亻"与"彳"两个都是作形旁,"亻"表示跟人有关
	彳(双人旁)	往 待 行 征 得	"彳"表示行走、道路或动作。"彳"容易错写成"亻"
2	宀(宝盖头)	灾 宝 家 牢 字	"宀"多与房屋建筑有关
	冖(秃宝盖)	冠 冤 冢 写 军	"冖"与覆盖、蒙受有关。"冖"容易写成带点的"宀"

续表

编号	形近部件	例字	辨析
3	弋（弋字边）	式　试　拭　轼　代	"弋"作为部首，在常用字中主要组成"式""代"两个字，再用这两个字作声旁再组成其他常用汉字
	戈（戈字边）	划　戏　战　戳　咸	"戈"作为部首，组成的字多与兵器、战争有关，但现代汉字中的"戈"在多数字中已成为记号
	戋（戋字边）	钱　浅　线　笺	"戋"不是部首，多作字的声旁，所组成的字具有细微、浅小等隐含意义
	戈（尧字头）	浇　侥　烧　饶　绕　娆	"戈"不单独作构字的部件，一般构成"尧"后作为声旁，学生容易在上头多加一点
4	小（心字底）	慕　恭　忝　添　舔	"小"由"心"变化而来，在字中作形旁，表示心理活动
	氺（水字底）	泰　暴　函　滕　录	"氺"跟"水"有关，但有时只是一个记号。书写中，"氺"要注意和"水"区别开来，右边最后一笔写成点还是捺要看在构字中是否需要避重捺，如果不要，写成捺，如"录"，如果要则写成点，如"泰"
5	辶（走之底）	逼　避　边　遍　达	"辶"是由古代的"辵"演变而来，现代作形旁，构成的字大都与行走或道路有关，在字中的部位常处于半包围结构的左下方
	廴（建之底）	廷　挺　庭　艇　铤	"廴"本由"彳"演变而来，现代汉字中多用在字的左下方
6	礻（示字边）	礼　社　祖　神　祝	"礻"由"示"演变而来，构成的字多和鬼神祭祀等有关
	衤（衣字边）	被　裤　袜　裙　袖	"衤"由"衣"字演变而来，构成的字多和衣物有关
7	厂（厂字头）	厅　厨　厦　厚　厘	"厂"在现代汉字中作意符和记号。在有的字中，"厂"是"广"的简省
	广（广字头）	庄　床　库　店　庙	以"广"为构件的字大都与房屋有关，"广"还可以作音符
	厂（反字头）	质　反　后　盾	"厂"只是一个记号性的构字部件

续表

编号	形近部件	例字	辨析
8	刀（刀字边）	叨　切　剪　劈　召	"刀"一般用在字的右边（多写成"刂"）、下边或上边
	力（力字边）	劝　助　劲　励　劳	"力"一般用在字的右边或下边，容易和"刀"混淆。构成的字多与用力、力气或武力有关，也作音符
	刁（刁字边）	叼	"刁"构字能力不强，只在"叼"中作声旁，容易和"叨"混淆
9	夂（冬字头）	冬　备　夏　复　覆	"夂"旧读"suī"，是脚趾的变形，所构成的字多与后退、下降等脚的动作有关，多用在字的上面或下面
	攵（反文旁）	放　收　改　救　整	"攵"由"攴"演变而来，旧读"pū"，所构字的意义都与拍打、敲击、敲打等手的动作有关，在字中多处于右边，也有用在右上方的，书写时注意与"夂"区别开来
10	夕（夕字边）	岁　梦　名　外　怨	"夕"在古代和"月"字同形，所构字多与夜晚或晚间活动有关，现代一般作记号性部件
	歹（歹字边）	歼　残　死　凤　列	"歹"在甲骨文中是一个去肉残骨的象形，所构成的字多与死亡、坏事、丧事、不吉祥的事情有关
11	纟（绞丝旁）	红　绿　绳　结　给	"纟"是由"糸"（mì）字演变而来，一般在字的左边，其意义多与丝绳、丝麻织品有关
	幺（幺字边）	幻　幼　幽　窈　玄	"幺"（yāo）是"幼"字的省略，作构字部件时多与丝、少或微小有关，一般在字的左边
12	户（户字头/边）	房　炉　庐　芦　护	"户"本义是单扇门，因此"户"作形旁的字大都与房屋有关。"户"大多作声旁
	卢（卢字边）	颅　鸬　泸　轳	"卢"作声旁，能用在左边和右边

续表

编号	形近部件	例字	辨析
13	匕（匕字边）	比 仑 旨	"匕"笔画相接。作记号，跟其他相关部件组合
	七（七字边）	切 化 叱	"七"笔画相交。在左边时，竖弯钩要变成竖提
14	段（段字边）	锻 缎 煅 椴	"段"主要作声旁
	叚（叚字边/底）	假 霞 遐 瑕 葭	"叚"（xiá）主要作声旁。"段"和"叚"两部件书写上要注意区别。"段"左边上部是撇，下部是提，右边上部是"几"；"叚"左边尸框底下两短横，右边顶部是左开口
15	臣（臣字边/底）	宦 卧	"臣"最后一笔是竖折，本是一只竖着的眼睛，里面是眼珠，周边是眼眶，以它为构字部件的字多与奴隶、屈身有关
	臣（颐字边）	颐 姬 熙	"臣"（yí）一般作声旁，所构成的字韵母含"i"
16	采（采字边/底）	菜 踩 睬	"采"从"爪"从"木"，一般作声旁，包含它的字都读"cai"
	釆（釆字边）	释 悉 番 翻	"釆"（biàn）本是象形字，象野兽的脚掌，古人根据野兽的脚印辨别兽类行踪，所以由它构成的汉字多表示辨别、分开、分别
17	亨（亨字边）	哼 烹	"亨"与"享"的差别是下边少一横。"亨"主要作声旁，包含它的字韵母多为"eng"
	享（享字边）	孰 熟 醇 郭 谆	"享"作声符时一般读"chun"或"guo"，因此包含它的字韵母多为"un"或"uo"
18	东（东字边）	冻 栋	主要作声旁。第三笔为竖钩，包含它的字读音多为"dong"
	柬（练字边）	拣 练 炼	主要作声旁。第三笔横折钩，包含它的字韵母为"ian"

续表

编号	形近部件	例字	辨析
19	己（己字边）	改 配 妃 记 起	"己"（jǐ）主要作声旁，包含它的字韵母为"ai""i""ei"
	巳（巳字头/边）	异 汜 祀 导	"巳"（sì）主要作声旁，"导"例外
	已		"已"（yǐ），不构字
20	未（未字边）	味 妹 昧	主要作声旁，上面一横短
	末（末字边）	沫 抹 袜 茉	主要作声旁，上面一横长
21	仑（仑字边）	抢 论 轮 伦 沦	主要作声旁
	仓（仓字边）	抢 沧 舱 苍 伧	主要作声旁
22	免（免字边）	勉 挽 晚 浼	主要作声旁。用"免"作声符的字，韵母大多含"an"，"浼"（měi）例外
	兔（兔字边）	冤 逸	"兔"一般作意符和记号
23	市（市字边）	柿 闹	"市"中间一点一竖。包含"市"的字读"shi"或"nao"
	巿（巿字边）	肺 沛	"巿"（fú）字中间一竖到底。包含"巿"的字韵母多为"ei"，例外：芾（fú, fèi）
24	易（易字边）	赐 踢 剔	"易"从"日"，从"勿"。包含"易"的字韵母都为"i"
	昜（扬字边）	荡 扬 场 肠 畅	"昜"的首笔为横折折折钩，包含"昜"的字韵母多为"ang"
25	亦（亦字头）	迹 弈 奕	"亦"字底中间是撇、竖钩。包含"亦"的字韵母都是"i"
	亦（变字头）	恋 蛮 变 弯 峦	"亦"中间为两竖。包含"亦"的字韵母都含"an"
26	爪（爪字边）	抓 爬	"爪"中间是一竖。包含"爪"的字韵母含"ao""a"
	瓜（瓜字边）	孤 弧 狐 呱	"瓜"中间是竖提、点。包含"瓜"的字韵母一般为"u"，个别为"ua"

编号	形近部件	例字	辨析
27	尢（尤字边）	扰　优　忧　犹　鱿	“尤”字在字中多作声旁，除“扰”外，其余的字一般读“you”
	无（无字边）	抚　妩　芜	“无”字作声旁所构成的字读“wu”或“fu”
	旡（既字边）	既	“旡”只组成“既”字
28	龶（举字底）	举　择　奉　捧	“龶”跟其他相关字头配合
	丰（丰字底/腰）	逢　缝　蜂　害　割	“丰”作字底时跟“夂”配合组成锋字边，再与其他部件组合构字，或在“害”的中部出现
29	⺌（常字头）	尚　赏　党　常　偿	“⺌”顶上为“小”倒立。包含“⺌”的字韵母多含“ang”
	⺍（学字头）	学　觉	“⺍”顶上两点一撇。包含“⺍”的字，韵母多为“ue”
30	𣥂（步字底）	步　涉	“𣥂”部件只出现在“步”中
	少（少字头/边）	省　劣　纱　沙　秒	“少”用作字头或字边

三、错字的辨析

错别字是汉字应用中的常见问题。错字是写错了的字，即写了一个不存在的字，多见于学习和使用汉字的初期阶段，是手写汉字时经常出现的错误。别字是把甲字写成了乙字，多出现在电脑编辑的材料和大量的印刷品中，以同音形近别字的情况最为普遍。别字的问题会在后面章节具体说明，本节主要介绍错字问题。语文教学中，错字产生的内部原因可以分为如下几个方面。

1. 形近构件替代而写错字

合体字的构件被误写成形近的其他构件造成的错字非常多，这里简单举几个例子。

拣、练、炼——其中的“东”构件因与“东”形似而易误写作“东”，成为错字。

哼、烹——其中的“亨”构件因与“享”形似而易误写作“享”，成为错字。

释、悉、番、翻——其中的"采"构件因与"采"形似而易误写作"采"，成为错字。

颐、姬、熙——其中的"匞"构件因与"臣"形似而易误写作"臣"，成为错字。

慕、恭、忝、添、舔——其中的"小"构件因与"小"形似而易误写作"小"，成为错字。

恋、蛮、变、弯、峦——其中的"亦"构件因与"亦"形似而易误写作"亦"，成为错字。

步、涉——其中的"少"构件因与"少"形似而易误写作"少"，成为错字。

既、概——其中的"旡"构件因与"无"形似而易误写作"无"，成为错字。

很、恨——其中的"艮"构件因与"良"形似而易误写作"良"，成为错字。

援、暖——其中的"爰"构件因与"爱""受"形似而易误写作"爱""受"，成为错字。

2. 义近构件替代而写错字

汉字系统中，有些表义构件具有相同或相近的表义功能，这样的构件互为义近构件。如口字旁、言字旁都可以表示言语行为，米字旁、饣字旁都可表示食物。有些汉字学习者受意义的干扰，错误类推形旁，从而写错字。如有的学生将"呼"错写成"评"，将"饼"错写成"粺"，将"奶"写成"牣"。此外，一些已淘汰的异构字使用的是与通用规范字不同的表义构件，这些异构字虽然不是错字，但已不符合现代汉字规范，应该注意不要再使用。如歌—謌、迹—跡、遍—徧、咏—詠、糠—穅几个字组中，一字线前的是现代通用规范字，后面的是被淘汰的异构字。异构字的表义构件与字意相关或相近，但是异构字被淘汰后一般不再通用，因此不可以用来代替通用规范字。

3. 结构不当而写错字

结构错误也是字形错误的重要方面。合体字按结构可分为左右、上下、全包围、半包围等结构类型，汉字书写中改变字的结构关系而导致字形错误的现象也较为常见。例如"感"是上下结构，但在书写时把撇拉长，就成了半包围结构；"题"本是半包围结构，但若捺不够长，就容易变作左右结构；"磨"本是半包围结构，如果有人写成上下结构就错了。下面是常见的结构错误。

范——上下结构，容易误写成左右结构。同类字有"落""荡""薄""蓟""蘸"等。

荆——左右结构，容易误写成上下结构。同类字有"�""锼"。

莲——上下结构，容易误写成半包围结构。同类字有"蓬""蘧"。

邃——半包围结构，容易误写成上下结构。

簿——上下结构，容易误写成左右结构。同类字有"箍""筠""箔""筋"等。

瞧——左右结构，容易误写成上下结构。同类字有"礁""樵""醮""默"等。

感——上下结构，容易误写成半包围结构。同类字有"盛""惑"。

忒——半包围结构，容易误写成上下结构。

鹰——半包围结构，容易误写成上下结构。同类字有"鏖""麋""麝""腐""磨""摩""糜""麾"等。

埠——左右结构，容易误写成上下结构。

众——品字形结构，上面的"人"要包住下面的"从"。

夺——上下结构，"大"的撇、捺两笔要包住"寸"字。同类字有"夸""奈""奋""奔""夯""套""奄""奢"等。

奇——上下结构，"可"的一横要托住"大"字。同类字有"牵"字。

汉语国际教育中，汉语学习者书写的主要错误是遗漏与误加，不是少写、漏写了部分笔画与部件，就是增加了笔画与部件。就笔画的遗漏而言，汉语学习者由于受形近部件的干扰，很容易遗漏其中一个或几个关键笔画，如将"座"写成"坐"，将"房"写成"厉"，将"穿"写成"牙"，这是受到形近部件"厂""尸""穴"的影响。一部分误加同样也是受形近部件干扰造成。如将"所"错写成"厮"，误加的点可能是受到形近字"拆""诉"右边部件的影响。又如将"建"写成"建"，是受到形近部件"辶"的影响。

第三章 | 汉字结构的教学

　　本章的"结构"指从构造角度分析汉字而产生的构件结合的理据关系，与上文从书写角度所论汉字形体结构有所不同。汉字形体的构造是有理据的，可以分析、解释组成汉字的构件、构件功能及功能关系。例如"构"字由"木"和"勾"两个构件组成，"木"的功能属表义，"勾"的功能属示音，因此"构"用传统"六书"理论可以归为"形声字"，用构件功能组合理论可以归为"义音合体字"。[1]这里所说的"构件"也不同于第二章的"部件"，部件是书写单位，可以忽略其构字功能，构件是功能单位，必须解释其在构字时的作用（包括功能丧失后的记号作用）。了解汉字的结构规律，就可以利用汉字结构理据成批学习汉字，提高汉字教学的效率与效果。

---

[1]　参考王宁《汉字构形学讲座》（上海教育出版社，2002年版），李运富《楚国简帛文字构形系统研究》（岳麓书社，1997年版）、《汉字构形原理与中小学汉字教学》（长春出版社，2001年版）、《汉字学新论》（北京师范大学出版社，2012年版）。

第一节　"六书"说

传统文字学讲到汉字的结构或者理据，往往会使用许慎《说文解字》中提到的"六书"说来分析。"六书"说是前人对汉字结构进行分析后归纳出的理论系统，长期指导后人以此分析汉字构件的理据关系，也是今日我们研究汉字结构不可绕过的造字理论。

一、"六书"介绍

现在大家所讲的"六书"，就是许慎列举的"六书"名目与含义的沿用，即象形、指事、会意、形声、假借、转注。下面逐一举例介绍。

（一）象形

什么是象形？许慎云："象形者，画成其物，随体诘诎，日、月是也。"象形造字法就是把客观物体的形状画下来，用线条去描绘物体的大概轮廓。换句话说就是依样画葫芦，对物体做简单的速描。例如，"日"（太阳）是圆的，画一个圆圈"⊙"去表示它；"月"（月亮）经常是缺的，画一个半月形"☽"去表示它。用象形造字法造出来的汉字一看就知道所指称的事物，这是最基本的造字法。

根据描绘物体的方式，一般分为三大类型。

第一类，画出物体的全体。这类象形字所指示的事物一般是具体的实物，有形可象。例如：

人—	女—	子—	首—	耳—
目—	口—	牙—	手—	足—
止—	肉—	心—	胃—	雨—
山—	石—	川—	水—	土—
火—	鱼—	鸟—	龟—	马—
犬—	兔—	象—	鹿—	龙—

第二类，画出物体的局部。书写时，为了简便快捷，有些字只描画物体最明显的特征，以局部代全体。例如：

羊—ᵞ　　牛—ᵞ

第三类，连带有关的物体一起画出。有些东西的形状很难单独画出来，或者单独画出来以后很容易与其他字相混，所以需要把有关的事物一起画出来。有人把这类象形字称作"附体象形字"。例如：

瓜—ᵖ　　果—ᵖ　　身—ᵗ　　眉—ᵖ　　尾—ᵖ

三类象形字中，第一类最多，产生的时间也比较早。

古代的象形字发展到今天，一部分演变为构字能力强、结构简单的独体字，一部分演变为构字能力强，但不能单独使用的偏旁部首。象形造字法作为一种原始的表义方法，直观、形象，但也有其天然的局限，如无法表示那些无形可象的抽象概念、虚词，容易因形体相近而降低区别度等，这时就需要新的造字法来弥补这一缺陷。

（二）指事

什么是指事？许慎解释说："视而可识，察而见意，上、下是也。"甲骨文中"⌣"（上）和"⌢"（下）的长线条象征一个平面，可以是地面，也可以是桌面、书面、纸面等，是面积较广、可以载物的任意平面的记号；短线条指示在平面之上或平面之下的方位。字形非常简单，字义的理解方式却不同于象形字，需要了解两个构件的空间关系才能领会字的含义。指事字有以下两类。

第一类，用纯粹、抽象的符号来表示。例如上面所举的"上""下"，还有"一""中""方""圆""凹""凸"等。这些线条不表示具体的某个事物，而是纯粹的抽象符号，代表、象征某类事物，或是表示某类事物的某种特征，有时也用若干个抽象符号组合起来表示一定的意义。

第二类，以象形符号为基础，在象形符号上添加指示性符号如横或点来表示具体的含义。例如：

刃—ᵖ　　本—ᵖ　　末—ᵖ　　朱—ᵖ　　亦—ᵖ　　甘—ᵖ　　血—ᵖ

指事字的数量极少，它们表示的事物一般比较抽象，与单纯描绘物体的象形字有所不同。

（三）会意

什么是会意？许慎云："会意者，比类合谊，以见指撝，武、信是也。""武"是由"止""戈"两个字合成，甲骨文为"ᵖ"，下面是脚趾头的象形，上面是兵器"戈"的象形，"止"和"戈"合起来表示士兵背着武器行走，所以有威武、武力之类的意思。"信"字最初的意义是消息，不论是口头的消息还是书面的消息，都是人说的话，因此"人""言"两个字合并起来表示信息之意。如清代文字学家王筠所说："会意者，合二字三字之义，以成一字之义。"[1]

会意字利用象形、指事造字法，以比类合谊的方式造新字，所以会意字都是合体字。会意字合并两个或两个以上的字组成新字，其组合形式是多种多样的，具体而言可分以下两种。

第一类，同体会意字。所谓同体会意字，就是一个独体字重叠成新字。例如双木为"林"，三木为"森"，两人一前一后相随为"从"，三人相聚为"众"，三口为"品"，三水为"淼"，三日为"晶"。同体会意字通常都有比单体字所指物数量更多、规模更大的含义。有些同体会意字由于形体变化，现代汉字中已经看不出同体会意的特征，如"步"实际上是两个"止"的上下组合，"友"原来是两个"又（手）"的组合等。

第二类，异体会意字。所谓异体会意字，就是组成新字的几个字并不相同。异体会意字数量众多，组合的形式也多种多样，许多会意字由图画性很强的象形字组合而成，可以通过几个偏旁之间的图画关系悟出字的意思。例如"寇"原来写成"𡨥"，本来表示侵犯、劫掠的意思，字形由"宀"（宝盖头，多表示房屋）、"人"、"攴"（读"pū"，表示手持棍棒）三个部分组成，综合起来表示手持棍棒之类武器的人进入房子里打人。又如"休"，甲骨文写成"𤼵"，字形由"人"和"木"组成，表示一个人在树下休息。这类会意字往往需要借助古文字来分析，例如：

有—𠂇	逐—𧼯	牧—𤛒	采—𤔔	集—𨾴	莫—𦮃
既—𠊛	鬥—𩰗	家—𡨢	及—𠬝	取—𠂹	为—𤯛
丞—𠬞	爰—𤔔	隻—𨾴	企—�	臭—𤾉	走—𧺆
涉—𣲤	降—𨺇	乘—𠅞	弃—𤑳	出—𡴀	

（四）形声

什么是形声？许慎解释说："以事为名，取譬相成，江、河是也。"

[1] 王筠. 说文释例[M]. 北京：中华书局，1987：114.

意思是说，形声字由两部分组成，一部分表示字的意义，另外一部分表示读音。例如，长江的"江"和黄河的"河"，在语音上和"工""可"的读音相近，于是就取"工""可"来标记它们的读音，也就是我们所说的音符（也叫"声旁"或"声符"）；它们都是河流，与水有关，就在声符旁边加个"水"，这就是义符（也叫"形旁"或"形符"）。音符和义符一起组成"江"字和"河"字。换句话说，形声字就是由示音符号和表义符号组成的字。下面是一些常见的形声字。

劈：刀（义符，劈东西一般用刀），辟（音符）。

浓：氵（义符，物体的浓度总是跟水的多少有关），农（音符）。

饿：饣（义符，"食"作左边的偏旁时的写法，饥饿总是与食物有关），我（音符）。

松：木（义符，松树是树木的一种），公（音符）。

悲：心（义符，悲伤是一种心理活动），非（音符）。

根据造字规律来看，有的形声字是在假借字的基础上增加或改换形旁，有的则是在其他字的基础上增加或改换声旁。例如：

"背"甲骨文本写作"㐀"，隶定为"北"，后"北"假借作方位词，在原有字的基础上加形旁"月"（肉）另造形声字"背"字表原意。

"腰"本写作"㞢"，隶定为"要"，后假借作需要的"要"，在原有字的基础上加形旁"月"（肉）另造形声字"腰"表原意。

"溢"本写作"㿬"，隶定为"益"，后假借表示利益的"益"，在原字的基础上加上形旁"水"另造形声字"溢"表示本义。

暮："莫"本是会意字，表示日落草丛，后假借表示否定代词，另加形旁"日"作"暮"表示本义。

"齿"甲骨文本作"㠯"，表示牙齿，后在本字的基础上加声旁"止"另造形声字"齿"。

"鸡"甲骨文本作"㠯"，象形，后加声旁"奚"，写作"鷄"。

与会意字各部分皆表义不同，形声字的形旁表义，声旁示音，分工明确。但有部分汉字情况特殊，是会意字和形声字的兼类，俗称"亦声"，如"取""字""驷"等，其声旁亦表示意义。

形声字是汉字造字法发展的成熟阶段，它具有其他造字法没有的优越性。首先，形声字有很强的孳生能力，人们可以运用形声法方便自如地为层出不穷的事物造字，提高了汉字的应变能力，打破了象形、指事构字法对图像和假借法表义对语境的依赖。其次，形声字的形体一半表义，一半示音，改变了过去汉字只表义不示音的状态，大大提高了汉字体系记录语言的科学性。再次，形声字的形旁和声旁具有较强的类聚能力，一个形旁往往可以和多个声旁构成形声字，一个声旁也可以和不同的形旁构成形声字，一方面提高了字符构字的效率，另一方面也增加了汉字构形的类别系统性。

现代汉字中，形声字占绝大部分，因此重视形声字的教学往往能有效提高汉字教学和学习的效率。但是，绝大多数形声字的形旁只能起到提示字义的作用，不完全等同于字义，而且现代的某些义符甚至与字义不再有联系；声旁本来表示字的读音，由于语音的演变及其他原因，原来的声旁往往也不与现代汉语的读音等同，这是我们学习形声字时要注意的。例如"赌"的义符"贝"古代表示通货，其义与钱财有关，而现代的"贝"已没有了钱财的意义；"者"原来的读音与"赌"相同，也与现代完全不同。

（五）假借

什么是假借？许慎说："本无其字，依声托事，令、长是也。"用今天的话说，就是语言中有些意义很难造一个形体去表示，只能借用原有的同音字表示。许慎对假借字解释得很清楚，其产生实际上属于用字问题，没有为新意义构造新的形体。因此也有人认为假借是一种不造新字的造字法，即通过假借为某个意义找到一个固定的书写符号。

"其"甲骨文为"𝕎"，象形字，最初指簸箕。表示"这"与"那"的指示代词无法用形体记载，也就是造不出一个合适的字来记录它，于是就借用了同音的"其"来表示，久而久之便另外造了一个"箕"字来表示原本的簸箕之意。

"我"甲骨文为"𣏃"，本表示一种兵器的名称，后借用这一形体记载第一人称代词，表示兵器的意义消失。

"自"甲骨文为"𒀷"，本是鼻子的象形，后借用这一形体表示自己的"自"，为表示鼻子的意义新造了一个"鼻"字。

"来"甲骨文为"𣏾"，本指麦子，后借用表示来去的"来"。

"而"甲骨文写为"𣎺"，本是人的胡须的象形，《说文解字·而部》说："而，颊毛也，象毛之形。"后借用表示人称代词和连词。

通过上面的例子可以发现，虽然假借字本身并没有创造新字，但它能够促使新字产生，因而在汉字发展史上，"假借"也是一个很重要的发展阶段。一般认为，假借的大量产生是在象形、指事、会意字大量产生之后，形声造字法大量产生之前。它一方面使汉字与语言的语音发生联系，另一方面省去了难以用象形、指事、会意等造字法造新字的麻烦。但是，汉字毕竟是一种以表义为主的文字，假借字的使用使得汉字结构的分析无法从形体和意义的联系上入手，严重削弱了汉字的表义性。另外，假借字的大量运用，势必造成阅读理解上的困难，当一个汉字身兼多职，一字多义便使得汉字的意义难以确定。所以当汉字发展到了一定时候，更科学的造字法——形声造字法便被广泛运用起来。

（六）转注

转注是什么？许慎说："建类一首，同意相受，考、老是也。"对于这一个定义，古今汉字学家有多种不同的解释。有人认为指的是字义相同或相近，可以互相解释并且有同一部首的字，如"舟"和"船"；有的说由于语言的意义不断增多，为了表示新的意义，就为新义在原字基础上加表义偏旁造一个新字，原字在新字中既表义又示音，这种造字法叫"转注"。如"解"和"懈"中，"解"本来指用刀分解牛角，后来发展为表示分散、离散，特指精神、情绪上的分散，为了专门表示这一意义故而另外造了一个"懈"字。

由于对转注字的解释目前还有较大分歧，学界讲"六书"时一般重点讲前五个。象形、指事、会意、形声是四种最基本的造字法，也是我们理解汉字构造的主要内容，假借不能直接造出新字，但也能够记录新义并促使新字产生，所以也是应该掌握的内容。

二、"六书"理论的价值与局限

传统的"六书"说长期以来作为汉字构造的基本理论，影响深远。实际上，"六书"原是教学用语，是我国传统语文学汉字知识的统称，其内容有的与汉字的形体来源相关，有的与汉字的结构分析相关，有的与汉字的属性相关，有的与汉字的职用相关。这些知识点都是最基本、最典型的，而且每个方面点到即止，不属于学术层面，而属于基础教育层面。正如"六艺""五射""九数""四书五经"一样，"六书"只是某个领域相关内容的概称，可以当作教学体系，而不宜看成理论系统[1]。但是，由于"六书"作为传统语文学的基础内容，加之其实用性和教学实践的历史传承，使得"六书"在今天的语文基础教育领域仍然发挥着重要作用。毕竟基础教育需要的不是系统全面的理论概念，而是典型实用的基础知识，以及便于称呼记忆的简洁名目。"六书"所选择的知识要点和拟定的名目非常符合基础教育的需要，譬如清代《文字蒙求》就是文字学家王筠为指导儿童识字而编写的一本童蒙读物。该书选取《说文解字》中的两千多个常用字，按照象形、指事、会意、形声分卷排列，同时做了较为通俗的解释，是传统识字教材的代表性作品。

"六书"理论产生于古代识字教学的需要，应用到今天的汉字教学中，虽有一定的价值，却也有一定的局限。

第一，"六书"说主要针对隶变之前的甲骨文、金文、小篆等古文字，隶变后汉字的形体、读音和意义都发生了较大的变化，再用"六书"来分析现代汉字的结构困难重重。这种困难主要表现在汉字结构的演变发展。就演变的结果来说，有的结构理据消失了，有的结构理据变化了，有的结构理据隐含在系统中了；就演变的规律来说，有的义化、有的音化、有的代号化；就演变的原因来说，有书写方面的，有职能方面的，还有文化方面的原因[2]。例如"监"字。最初甲骨文是由两个象形构件"丫"（皿）和

---

[1] 参考李运富《"六书"性质及价值的重新认识》（《世界汉语教学》，2012年第1期）。

[2] 参考李运富《论汉字结构的演变》（《河北大学学报（哲学社会科学版）》，2007年第2期）。

"♀"（见）组成的形形合体字（"六书"里看作会意合体字），表示人用眼睛看器皿。金文、小篆中，"♀"上部的眼睛和下边的人形分离演变为"監"字的上部，现代又进一步简化为"监"，上部就失去了理据，虽然下部的"皿"仍然有器皿的含义，但汉字结构演变后，再套用"六书"理论来分析理据部分丧失的简体"监"字会有方凿圆枘之感。

第二，汉字教学中若要使用"六书"理论，就势必牵涉到汉字的古文字字形以及该字的本义，需要进行溯源分析，这需要教师具备专业的文字学知识，同时也会占用大量的教学时间，在操作上有较大难度。因此，直接运用"六书"理论来分析现代常用汉字，对目前的语文识字教学和汉语国际教育汉字教学来说，既无必要，也不可能。

第三，"六书"原本不是系统的造字理论和完整的字形结构分类，如果硬要使用"六书"来分析汉字的结构类型，势必陷于大量汉字无法归类的泥潭。即使勉强把某个字归入"六书"中的某一"书"，也未必真的符合该字的构造实际。

因此，我们不主张在现代汉字的教学中继续沿用"六书"说来分析汉字的结构类型，而是参考《说文解字》的分析实践，从中总结出"构件功能分析法"。

第二节　汉字结构的分析

　　传统的"六书"说服务于识字教学，后代无论是研究领域，还是教学领域，都把"六书"当作汉字结构的类型系统，希望借"六书"分析所有的汉字，结果往往陷入分类的泥坑不能自拔。"六书"虽然包含汉字结构的分析原理，但本质上并不是分析汉字结构的理论方法，也不是汉字结构类型的系统概括，无法分析古今所有汉字。我们认为，要分析古今汉字的结构，必须分析汉字的构件与功能，以此得出汉字的结构类型，这种方法可以叫作"构件功能分析法"。

一、汉字的构件与功能[1]

　　许慎的《说文解字》在分析汉字形体时，将形体功能分为象形、指事、会意、形声四种。有些形体功能不明，许慎就用"阙"表示，或者用"从某"表示和另一个构件相同。也就是说，许慎在分析字形时实际上涉及 5 种属性的构件，即具有"象形""表义（会意）""示音（形声）""标志（指事）"功能的构件和无具体功能的"记号"构件。

　　1. 象形构件

　　象形构件描绘某一物体的具体形象，依形象来表示所记的意义，这样的构件具有象形功能，如"日""口""田""人""山""伞""凹""丫"等。古文字中的很多象形构件，如"目""鱼""牛""鹿""眉""手""女"隶变后已经完全看不出原拟象，因此一般不将它们归为象形构件。

　　2. 表义构件

　　表义构件以它独立成字时所记录的含义来表示参构字的意义范畴或意义关联。如"木"本指树木，由它参构的"松""板""桌""构"等字都与树木有关；"火"取象火苗，由它参构的"烧""炎""灰""炙"等字都与"火"有关。这里的"木"和"火"所承担的就是表义功能。大部分传统形声字发展到今天，其形旁多可看作表义构件，能够表示该字

---

　　[1] 参考李运富《汉字学新论》（北京师范大学出版社，2012年版）第六章。

大概的意义类属。

值得注意的是，一些构件虽然在单用时与被参构字没有意义上的联系，却能够通过类化的方式表义。比如"页"在现代汉语中虽然没有头部或颜面的义项，但在汉字构形系统中包含"页"构件的字，意义大都与人的头部有关（如"项""顶""颈""领""额"），因此"页"具有类化表义功能。我们称这样的构件为"类义符"，是表义构件的一种。

3. 示音构件

示音构件在构字时能提示参构字的读音，具有示音功能。示音构件所提示的读音不一定准确，有的只是近似而已。例如"湘""沅""汝""渭""洛""汾""浙"构意与"水"有关，构件"相""元""女""胃""各""分""折"分别与参构字的读音相同或相近，承担的是示音功能。通过这些示音构件，可以将"湘""沅""汝""渭""洛""汾""浙"所对应的水系提示出来，并与其他水名相区别。

有的构件与被参构字的读音差别较大，或是在现代汉字体系中已不能独立成字，从而丧失了示音功能，但从整个汉字构形系统来看，具有该构件的字读音相同或相近，在构形系统中依旧具有类化的示音功能，我们称之为"类声符"。类声符也是示音构件的一种。如"都"字中的"者"构件单独成字时与"都"的读音相差很大，但汉字系统中包含"者"构件的"堵""睹""赌""署""暑""渚""诸""著""猪""箸"等字读音相近，因此"者"构件在汉字系统中具有类化示音功能。

4. 标志构件

标志构件的标志功能包括三种情况：象征作用、指示作用、区别作用。

象征性标志是用符号代表不确定的某个事物或没有形象的事物，或者表示从事物中抽象出来的某种特征。如"一"、"上"（ ）、"中"（ ）、"甘"（ ）等字中的标志构件都表示不确定的事物或无形象的事物，又如用"口"象征方，用"〇"象征圆，都是事物的特征。

指示性标志不能独立构字，必须附加在另一个构件上，才能起指示作用。例如"刀"（刃）中的"、"用以指示刀刃之所在，"朱"下边的一横标示树根的位置，"朱"字则相反，横在上面标志树梢位置。这些指示性标志都是起指示作用。

区别性标志用来区别形近字。如"玉""太"中加"、"用以和"王""大"相区别。

5. 记号构件

记号构件指跟字的形、音、义无关的构件，也称"代号构件"。根据记号构件的来源，我们可以将其分为三大类：传承记号构件、变异记号构件和省换记号构件。

第一，传承记号构件。现代汉字中一部分记号构件古已有之，属于传承性记号构件。这些构件主要来源于古代理据不明的汉字，例如"六"的形义关系至今是个谜，又如"由"字的形义关系也极不明晰，可以当作记号构件。

第二，变异记号构件。有些造字时具有明确象形、表义、示音或标志功能的构件由于形体演变失去了原有功能，不再直接体现构意，我们称之为"变异记号构件"。构件变异分为三种情况，一是由于形变而丧失原有的记号功能，如"在"金文作"圵"，为音义合体字，从"土""才"声，但字形的变化使现代人完全看不出"在"除去构件"土"之外的部分是什么，原来的示音构件"才"变成了记号构件。二是由于义变而丧失原有的记号功能，如"笨"的本义是竹子内层的膜，原是一个音义合体字。后来假借为表示愚蠢、不聪明，本义消失，于是表义构件"竹"不再表义，成为记号。三是由于音变而丧失原有功能。如"柔"，《说文解字》释为："木曲直也。从木矛声。""柔"在现代汉语中发音为"róu"，原声旁"矛"现在无论是单用还是作其他字的声符，发音都是"máo"，不能再起到提示"柔"读音的作用，因而不再是示音构件，只能判定为记号构件。从数量上看，由音变造成的记号构件比形变和义变造成的记号构件要少很多。究其原因在于语音的变化系统性较强，有的构件读音虽然发生了变化，可是它在参与构字时仍然能以类化的方式提示读音，转化成类声符，从而保持原有功能。

第三，省换记号构件。这类构件的产生是由于省去原字的某一部分造成剩下部分无法发挥功能，或者原字的一部分直接由无功能的简化符号替换。汉字的简化过程中，有的字被省去间接构件，只保存一个构件的功能，另一个构件则被简省一部分，从而失去原有功能，成为记号性的构件，比如"務—务""糞—粪""瘧—疟"。有的字将其中一个直接构件省掉，这时仅存的示音构件或表义构件由于没有了相匹配的部分，也就失去了示音或者表义的相对价值而成为记号构件，如"廣—广""麼—么"。有的简省了原字的大部分，只保留原字的一小部分，这一部分既不是原字的示音构件，又不是原字的表义构件，只是原字的一个特征部分成为记号字，如"聲—声""飛—飞""習—习""醫—医"。简化过程中人们还会用某些笔画少而不具功能的记号构件替换原字的某些部分，比较常见的是用记号构件替换原字复杂的示音构件，如"鷄—鸡""鄧—邓""導—导""幣—币"。有时被符号替换的不一定是原字中某个构件整体，而是原字中小于或大于构件的一个特殊部分，如"风"繁体作"風"。

常用的简化符号有："又""乂""双""云"。

又：對—对、僅—仅、樹—树、鄧—邓、鷄—鸡、疊—叠

乂：風—风、趙—赵、區—区、岡—冈

双：轟—轰、聶—聂

云：動—动、壇—坛

记号构件成为现代汉字三大主要构件之一，反映了现代汉字构形模式的改变，这对现代汉字性质的判定具有重要意义，对正确预测现代汉字的发展变化也大有裨益。这类包含有记号构件的现代汉字该如何教学，更是值得我们深入研究的新课题。

二、汉字的结构类型

构形分析的基本单位是组字的构件，汉字的结构类型就是构件的数量及功能关系类型。有的字由一个构件构成，我们称之为独体字；有的

字由两个或多个构件构成，我们称之为合体字[1]。汉字的组合关系表现为功能关系，功能关系是造字和析字的理据。上面已经介绍了汉字构件的5种功能，这5种功能的组合类型是可以计算的。以双功能为例，两两组合可以得出下列类型（见表3-1）。

表3-1

	象形	表义	示音	标志	记号
象形独体字	形形合体字	形义合体字	形音合体字	形标合体字	形记合体字
表义独体字	义形合体字	义义合体字	义音合体字	义标合体字	义记合体字
示音独体字	音形合体字	音义合体字	音音合体字	音标合体字	音记合体字
标志独体字	标形合体字	标义合体字	标音合体字	标标合体字	标记合体字
记号独体字	记形合体字	记义合体字	记音合体字	记标合体字	记记合体字
变异独体字					

由表可知，若不算上变异独体字及与其他构件组合后的合体字，5种功能构件两两组合可得25种模式，其中10种只是构件称谓排序的先后不同，实际上没有功能关系的差异，故可以合并得15种类型。另一方面，理论上每种功能构件都可以转化为独立字，但表义独体字和示音独体字只是现有形体的特殊使用，不能产生新的形体，所以可以不作为形体结构的独立类型。这样一来，功能独体字只有3种。加上原有字形变异而产生的新独体字和多种功能组合的合体字（字数不多，合成一类），则汉字结构类型共计20种。

这20种结构类型可以用来分析古今所有汉字，标准单一（构件功能），便于操作。汉字教学中，若能正确运用构件功能分析法来分析汉字结构，必然比传统分类方式更为科学有效。

[1] 一般认为汉字有4种造字模式，其中象形字和指事字只包含一个可以独立成字的构件，被称为独体字；会意字和形声字能分出两个以上的单字成分，被称为合体字。这里所谓的"体"是针对能够独立成字而言，不是针对字形的结构单位而言。我们认为，这样的"体"跟汉字构形分析的结构单位不一致，难以如实计算汉字的结构类型。如果要分独体和合体，这里的"体"应该指直接构件，而直接构件是根据理据关系对字形进行直接拆分的结果。如果一个字形能够拆分出两个或两个以上的直接构件，那就是合体字，如果只有一个构件，那就是独体字。

（一）独体字

独体字是指由一个构件组成的字，也就是一个字形不能再拆分出别的构件。现代汉字中的独体字主要有象形独体字、标志独体字、变异独体字、记号独体字。

象形独体字如："田""丫""伞""山"。现代汉字中，表示具体事物名称的象形独体字已经很少。

标志独体字如："凹""凸"。

变异独体字如："刁"（"刀"变笔而成）、"孑"和"孓"（"子"变笔而成）、"毋"（"母"变笔而成）、"甩"（"用"变笔而成）、"申"（"电"变笔而成）、"乌"（"鸟"的变异）、"冇"（利用"有"形而省去两笔）、"乒"和"乓"（利用"兵"形而各自去掉左右一笔）。

记号独体字是形体演变或语言音、义演变造成的，实际上是对形体演变后失去功能的字形的一种分类方法，目的是使这些形体在汉字的结构系统中有类可归。如"人"（ ）、"王"（ ）、"臣"（ ）、"土"（ ）、"口"（ ）、"手"（ ）、"耳"（ ）、"目"（ ）、"土"（ ）、"山"（ ）、"水"（ ）、"田"（ ）、"禾"（ ）、"木"（ ）、"日"（ ）、"月"（ ）、"云"（ ）、"鸟"（ ）、"犬"（ ）、"牛"（ ）、"羊"（ ）、"马"（ ）、"象"（ ）、"龟"（ ）、"弓"（ ）、"矢"（ ）等。凡此类既无功能，形体上又不便再拆分的字，都看作记号独体字。

（二）合体字

由于独体字的适用度和区别性都极其有限，很难满足记录需要，所以古人想到用两个或两个以上的构件相互组合构成新字，用来构字的构件不限于原始的象形符号和标志符号，已经成字的独体字也可以作为构件参构新字，甚至合体的新字也可以作为构件。这些构件功能多样，有音有义，参构时可以表义也可以示音，还可以既表义又示音，加上区别性符号的运用和记号的形成，汉字的结构模式变得复杂多样起来，极大满足记录语言的需要，所以合体字是汉字结构的主要形式。

1.形形合体字

由两个或两个以上象形构件组合而成，借以表示不同于任何一个构件意义而是和构件意义相关的字就是形形合体字，也可简称"合形字"。

比如"采",甲骨文写作"🔾"或"🔾",上面是手的形状,下面是树(有的树上长着果子或叶子),组合时手放在树木的上面,反映采摘的客观事象,可以表示采摘义。显然采摘义不同于"爪"和"木"两个构件中任何一个构件的意义,但它们都与新意义有关。同样,甲骨文"涉"作"🔾""🔾""🔾""🔾",通过把水的形象和脚的形象按照客观事理进行组合,表达不同于水和双脚的新意义——徒步过水。甲骨文"🔾"(監)字,象一个人弯着身子瞪眼对着盆子看,盆子里面可以画上一点,表示里面装着水,这就是一幅很形象的观水照面的图画,表达照镜子的意义。再如甲骨文"🔾"(春)字,小篆作"🔾",上面是两只手拿着一根"午"(杵),"午"是木槌的象形,下面则是"臼"的象形,这几个图形组合到一块,表示春米的动作。

合形的象形构件可以是同一事物的整体形象也可以是它的某个部分,即通过部分跟整体的关系来表示某种特殊的含义。如"🔾"(母)字由"女"(象女人形)和两点(象两个乳房)组成,但它的意义既不是"女",也不是"乳房",而是乳房特别突出的女人,即用乳房喂养儿女的母亲。"🔾"(夫)字由"大"(象正面站立的人形)和"一"(象别发髻的簪子)两个构件组成,意义不同于两个构件中任何一个构件的意义,而是表示成年男子(结发加簪为成年)。有的整体象形构件与部分象形构件之间是主体跟器官的关系,即将整体形象的某个部分夸大,以强调它的功用。如"见"字甲骨文作"🔾""🔾",由人形跟目形结合,表示人用眼睛看,其中的"目"特意夸大得到强调。类似的情况在甲骨文中还有:"🔾"(祝)字,人形与口形结合,口形构件特别突出,表示人张口对上天祝告;"🔾"(企)字,人形与止形结合,止形构件特别突出,表示人跷起脚跟(特指企盼);"🔾"(闻)字画一个人举手护耳而听,耳形构件特别突出;"🔾"(望)字画一人挺立地上张目远眺,眼形构件特别突出。这些字并不是要表示突出的那些器官,也不是为了表示人体,而是表示人用这些突出的器官"祝祷""企盼""听闻""远望"。

另外,合形字的"形"有些只起陪衬或提供环境的作用,字符表达的意义集中体现在另一个"形"上。如"🔾"(瓜)字形中有瓜蔓有瓜实,而字义偏指瓜实,瓜蔓是连带形体,用来提供认读环境。又如"🔾"

（眉）字由眉毛和目组合而成，目也是连带的形体，字的实义只表示眉毛。"齒"（齿）由口形和齿形组合而成，齿在口中，口形是附带作提示的，字的实义只表示牙齿。

2. 标标合体字

标标合体字即由两个或两个以上标志性构件合成的字。标志性符号大都是抽象的，把它们组合到一块，主要靠相互之间的位置关系来体现所记意义。例如"上"和"下"在古文字里写成"━"和"⌣"，或"⌣"和"⌢"。两个构件都是一长一短，长的象征某个参照物，短的指示相对于参照物的方位，合起来表示参照物的上面或下面，这就是它们表示"上""下"的理据。"中"（中）字也是如此，一竖象征某个事物，然后用"○"指示这个事物的中部来表示"中间"义，或可以解释为用"○"表示一个范围，一竖来指示"中心"义。这一竖一圈两个符号都不指代任何具体事物，而只是一种象征。后来人们又在竖画的上下各加一两笔作装饰，中间的位置关系也显示得更加明确，得到如"𣃘""𣃘"这样的字形。有人觉得这样的字形像旗帜，但是旗帜怎么会有中间的意思呢？旗杆上边有飘带好说，旗杆下面怎么也画着飘带？因为这不是象形字，而是由两个标志符号组成的合体字，自然不能按象形字的方式去分析。又如"串"字，竖画"丨"标志一个事物，可能是一根棍子，也可能是一根绳子，两个圈"吕"则标志另两个事物，可以是香瓜、山楂之类，或换成别的什么东西都可以，关键是"丨"从"吕"中穿过，以这种位置关系表示用一个东西把另两个东西串连起来。

3. 形标合体字

形标合体字即由象形构件和标志构件组合而成的字。如"夾"（亦）字，中间的"大"（大）是象形构件，取象正面站立而双臂双腿都张开的人形，两臂下的两点是标志性构件，指出腋窝的位置，表达其本义腋窝。又如"刃"（刃）字，在"刀"的象形构件上加一点指出刀口的位置，表示刀刃。"末"（末）字，在"木"构件上加一短横，指出树梢的位置，本义是树梢。同一构成方式，小篆表示树根的"本"（本）、树干"朱"（朱）、长度单位"寸"（寸），都是在象形字的基础上加点或横指示事物的特定部位。

标志构件除了标示物体部位，也可以用以象征某种具体事物，或与别的象形构件组合，表示某种抽象的含义。例如小篆"甘"字，在"口"的象形构件中间加一短横象征食物，口里含着食物不放表示食物甘甜可口。甲骨文"曰"（曰）字在口形构件外面加一笔作为标志，象征从口里说出的话，所以表示说话的意思。甲骨文"彭"（彭）字表示鼓声，"壴"是鼓的象形，而声音是没法象形的，所以用"彡"作标志，象征敲鼓发出的声音。

如果将区别性构件也看作一种标志，那么由象形构件和区别性构件组成的字也属于形标合体字。例如"玉"的小篆字形是"王"，与"王"的小篆字形"王"形体非常相近，只有三条横线之间的距离有所差别。为了把这两个字区别开来，"玉"的象形构件"王"被增加了一个点作为区别，从而构成形标合体字。

4.形义合体字

形义合体字即由象形构件和表义构件组合而成的字。如：小篆"走"（走）上面是一个前后摆动两手的人形，象人甩着膀子在跑的样子；下面的"止"是表义构件，说明上面的形象与行走有关，表示跑走的意义。又如金文"奔"（奔）字，上边的构件象人甩着膀子在跑的样子，下边的三个止表示跑得很快，为表义构件，整个字是形义合体字。再如小篆"爨"（爨）表炊事，其中的"火"和两个"木"应该是表义构件，其余为象形构件，整个字是形义合体字。

象形造字中，有时即便画出物体的形状人们也不好理解，于是加上表义构件给予提示或限定，从而构成形义合成字。如"果"（果）字和"胃"（胃）字，如果没有下边的表义构件"木"和"月"（肉），上边的构件取象什么并不明确，加上表义构件后，就可以提示这个长在树上的圆形东西是"果"，人体器官中这个形状的东西是"胃"。再如"石"（石）字，如果单独画一个方块"口"不易理解是什么东西，但如果加上"厂"（hǎn）提示这个方块是从山崖上开凿出的一块一块的东西，就可以推断出这是石块。

这种组合情况跟前面讲到的起陪衬或提供环境的"形"是同一原理，都是用一个构件提示和限定另一个构件，起陪衬作用，只是陪衬构件的性质不同。作为形形合体字，陪衬构件靠"形"起作用，所以不一定成字，如"瓜"（瓜）字的藤蔓就没有意义可言，即使成字也要跟另一形体连为一体，如齿在口中的"齒"等。而形义合体字的陪衬构件靠意义起作用，所以它必须成字，也不需要与另一形体连为实际存在的物体。如"胃"字的上下两部分就无法构成实物的形象。

5. 义义合体字

义义合体字即由两个或两个以上具有一定意义的单字作为构件组合成的新字。如"明"字由"日"和"月"两个构件组成，因为日和月是两个能发光的东西（古人认为月亮能发光），两个与光亮有关的事物放在一起表示明亮。明亮的意思是通过"日"和"月"两个字所指对象的特征综合表示出来的，是一个义义合体字。再如"尘"字，篆书作"麤"，是三个"鹿"加一个"土"，表示很多的鹿在奔跑的时候扬起的灰尘。后来另造了更抽象的字形，从"小"从"土"，表示很细小的泥土就是灰尘，这是纯粹靠两个字意义合出的新义，是典型的义义合体字。后世的小大为"尖"、不正为"歪"、不用为"甭"、四方木为"楞"等都属于此类。

合形字跟义义合体字有密切联系，它们的区别在于：前者靠形体关系表示新义，构件的方向、位置、形态通常是不能变动的；后者靠构件的意义关系表示新义，所以构件的位置主要考虑书写便利和美观，其他方面不会特别讲究。很多义义合体字是从象形字和合形字变化来的，比如前面讲过的"涉"，如果把其中的两个"止"（脚）分开放在水的两边（如"汖""渉""氵""氵"），这个图形就是一幅画，属于合形字。但"水"字竖起来后，两只脚合在一起写作"涉"或"涉"，这时就是通过"水"和"步"的字义关系合成在水中步行的意义，这时"涉"就是通过字义组合的义义合体字了。

6. 形音合体字

形音合体字是由象形构件和示音构件组合而成的字。比如小篆"齒"（齿），下边的构件象口中露出的上下两排门牙，上边的"止"提示这个字的读音，有象形构件也有示音构件，所以是一个形音合体字。同样，"鳳"（凤）字左边的构件象孔雀开屏的样子，是象形构件，右上角的构件"凡"具有提示"凤"字读音的作用，因此甲骨文中的"凤"字是形音合体字。

7. 义音合体字

义音合体字就是我们平时所说的"形声字"，由示音构件跟表义构件组合而成。表义构件表示该字的意义范畴，示音构件提示该字的读音。如"样""扬""河""洛""粉""吃""蜂"等是左义右声结构的形声字，"郊""郡""放""刚""锦""顶""视"等是左声右义结构的形声字，"芬""芳""管""罩""笠""室"等是上义下声结构的形声字，"盆""烈""想""弈"等是上声下义结构的形声字，"氢""氧""房""遛""遥""围"等是内声外义结构的形声字，"辩""斑""闻""问"等是内义外声结构的形声字。

8. 义标合体字

表义构件与标志构件合成的字就是义标合体字。如"太"由"大"和一点组合而成，其中"大"是表义构件，一点是标志性符号，起区别作用，表示跟"大"不一样。再如小篆"𠁧"（音）字由"𠃲"（言）和"一"组合而成，"言"是表义构件，里面的一横是标志性符号，具有区别功能。

9. 音标合体字

音标合体字即由示音构件和标志构件合成的字。一般是取某个读音相同或相近的字形作音符，然后加一个标志性符号以示区别，比如甲骨文的"𠂤"（千）、"𦣻"（百），借读音相近的"人""白"字作示音构件，在"人""白"字上加一短横作为区别标志，这就形成数字"千"和"百"。再如"义"字，在示音构件"乂"上加一点作区别标志，成为音标合体字。"丛"字在示音构件"从"下加一横线作区别标志，成为音标合体字。

10. 音音合体字

音音合体字即由两个以上示音构件组合而成的字，其中的示音构件都是成字构件。具体的组合方式有两种：一是两个构件同音或音近，都指示新字的读音，如"静"、"毖"、"䖒"（吾）、"悟"、"冀"等；一是一个构件取声母，一个构件取韵母，拼合起来表新字的发音，有点像是反切，如"钦"、"咕"（箇）、"绒"、"她"等。

11. 形记合体字

由象形构件和记号构件组合而成的字就是形记合体字。其中的象形构件是原有象形构件的传承或保留，记号构件是原有某个构件或局部形体的变异或替换。如由"𣊫""𣊫"演变成的"春"字下部是传承的象形构件，上部是变异的记号构件；由"𦫳""𦫳"演变成的"𦥑""𦥑"上部是传承的局部象形构件，下部是局部变异（人为替换）而成的记号构件。

12. 义记合体字

义记合体字由表义构件和记号构件组合而成，其中的记号构件也是原构件的变异或替换。如由"𣊫"演变而成的"春"下部分是传承的表义构件，上部是变异的记号构件；由"鷄"简化而成的"鸡"右边是传承并简化的表义构件，左边是人为替换的记号构件。

13. 音记合体字

音记合体字由示音构件和记号构件组合而成，组合情况比较复杂，大都是演变后重新分析的结果。如来源于"恥"的"耻"字原本从"心""耳"声（"耳""耻"古音都属于"之"部），后"心"因为草写讹变为"止"，成了示音构件，"耳"由于语音变化失去示音功能，反而成了记号构件。由"歷"简化而成的"历"原本从"止""厤"声，简化时保留原字轮廓"厂"，成为记号，另外加上了"力"作为声符，成为示音构件。

14. 标记合体字

标记合体字由记号构件和标志构件组合而成，是字形变异重新分析的结果。如"朱"（朱）原为象形构件加标志构件的组合，但楷书的"朱"已失去字源理据，只能重新分析为从"未"从"丿"，"未"属于同形记号构件，"丿"可以看作是起区别作用的标志。又如"犬"由象形独体字"犬"分离而成，结构关系可以重新分析为从"大"（同形的记号构件），加"丶"以为区别（区别性标志构件）。

15. 记记合体字

记记合体字由记号构件和记号构件组合而成。记号构件没有明确功能，本来可以不再加以分析。但在多个构件组合的情况下，我们在认知心理上仍习惯将其分开来看，所以可以按照同形原则拆分出独立构件，其合体字都归于记记合体字一类。这样的分析方式对该字的认读、书写以及区别其他字符都有好处。如"它"（宀＋匕）、"些"（此＋二）、"对"（又＋寸）、"某"（甘＋木）、"或"（戈＋口＋一）等。

无论是标记合体字还是记记合体字都可以根据需要如此拆解分析，

但不一定非得拆解，将其作为一个整体当作独体记号字也是可以的。

16. 多功能合体字

以上各类合体字都是由两种功能构件组合而成，也有部分汉字由两种以上不同功能的构件组合而成，这类字数量较少，所以不必详细分类，统称为多功能合体字。例如小篆的"羉"（牵），《说文解字》的解释是"从牛，一象引牛之縻，玄声"，包含表义、象形、示音三种功能构件，属多功能合体字。又如籀文"斩"（折），左边上下断开的两个"↓"象折断的草木形，两个"↓"中间的小短横"="是标志断折之处的符号，右边的"斤"表示意义与斧头有关，属于形、义、标多功能合体字。再如"金"（金）字，《说文解字》分析为"生於土，从土；左右注，象金在土中形，今聲"，也是由表义、象形、示音多种构件组合而成的多功能合体字。

以上分析使用了字形构造原理和字形演变原理，分析的方法是构件功能分析法。汉字结构教学最重要的是讲清每个构件的功能，学生要知道一个字由哪些构件组成，这些构件具有什么功能或这些构件各自表示什么，千万不要让学生因结构教学陷入结构系统分类的困境中。

第三节　字形的理据

无论是传统的"六书"理论，还是我们使用的构件功能分析法，都以汉字的结构理据作为分析的基础，两者的出发点都是服务于字理教学。字理教学结构理据没有变化的字，主要任务是解释形体构造与字义之间的关系，若结构理据发生变异，则要进一步说明形体的演变过程。因此，字理教学包括构造之理和演变之理，也就是静态之理与动态之理两个方面。动态演变是纵向、贯通古今的；静态构造是横向的，可以分为原始理据、演变理据和现实理据等不同的构形模式。

汉字在初创时期都有其造字理据，称之为字形的原始理据。经过数千年的演变，汉字形体发生了变化，字形理据也要重新解释，以便与演变后的字形相切合，这种理据可以称之为演变理据。与现代汉字形体相切合的字形理据，我们称之为现实理据。演变理据是原始理据与现实理据之间的过渡，我们现在需要着重分析的，是原始理据和现实理据之间的关系。

一、现实理据与原始理据相通

（一）现实理据为显性理据

有些字的形体古今变化不大，原本的构形理据在现代字形中仍然保留，与字形相切合的本义至今还十分常用。如"口"字从甲骨文到现代汉字，其字形理据没有变化，都取象开口形。因此，"口"的现实理据和原始理据相同。类似的还有"大"字，古今字形都具有象形特点，拟人正面站立张开双臂双腿之形，现实理据和原始理据相同。但是由于现代汉字形体大都丧失了象形特点，字形变化较大，因此这类保持了原始理据的字比较少。

虽然现代汉字的笔画化使得绝大多数汉字失去了象形特点，但是仍有一些现代汉字的构字线条与古字形对应清楚，且仍以与古字形相切合的本义作为常用义，因此这类汉字的字形追溯非常容易，其字形的现实理据仍然十分清晰、明显。如常用字"日""月""耳""目""木""竹""山""水""手""人""鸟""牛""羊""犬"等，甲骨文字形都是象形字，现代汉字虽然丧失了象形特点，但这些字的古今字形对应关系十分清晰，且与字形相切合的本义仍为常用义，因此这些字的现实理据十分清晰、明显，与字形的原始理据完全一致。同时这些字都以构件的身份参构其他字，在汉字构形系统中也能体现其理据，组成的合体字其现实理据也与原始理据相同。如"牧"字的理据是"从攴牛"表放牧，"鸣"字的理据是"鸟"用"口"叫唤，"益"字的理据是水满溢到"皿"之上，这些义义合体字的现实理据与原始理据相同。再如"问"的理据是从"口""门"声，"蜻"的理据是从"虫""青"声，"室"的理据是从"宀""至"声，"骑"的理据是从"马""奇"声，这些义音合体字的现实理据与原始理据也相同。

（二）现实理据隐含在构形系统中

有的字，形体演变脉络十分清晰，但古今字形变化比较大，在现代汉语中已经不能独立使用。这样的字，其原始理据可以追溯，但其现实理据不能独立显示，只能借助汉字系统来分析。如"隹"字，甲骨文字形为取象鸟的象形字，本义就是短尾巴鸟，读音为"zhuī"。但是，"隹"在现代不独用，字形也看不出与"鸟"有什么联系。不过"隹"的形体演变脉络十分清晰，下图是"隹"从殷商甲骨文到楷书的演变过程：

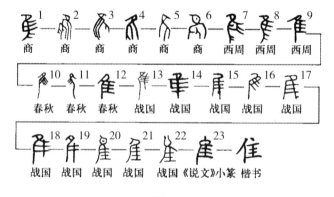

图 3-1

现代汉字中，"隹"常作为构件出现。可作义符，如"雀""雌""雄""雉""雁""隼"中的"隹"都表示"鸟"；也可以作声符，提示

"ui"的读音，如"崔""椎""睢""锥""雎"中"隹"都是示音构件。"隹"作为表义构件的功能非常清楚地说明，它的现实理据与原始理据是一致的，虽然就单字来说，其现实理据已经丧失，但就整个汉字系统来说，其现实理据依然保留，只是隐含在汉字系统之中。

有的字，古今字形变化比较大，常用义是与字形毫无联系的假借义，而与字形相切合的本义已经不再使用。这样的字，现实理据不能独立显示，只能借助汉字系统分析。如"页"的甲骨文作"𦣻"，本义是人的头部。然而现代汉语中"页"的本义已不再使用，而是作为量词，意指"篇""张"。这样一来，"页"的原始理据从字形和字用中都看不出来了。但是如果联系构形系统中以"页"为部首的字，如"颊""颈""颔""颏""颐""颔""颜""额""颠""颧""颅""项""顶""顾""顿"等就可以看出，原始的理据仍保存在现代汉字系统中。同样，现代汉字中，"者"与"都""堵""睹""赌""署""暑""薯""曙""渚""猪"等字的读音相差较大，但构形系统含有"者"的字读音都相近，所以在整个构形系统中，该构件依旧具有示音功能，只不过这种示音功能不是显性的，而是隐藏在构形系统中，需要我们联系具有相同构件的字去总结概括。

二、现实理据与原始理据相异

（一）字形演变引起字形理据变化

有的字字形变化后，原理据发生了变化，或者得到了重新解释，从而使字形的现实理据不同于原始理据。图 3-2 是《汉语大字典》中"王"字形体演变脉络。

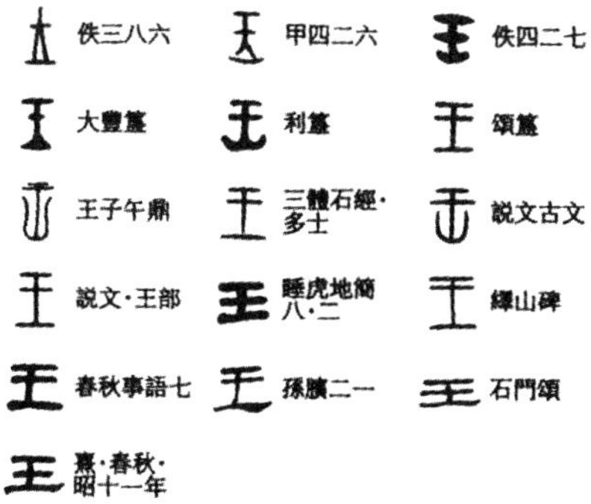

图 3-2

甲骨文、金文"王"的字形取象于象征最高军事统帅权的斧钺之形。小篆字形演变为三横一竖，中间一横与上边横线的距离比较短，《说文解字》对于这个字形给出了一个新的解释：上、下、中三横分别代表天、地、人，中间一竖表示贯通天、地、人，整字示意能够参通天、地、人的人，即儒家心目中能够如民父母、爱民如子的王。现代楷书中，"王"字三横之间的距离变得均等，字形不仅丧失了原始理据"斧钺之形"，小篆"参通天、地、人"的构意也很难为现代人所理解，于是有人把"王"与老虎额头上的花纹联系起来，这样"王"字就与老虎"山中王"的意义联系起来，成了与现代字形和文化背景相符合的现实理据。

再如"折"字的字形演变脉络（见图 3-3）。

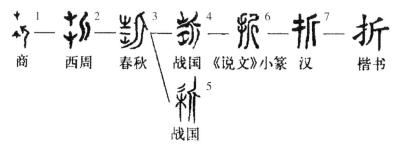

图 3-3

"折"的甲骨文、金文字形象斧头砍断草木之形；春秋战国时期的字形在断草之间加两短横突出草断之意；小篆将两个断草形上下连接起来，并将竖线的上端向右弯曲，变为"手"的小篆字形，成为从"手"从"斤"的会意字；现代汉字"折"延续了小篆字形，因此其现实理据为手持斧钺。

又如"射"字，甲骨文作"　"，象箭在弓上之形；西周金文增加"又"（手）的构件作"　"表示用手射箭之义。后来"弓"形讹变为与之形近的"身"，"又"形变为"寸"，还丢掉了"矢"，这就产生了今天的记号字"射"。显然，现代汉字"射"与其原始理据相差很远。

甲骨文"涉"作"　""　""　""　"等形，中间是一条水，水的两边各画一只脚，整个图形描绘一个人从水的这边淌到了水的那边，表示徒步过水。这时的"涉"字通过水的形象和脚的形象组合表义，因而是个合形字。后来写作"𣥩"或"涉"，就变成由"水"和"步"两个表义构件组成的义合体字了。

（二）重新造字或增加构件引起构形理据变化

"尘"小篆作"麤"，是三"鹿"和"土"组成的会意字，描绘许多鹿奔跑扬起的尘土，本义是飞扬的微小土粒。后来因为"麤"笔画繁多，省去二"鹿"作"塵"，再后来干脆另造一个"小土为尘"的新会意字。显然，新造字的理据与原始理据不同。"犯罪"的"罪"最初作"辠"，字形理据是用刑刀割掉犯罪者的鼻子，本义是犯罪。后来因为秦始皇觉得"辠"字与"皇"（小篆字形"皇"）相似，于是下令废除"辠"字，而把本来表示"捕鱼网"的"罪"重新解释为"法网治非"，用以记录犯罪的"罪"。

有些字的结构变化反映了客观事物的变化，或是人们对客观事物认识的变化。如"砲"字原本从"石"，因为早先的炮弹是石制的，使用火药后改用"火"旁造出"炮"字（跟古代表示烧烤义的"炮"同形），以便字的形义更相符。"監"与"鉴"也属这种情况，甲骨文"監"（監）字画一个人弯着身子瞪眼看着盆子，盆子里有时会画上一点，表示里面装着水，这是一幅很形象的观水照面的画面。有了铜镜后，人们就在原字上加一个金旁分化出"鑑"字，再后来又简化为"鉴"。再如"虹"字甲骨文作"𧌫"，传说虹有两首，能够下饮江河之水，甲骨文字形正是虹在古人心目中的形象反映。后来，古人又认为彩虹是蟾蜍吐气形成的，故用"虫"作义符，重造从"虫""工"声的形声字。

有的字为了强化音义之间的联系，在原字形基础上增加表义或示音构件，造成字的现实理据与原始理据不同。如"齿"甲骨文字形作"𦥑"，象张口露齿之形，后来增加示音构件"止"成为形音合体字。"鸡"字甲骨文作"𩿛"，为高冠长喙的鸡形，后来象形构件类化为形近的"鸟"，增加示音构件"奚"成为音义合体字，此后用"又"取代"奚"，简化字"鸡"成为义记合体字。"钺"甲骨文"𰀦"象圆刃斧之形，后来增加表义构件"金"成为音义合体字。"葡萄"本作"匍匋"，后来增加义符，明确其意义属于植物范畴。显然，构件增加后，这些字的理据都发生了变化，使得现实理据和原始理据有了偏离。

（三）语言或认识变化致使理据改变

有的汉字构形没有变化，但语言或人们认识的变化导致构件失去原有功能，成为替代性记号，致使字形的理据发生改变。如前所述，古人曾认为彩虹是蟾蜍吐气形成的，故创造从"虫""工"声的形声字。随着现代科学的发展，人们认识到虹是光线折射和反射的结果，与爬行动物没有任何联系，这样一来，原来的表义构件"虫"就失去了表义功能而成为记号，"虹"字变为音记合体字。这就是字的形体没变，但由于人们认识的变化而导致理据变化的例子。

"贺"的本义是庆贺的礼物，从"贝""加"声。由于语音的演变，现代汉语中"加"与"贺"的读音相差较大，因此构件"加"丧失了示音功能成为记号，从而造成"贺"的现实理据与原始理据不同。同样，"诸"的本义是辩论，从"言""者"声。但是"诸"字的本义早已不再使用，常用的借用义与"言"没有联系，构件"言"丧失表义功能成为记号；构件"者"虽然与"诸"读音相差很大，但含有"者"构件的字读音大都相近，因此"者"具有类化示音功能。这样一来，现代使用的"诸"成为音记合体字。显然，"贺""诸"的字形没有变化，由于语音的演变和意义的变化，造成这些字的现实理据不同于原始理据。

三、字形理据不可推知

还有少数字，其原始理据已经不可知。"商"字就是一个不可推知理据的例子，参考李学勤主编《字源》一书的图示可知其字形演变脉络十分清晰（见图 3-4）。

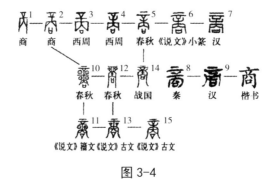

图 3-4

　　"商"在甲骨卜辞中主要用作人名和地名，其构形理据至今没有一个大家都认可的说法，也就是说"商"的原始理据尚不可知。字形演变后，其常用义也很难和字形联系起来，因此其现实理据也不可知。又如"六"的字形理据自古众说不一。《说文解字》释其为会意字"易之数，阴变于六，正于八。从入从八"；徐中舒的《甲骨文字典》认为"六"即古"庐"字，象"田野中临时寄居之处"，"庐""六"古音近，所以后来"得借为数词六"。我们认为这些解释都难以证实，"六"的形义关系至今还是个谜。再如"由"字，《说文解字》没有收录"由"字，但段玉裁在注中补充说："其会意、象形今不可知。或当从田有路可入也。"推测得十分牵强，难以取信。此外，"入""四""于""者"等字的现代字形和对应的古文字形体都难以推测其所以然，还有许多无功能构件功能丧失的过程也并不清楚。可见，有些字长期理据不明，即便在今天也无法得出合理的解释。

第四节 字形理据的分析

一、字形理据分析的效用

虽然不是每个现行汉字都有理据，也不是每个有理据的字都必须讲解，但是教学中若能通过分析字形理据让学生明白字形的构造原理和演变过程，学生就能对字的形义辨析、字际关系、字词关系，甚至古代历史和文化，都有更深的理解。所以汉字教学中充分利用汉字构形理据进行识字教学是很有必要的。

（一）有助于辨析形近字、纠正错别字

由于汉字的有限和客观事物、概念的多样，汉字在据义构形时难免出现一些形近字，加上长期的发展演变，现代汉字中形近字数量更多。形近字给学生的认读和使用带来很多麻烦，所以辨析形近字是汉字教学的一项重要内容。对于形近字的辨析，通常做法是在形体上做机械对比，看哪儿多一横，哪儿少一点，哪儿跟哪儿不一样，然后让学生查字典比较音、义上的差异。学生并不明了形近字之间何以有这些异同，只能死记硬背，结果自然记得少忘得多，错别字屡屡出现。

其实，汉字构形是有理据的，汉字的演变也是有规律的，如果我们能从字源上讲清楚形近字的构造原理，又能从演变过程中说明形近字的现实依据，结合辞例用法，让学生知其所以然，读错用错字的概率就会大大减少。例如"寇"与"冠"，前者的构形理据是手持棍棒之类的武器侵入房舍敲击主人的头部，所以指外来的强盗、敌寇、寇仇；后者的构形理据是手持帽子加戴于人的头上，所以指帽子，也指戴帽子的行为，如"冠冕堂皇""衣冠禽兽"是也。二者的共同点是都从"元"（人头）。不同的地方有两个：一是"攴"与"寸"，前者以手持物，表示敲击，后者是由"又"字变来的，表示手；二是"宀"与"冖"，前者表示房子，后者表示帽子。又如"即"与"既"，读音相近，左边部件相同，所以学生常常用错。究其字源，二者皆为会形字，"即"字甲骨文作"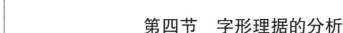"，象一个人面向食器即将进食之状，故有靠近、即将、立即等义；"既"甲骨

文作"𣆪"，象一个人吃完饭扭头向后准备离开食器之状，故有完成（既成事实）、既已、既往等义。"既然"是对已经发生的事实的认可，当用"既"；"即使"是假设的事件前提，客观上尚未发生，当用"即"。再如"精粹"有的误写为"精萃"，如果弄清两个字的理据就不会用错："粹"是形声字，米字旁是它的形符，意思是没有杂质的、品质优良的大米，由此引申出精华的意思。所以，它可以和同义的"精"构成"精粹"一词。"萃"也是形声字，草字头是它的形符，本义是草丛生的样子，由此引申为动词，义为聚集，如荟萃、集萃、萃聚。事物聚集在一起就成了一个整体，由此又可用作名词，指群、类。"出类拔萃"中的"萃"和"类"都是指相同或相似的人物、事物的集合体。无论是动词还是名词，"萃"都没有精华的意思，因此"精萃"的组合是错误的。再如"食不果腹"有人误写为"食不裹腹"。"果"，本指树木结的果实。大凡果实，皆饱满而圆胀，因此可用"果"来形容人饱足的样子。《逍遥游》中写道："适莽苍者，三餐而反，腹犹果然。"这里的"腹犹果然"就是肚子像果实一样圆滚滚的，故"果腹"有饱足义。成语"食不果腹"意为吃不饱肚子，常用来形容贫苦的生活。"裹"虽和"果"同音，但意思是在外部进行包扎、缠绕，因此"食不裹腹"在意义上说不通。再比如"盲"和"肓"，"盲"指眼睛看不见，所以从目；肓指人肉体的一个部位——心和隔膜之间，故从"月"（肉）。经过这样一番理据讲解，学生再认错、写错、用错的可能性就比较小了。如果能联系其他相关字形做系统的讲解，效果会更好。

即使不是形近字，单个容易写错或容易混淆部件的字，也可以用讲解理据和说明形体演变的办法来帮助记忆，从而纠正错误的写法。例如"明枪暗箭"有人误写作"明枪暗剑"。"箭"从"竹"，本义是箭矢，可在远处、暗处发射；"剑"字从"刀"，为短兵器，适合近战。所以"箭"和"剑"虽同为武器，却不能混用。远距离、暗地伤人要用"箭"，面对面公开作战要用"剑"。"明枪暗箭"比喻公开的和隐蔽的攻击，不能写成"明枪暗剑"；而"唇枪舌剑"是口舌之战，舌是再短不过的"兵器"，适合比喻为"剑"而不是"箭"。"陈词滥调"有人误写作"陈词烂调"，对于这种错误，也可从字理入手进行分析。"滥"，本义为水漫溢出来，引申为过度、浮泛而不切实际，如"泛滥成灾""狂轰滥炸""宁缺毋滥"等。

"烂",本义指食物松软,引申为有机物腐烂,副词义指程度深,如"烂泥""烂账""烂熟"等。"陈词滥调"中的"陈",指言语过时而没有新意,"滥"指过度使用而流于空泛。无论是"陈"还是"滥",说的都是内容不能推陈出新,而不是指具体物质的腐烂,所以不能写成"陈词烂调"。"步"字的下部常常被多加一点,写成"少"。如果我们告诉学生"步"字的构意是左右两脚,一只在前,一只在后,正在步行,下面的形体是由表示右脚的反"止"变化而来,学生就不会把它误写作"少"了。又如"檀",很多学生把下边写成"且"。其实这是一个形声字,声旁为"亶",只要学生知道"亶"是"檀"的声源,就不会把"亶"写成"且"了。

(二)有助于系统地掌握汉字

汉字教学如果孤立地进行,一个一个地教,一个一个地记,效果不会太好。其实汉字是一个互有联系的符号系统,它们的组合有理据,有序列,有层次,有类别,只要我们掌握其中的规律,就可以由此及彼,举一反三,从而以简驭繁,成批识读,达到事半功倍的效果。"昭"字从"日""召"声,"召"又从"口""刀"声,共得三个基础构件。如果先让学生学会"日""口""刀"这三个基础字,然后按构字原理循序渐进地联系相关字形进行教学,就会引出一系列互有联系的字形。如以"日"为义符,可以组成"明""杲"等义义合体字,以及"暖""晴""晚""旺"等形声字;以"口"为义符,可以组成"名""鸣"等义义合体字,"召""叫""喊""啡"等形声字,作为声符还能产生"扣""叩"等形声字;以"刀"作为构件,同样能构成"利""则"等义义合体字,"刺""刻""叨""切"等形声字;进而"召"又能组成"昭""招""沼""迢""笤""髫""苕""邵","昭"又组成"照"。诸如此类,以基础字为识字的基础,相关联的字互为背景,从字理出发按构形规律成系统地教学,比忽略字际关系的死教硬记,效果无疑会好得多。

字理教学,要特别强调字理的系统性,讲解一个字时可以联系一串字、一批字,不要把字孤立起来。以"隹"(zhuī)为例,这个字现在不单独使用,但在古代却是独体象形字,甲骨文作"🦅",象鸟;小篆作"🦅";隶变楷书后,写成了"隹",和"住"字很相似,只比"住"字多一横,很难区别。有的教师告诉学生,这个"隹"字既像"住"又不是"住",还有个"隹"字也和"住"字很像。但是学生听后更容易受到形近字的干扰，很难辨析"隹""住""佳"。如果从字理上讲清楚，学生就不容易混淆了。"隹"字是从""变来的，取象一只鸟，它的意义也是鸟。作为构件的"隹"可以作义符，也可以作音符。比如"雅"从"隹""牙"声，和"乌鸦"的"鸦"原本是异体字。"雁"字从"厂"（hàn）"得"声，从"人"从"隹"，因为大雁在飞行时往往排成"人"字形。"雉"从"隹""矢"声，表示山鸡、野鸡。"雕"从"隹""周"声，也是鸟类。"隹"还可以示音，比如"谁""椎""堆""推""崔"等，韵母都是"ui"。"住"是个形声字，右边的"主"字最初的样子像灯烛，通常作为声旁使用。与"住"同从"主"声的字还有很多，如"柱""注""炷""拄""驻""蛀""疰"等，读音都跟"主"相近。"佳"从"人""圭"声。"圭"作声旁时，似乎与"佳"的读音相距较远，但与同声符的字列在一起，如"蛙""挂""卦""诖"等就能发现，这些字的韵母中都有"a"这个音，所以可以把"圭"看作类声符。"圭"作为声符还可以表示"ui"音，如"硅""桂""闺""鲑""奎""跬"等。和学生系统地比较"隹""住""佳"所构成的一串字，说明字形理据之后学生不仅能明白为什么它们的写法不一样，还知道它们各自所属的系统，对字形字义的印象就比单独讲解要深刻得多。

字理教学是一个系统的工程，教学的效益如何，要系统地、长远地看。有的教师更倾向于采用一些活泼的方式进行汉字教学，比如出一个字谜、讲一个故事、编一个笑话、说一个道理，以便更好地帮助学生记住字形。就某一个字来说，这种方法的教学效果可能是好的。但以学生长远的学习发展来看，这种处理方式不具备普适性，也不利于学生系统地学习汉字。例如一个教师这样讲解"聪"字：一个人想要聪明，必须用耳朵听老师讲课，所以有"耳"字；而且要用心去想问题，所以有"心"字；还要积极回答问题，所以还有个"口"字；两个点代表两个眼睛，意思是听课时要睁大眼睛看着老师。然后总结道：如果你用耳、用心、用口、又用眼，你就一定会变得很聪明。如果就这一个字来说，确实讲得很好，学生很容易就能记住这个字，而且具有教育意义。可是，如果下一次碰到"总是"的"总"字该怎么办？学生可能会问老师："总"为什么要用心、用口、用眼睛？推而广之，如果学生把"单""兑""兽""曾""羊""着"

上的两点也当成眼睛，又该怎么解释呢？汉字不是一个一个单独存在的，它自成一个系统，我们不能只顾着讲眼前要教的字，而忽略了与其他字的关联。再如"饿"字，有人讲解时将"我"解释为我自己，因为"我"想吃饭，所以表示了"饿"。关联字"蛾"则解释为虫的卵孵化以后变成新的自我，而"鹅"是喜欢伸长脖子突出自我、表现自我的一种鸟。这样解释虽然表面上能说得通，但假如每一个字都需要这样去编出一个"理"，不但加重了教师的工作量，学生还得一个个去记，岂不是加重了负担吗？何况这些编出来的"理"不一定合情合理，还有许多字连歪理都编不出来。比如，"俄""娥""峨""哦""莪""锇"等字与"我"自己有什么关系？又该怎么去编呢？其实我们只要告诉学生"我"在这些字里是提示读音的，是声符，也就是示音的构件，全部问题都解决了。学生在日后的学习中还会碰到许多字，我们不可能帮学生编许多的"理"，但只要教会学生构字原理，学生就能根据原理记一批字，这就是字理教学的好处。所以从系统教学来看，字理教学在学习效率上肯定具有优越性。汉字的构成是有理据的，即便中小学阶段不与学生讲解，学生在大学阶段需要研究汉字时依旧要懂得汉字的发展过程、构字原理，那时也得涉及汉字理据。此时学生明白了汉字的构造原理，还得把小学时产生的偏差纠正过来，浪费精力去消除原来的影响，岂非得不偿失。所以从长远来看，中小学阶段的识字教学一开始就应该灌输科学的字理知识，不该图一时的便利而过分地去依赖一些"有趣"的手段进行教学。

（三）有助于掌握字义系统

汉字在构形时通常都会联系意义进行字形的设计，这个意义我们通常把它看作字的本义。本义是引申义的源头，如果能通过分析字形了解字的本义，再由本义联系其他意义，字形与字义的掌握就比较容易了。例如，"兵"的现代字形因为变异，其理不显。追索其字源，甲骨文作"𠦬"，小篆作"𠬪"，上从"斤"，底下是两个"手"，就是两个手拿着一把斤（斧头）。斧头在古代常被视为武器的代表，因此从字的构形上看，这个字的本义是武器，"短兵相接"里的"兵"就是指武器。武器是由人拿着的，所以延伸开来，拿着武器去打仗的人就叫作兵，也就是士兵的意思，"兵来将挡"的"兵"就是指士兵。再延伸开来，士兵拿着武器去打仗是军事行动，因此"兵"还有战争、兵法的含义，"兵不厌诈""纸上谈兵"的"兵"就是使用抽象的含义，指战争、兵法。战争、兵法这些义项都与本义武器有直接或间接的关系，都可以叫作引申义。我们在掌握字形的本义后，就能将一串引申义联系起来，这比分开记忆要牢固、有效得多。再如"间"从"门"从"日"，它有个异体字从"门"从"月"，表示太阳或月亮的光线从门缝里透过来，因此"间"字的本义是表示两个事物之间的缝隙。它引申出一串相关的意思：着眼于缝隙的距离，有中间、时间、空间、空闲、隔阂、嫌隙、间隔等意思；换个角度，光线是从门中间穿过去的，故"间"又有插入、离间、分割等意思。再如"封"字，早期的字形从"木"从"土"从"又"（手），表示用手聚土培植树木。培植树木要将树根用土埋住，因而"封"可以有封闭的意思，用来封闭信纸的纸套就叫信封；用土埋物，其地必高出，因而"封"可以有高大、土堆、坟墓等意；古代分土建国，要植树以为界域，因而"封"又可以引申出分封、授予、封建、封疆、封内等义项。这些义项都是中小学学生可能接触得到的，如果离开字形和词义系统孤立地看，不但零散难记，也不太容易明白这些意义的所以然。而一旦把它们跟字形及相关的含义联系起来，以一个核心义或直接或间接地连成一串，形成一个字的字义系统，把单独的字义放在系统的联系中掌握，效果肯定要好得多。

不但会意字、象形字可以利用字形来掌握含义，形声字也可以。比如说"节"的繁体字是从"竹""即"声的形声字。"节"字从"竹"，其本义当然与竹子有关，就是指竹节。竹节有两个特点，其一是把竹秆分成大致相当的若干段，每段叫作一节，节与节之间叫作"节巴"。从这个含义出发，凡是把事物切分成若干段的，都可以叫作"节"。如一年24个节气就是把一年分成24个时段，从一个时段到下一个时段叫"过节"；把组成音乐的音符分为若干段，这是"节拍"；把文章分成若干段叫"章节"；把一台演出分成若干个部分叫"节目"；等等。另一个特点是节巴在分割竹秆的同时对每节竹秆的长度起到限制的作用，因而它又有动词性的节制之义，把情绪控制在一定的范围之内是节制，把消费控制在一定的范围之内是节约，用来约束人的言行的规则就是礼节。这些意义之间相互关联，很容易记。所以从字形和本义出发，可以更明确、更深入地理解别的引申义，把很多义项连起来，对系统掌握字义有很大帮助。

（四）有助于准确理解词义和辨析近义词[1]

　　现代汉语中有些近义词，在古代汉语中其实有着明显差别。这些差别在日常口语中虽然不显，但在成语中还有保留，因此弄清字理能帮助学生准确理解词义和近义词辨析。如"牙"和"齿"在现代汉语中意义相同，可以组成合成词"牙齿"。根据字理分析，这两个字的本义是不同的："齿"甲骨文字形作" "，象张口露齿之形，本义是唇后的门牙；"牙"字西周金文作" "，象牙上下相错之形，本义是大牙、臼齿。因此"笑不露齿""唇齿相依""唇亡齿寒"中的"齿"字不能换成"牙"。对本义的了解有利于准确理解这些成语中"齿"的含义，同时古代五音中"齿音"和"牙音"的区别也就迎刃而解了。

　　"疾"和"病"在现代汉语中常常组成合成词"疾病"，两者的区别也可以通过字形结构来分析。图 3-5 是"疾"和"病"的字形演变过程。

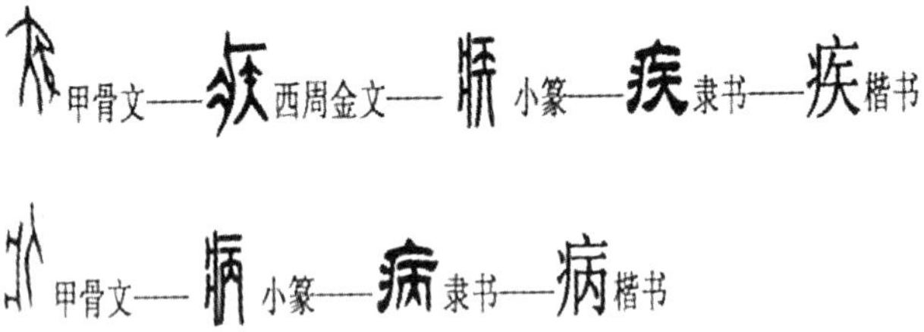

图 3-5

　　"疾"字的古文字字形象一支箭射向一个正面站立的人的腋下，表示中箭受伤，本义是伤病。引申为比较容易治愈的轻病，如"君有疾在腠理"的"疾"就是小病的意思。又引申为"疾病"，如"积劳成疾"。进一步引申为"痛苦"，如"疾苦"。再进一步引申为"痛恨"，如"疾恶如仇"。中箭受伤的字形构意中，伤病来得非常快，因此"疾"又有迅疾义，如"疾驰"。进一步引申为力量大，猛烈，如"疾风暴雨""大声疾呼"。

　　"病"字的甲骨文象人躺床上之形，本义为患病，又引申为重病，如"病入膏肓"。还可引申为害处，如"弊病"。进一步引申为缺点、错误，如"语病""通病"。再进一步引申为责备、不满，如"诟病""为世所病"。

---

[1] 参考张素凤、张学鹏、郑艳玲《一本书读懂汉字》（中华书局，2012年版）。

通过字理分析，学生对"牙"和"齿"、"疾"和"病"一类近义词组不仅知其然而且知其所以然，有助于准确理解词义、辨析近义词的异同。

（五）有助于了解历史文化

汉字作为记录汉语的符号体系，是中华民族文化的载体，本身也是中华民族文化的一部分。通过对汉字结构及其理据的分析，可以把握造字规律和特点，也可以了解古代社会的文化状况。

从造字的角度来看，造字者对客观事物的认识、对字形如何联系客观事物的思考，都必然折射在他所创制的汉字形体上。例如汉字的构形多以人体作为参照物，这实际上体现了古人观察事物时具有较强的人本位意识。所谓"近取诸身，远取诸物"，人类认识客观事物总是从认识自身开始，而汉字的构形正验证了这一点。甲骨文中，字形结构直接由人体表示或包含有人体图形的构件来表示的，占总字数的三分之一以上。而且几乎人体的各个器官和部位都参与构字，许多抽象概念也会用人体或与人体有关的构件来表示，例如"化""大""比""从""北""夭""天""休""信""立""并"等。汉字在构形时还特别注意在字形上体现客观事物的区别性特征，如"牛""羊""犬""豕""马""虎""象""鹿""兔""鼠"等动物的象形字，各具特色，互不混淆，表现了古人的特征意识。对于抽象的事物，古人常常通过关联的方式来表现，如"王""西"等字采用象形关联，"采""监"等字采用会形关联，"灾""逐"等字采用会意关联，都是关联意识的反映。汉字构形还会利用方位表义，如代表人足的"止"放在代表地穴之形的"凵"上表示"出"，"止"倒过来对着"凵"则是"各"（到来的意思）；"止"放在"囗"下表示"正"（征），在"囗"的上下或四周都放上同向的"止"则成了"韋"（围）；两个"止"一上一下是为"步"，一左一右则成"癶"；"阜"旁两"止"朝上为"陟"，两"止"朝下则为"降"。凡此可见，古人构字布局方位意识很强。甲骨文中，从"艸"与从"木"可以相通，从"彳"、从"行"、从"辶"也多无别，祭祀字多无"示"旁；而到了小篆中，"艸""木"分立，"彳""行""辶"相别，凡祭祀字都加"示"字旁。如此变化无疑是古人类别意识逐渐增强的表现。这些蕴藏在汉字构形系统中古人观察和认识客观事物的思维规律与心理意识，当然不需要系统地向中小学生讲述，但在分析讲解汉字的构形理据时可以适当提点，给学生产生一些潜移默化的影响。

汉字构形跟古代社会生活的方方面面都有联系，字形上固化了当时社会生活的诸多信息。例如从甲骨文的"⚘"（采）、"⚘"（渔）、"⚘"（狩）、"⚘"（耤）等字形可以看到古代采摘、渔猎和农耕的生活图景；从"⚘""⚘""⚘"（牢），"⚘"（家），"⚘""⚘"（牧）等字形，我们可以感知古代畜牧业的发展；从"⚘"（劓）、"⚘"（刖）、"⚘"（执）、"⚘"（奚）等字形，我们又能感知古代刑罚制度的严酷和奴隶生活的悲惨。从小篆到现代汉字，凡是跟钱财有关的字多以"贝"作表义构件，如"财""货""资""赔""赚""贵"等，反映了古人曾经用"贝"作为货币来交换货物；凡是与思维、心理活动有关的字大都以"心"作表义构件，如"思想""悲愁""惧怕""忧虑""愉悦"等，说明古人认为人的心脏具有思维功能，跟古书里所谓"心之官则思"的说法一致。凡此种种字理现象都说明，汉字形体就如历史文化的活化石，我们既可以联系古代社会生活知识来解读字形，也可以通过分析汉字的构形理据来认识和印证历史文化。字理教学中，教师正可发挥这方面的优势提升学生的学习兴趣，使之多方面了解自身的文化根源。

同时，对古代文化的了解还有助于学生理解课文内容。课文《鸿门宴》中，项羽设鸿门宴想刺杀刘邦，刘邦的部下樊哙得知刘邦的危险处境后闯进宴会，项羽看到樊哙闯进来，不禁"按剑而跽"。"跽"是长跪的意思，如果不理解古人坐姿，就不能理解项羽为什么会"跽"。古人的坐姿在"即""既""卿"的古文字形体中有十分清晰的表现，即两个膝盖着地，臀部着脚后跟。知道了古人的坐姿，就很容易理解项羽碰到意外情况后下意识挺身而"跽"是因其别有图谋一时紧张所致。可见字理教学对学生理解课文内容，分析人物形象也有帮助。

其实，汉字不仅在初创时融入了一定的文化信息，形体演变的过程也会融入一定的文化内涵。如前文所述，"炮弹"的"炮"字本从"石"作"砲"，因为早期的炮弹是石制的，改用火药后重造出"炮"字，字形演变反映了炮弹材质的变化。同样，甲骨文"⚘"（监）字，象人在盛水的器皿中反观自己，形象地反映了远古时期"以水为镜"的特点，铜镜出现后就加上"金"旁分化出一个"鑑"字，后来又简化为"鉴"。"鉴"的字形变化，非常形象地反映了"镜子"材质的变化。"王"字甲骨文取象斧钺之形，说明远古时期的王是最高军事权力的拥有者；字形演变后，孔子、董仲舒、许慎等将小篆"王"解释为"一贯三为王"，即参通天、地、人三者的人是"天下所归往"的人，字形及解释的变化都蕴含着丰富的历史文化信息。

此外，文字的书写工具、文字依附的载体、社会对文字的规范、文字信息的传播途径和手段等，都会影响到汉字的形体。适当讲解汉字形体的演变过程和演变原因，也会让学生切实感受到汉字与其他中华文化元素千丝万缕的联系，从而开阔眼界，拓宽思路。

总之，字理教学可以从多方面增强学生的能力、丰富学生的知识、锻炼学生的思维，从而提高学生的综合素质。

二、字形理据分析的基本原则[1]

汉字的构形是有规律的，也有客观的演变规律，不能依靠联想，无根据地自行编造。分析字形、解说理据时应该遵循汉字构形解析的基本原则。这些原则大致有：忠实字形原则、形义相关原则、构件功能原则、直接构件原则、历史发展原则、系统类聚原则。下面分别举例说明。

（一）忠实字形原则

这个原则要求理据讲解不能违背字形。认准字形是分析汉字形义关系的基础，如果把形体看错了，或是为了牵附某个自己想象的义理而有意曲解形体，都不能正确揭示字理。例如幸福的"福"有教师讲解为"一个人有一口田，还有衣服穿，那就幸福了"，实际上字形里并没有表示"衣服"这一信息的构件，显然是教师故意把左边的"礻（示）"讲成"礻（衣）"。这一做法违背了忠实于字形的原则，对字形理据的分析是错误的。有人喜欢用编字谜的方式来帮助学生认识字形，这个方法可以尝试，有时也很有效。但字谜不等于字理，字谜的谜面设计有的靠音、义，有的靠字形。

---

[1] 参考李运富《字理与字理教学》（《吉首大学学报（社会科学版）》，2005年第2期）。

如果是从字形的角度编造字理性的谜面，那么谜面的编造要与字的形体相符，否则就容易导致学生错误地理解形义关系。例如"海"字，有人编字谜为"母亲一个人在水边"，谜面的"一个人"扣的是字形右上角的一撇一横，但这并非"人"字，"母亲一个人"和"海"这个字的音、义都无关，所以从字形和音、义上看，这个谜语都不够理想。

（二）形义相关原则

这个原则要求分析字形不能脱离字义，而且由形所联想到的义必须合情合理。汉字的字理必须把形体与它所记录的音、义联系起来才有理据可言。

有些汉字的字理与其古义有关，但与现代所指的意义已经没有直接的联系，也就是说，现在不再用该字原来的字理，这种情况下字理可以等到高中、大学时期再讲。小学生的汉字教学，一定要讲解与现在常用义、音一致的字理，对于不相关或者不直接与音、义有联系的字理可以暂时不讲，若要讲解则务必有理有据、清晰明白。另一方面，为了教学的方便，合情合理且与字义相关的联想可以作为现代字理进行讲解。比如"灭"字原来从"火""戌"声，后来又增加"水"旁。简化时只取了原字中间的一部分，即"灭"，别的部分省略掉了。这个"灭"字有没有理据可以讲呢？有。可以讲下面起火了，在它的上面盖上一个东西，火就熄灭了。这个解释与"灭"字的意义有紧密的联系，虽然这一说法不是"灭"字的原字理，但为了学生记忆和理解，这样讲符合事理，也利于教学的进行。再如"王"字，许多人都将之与老虎额头上的花纹联系，且老虎也被称作"山中王"，因此"王"字有大王的意思。这种解释联系了字形与字用，也是一种合理的字理解释。可见并不是所有的字理讲解都必须严格考究原始理据和字形演变，只要符合原则、有根据都可以讲。但是，像"照"字一类既无道理、不符合系统，也和字义毫无关系的解说方式就不应再使用。

总之，讲述的字理必须符合系统、符合事理，在这一基础之上才能发挥想象力。如果毫无根据地只靠奇特的想象来编造各种字理，甚至不惜歪曲字形，或把构件的功能讲错，那就违背了字理教学的初衷。有人可能认为，联想可以开发学生的智力和创造力，因此并不对想象设置限制。

联想确实能开发智力和创造力，但联想也必须符合规律，依据事实。歪曲事实、违背规律地随意联想，不但不能培养学生的智力和创造力，反而容易把学生引入不负责任胡乱猜想的歧途，这样联想也很难寻求到科学和真理。

（三）构件功能原则

这个原则要求分析时不能错拆构件，也不能错讲构件。汉字的构形单位是构件而不是笔画，因此对汉字形体的分析要以构件为单位，不能根据笔画胡乱猜想形义关系。例如有人说"球"字是"一个姓王的抢了四个篮板球，罚了一个点球"，把示音构件"求"拆解得七零八落，这不利于学生建立起系统的字理观。不仅构件的拆分要正确，构件的功能也不能讲错。是象形就讲象形，是表义就讲表义，是示音就讲示音，把象形当作表义，把示音当作象形，那也是不对的。例如"韭"字，通常拆分为"非""一"两个构件，这是对的。有人解说上面是表否定意义的"非"字，底下是表数量的"一"字，所以这个字的理据是"韭菜不是一根一根的，而是一丛一丛的"，这就把"非"和"一"当成了表义构件。其实"韭"是个形标合体字，"一"标识地面，"非"象地面上长出的韭菜。将"非一"讲成"不是一根，而是一丛"，虽然构件的拆解没有弄错，却把构件的功能讲错了。没有讲对功能最突出的表现是把形声字讲成义义合体字，声符本来不是表义的，却被牵强附会出一个意义来，曲解了构件的功能。当然，有一部分声符也有表义作用，但这只是少数现象，不能认为所有的声旁都有意义。比如"戋"（戈）有小的意思，于是"线"表示很细小的丝；"栈"表示小木片；"笺"表示小竹片；"贱"就是不值钱；"浅"指水很少；"残"指剩下的骨头；"盏"指小的盘子；"钱"原指一种小型农具，后指小的金属货币。这些可以表义的声符一般叫作形声兼会意字。但并不是所有声符都表义。就以"戋"这个典型为例，"践""饯"就找不出小的意义来。实际上，声符表义只对同源字起作用。讲解时，不要试图将所有的声符都讲出某个意义，否则很容易出错。像"破"字是从"石""皮"声的形声字，可以联系同一类字让学生一起掌握，如"坡""颇""陂""波""跛"等字的韵母都相同，所以"皮"具有示音作用。也有人说"破"是个会意字，表示"皮肤"碰到"石头"就"破"了，这一联想显然牵强附会，它无法合理解释其他从"皮"的字。分析一个字的字形需要想到别的字，不能顾此失彼，否则很容易讲错构件的功能。

（四）直接构件原则

这个原则要求不能混淆构件的层次。讲解汉字时还要注意汉字构件的层级性，只有直接构件的功能才能作为字理讲解。汉字的构件可以分为直接构件和间接构件，字理是由直接构件的功能生成的，讲解字理也应该只讲解直接构件的功能。间接构件的功能只对它的上层构件起作用。比如，"照"字分为三层：一层从"火"（灬）"昭"声；二层"昭"从"日""召"声；三层"召"从"口""刀"声。"灬"属于第一层，"日"属于第二层，"刀""口"属于第三层，把不同层面的的构件当作一个层面上的构件来讲解不符合汉字的构形原理，所以是错误的。这类例子还有很多，比如"温"字，有人说是"太阳晒到器皿里面的水，水就变温了"。这是把它分成三个构件来讲解，就这一个字而言这种讲法未尝不可，好像也有点依据，可是"瘟""愠""氲""韫"等字中的"昷"都不是"太阳晒器皿"，而是复合的直接构件，不能拆开。因此"温"只能讲成从"水""昷"声，不但是"温"，其他从"昷"的字也讲通了。从字源上讲，"昷"字其实并不从"日"，而是从"囚"。"皿"表示器皿，里面盛着吃食送给囚犯，表示一种仁爱。"囚"字后来变成了"日"字，也就是今天的"昷"。又如从"手""樊"声的"攀"字本来只有两个直接构件，有的教师却把它拆成"大""手""林""爻"四个直接构件，边做动作边讲解："一只有力的大手抓住树枝和藤条奋力向上"。用这种方法让学生记住这个笔画繁多的字，而且明白"攀"的意思是抓住东西向上爬，似乎可行，但实际上它并不符合这个字的结构理据，也不符合汉字的结构系统。可见在讲解汉字的时候，一定要注意构件的层次，不能够把不同层次的构件混在一起。

（五）历史发展原则

汉字不是一成不变的。不同时代的字形有不同的理据，变异形体有变异的新理据，因此在讲解汉字字理的时候，还必须要有历史发展的眼光。我们现在看到的最早的汉字是甲骨文，甲骨文之前也发现了一些符号，但它们是否成体系很难说，但能确定甲骨文已经是能够完整记录意思的、成系统的文字体系。从甲骨文发展到金文、战国文字、秦代小篆、汉代隶书，然后到现在的楷书，汉字的结构功能一直在变化，它的构形理据也可能跟着变化。因此我们在讲解汉字的构形理据时，应该特别注意汉字构形及其理据的变化情况。这种变化可能产生两种结果。

一种结果是变了以后还有理据，只是已经不再是从前的理据了，这种情况叫作理据重构，也就是换了一个新理据。像上文的"灭"字就是一个例子，原来的"灭"字是一个形声字，简化成现在的字形后就成了义标合体字，这就是理据重构。很多字的理据是经过重构的，例如"弦"字本来从"弓"从"糸"，是个义义合体字，表示弓上面的丝线叫作"弦"，但是后来"糸"变成了形近的"玄"，那么再讲"弦"字的时候，我们就不能说它从"弓"从"糸"，而是从"弓""玄"声的形声字，它的理据有了变化。再如"涉"字，在甲骨文阶段，它是一个形形合体字，但到了后来，两个"止"到了一边，形成了一个"步"字，表达步行的意思，就变成了义义合体字。再如折断的"折"字，原本是形标合体字，象斤（斧）斫断草木，用"二"标识折断处。后来经过不断变化，变成了从"手"持"斤"以断折草木的义义合体字。

另一种结果是变化后的形体与所记的音、义已没有什么联系，或仅有部分联系，致使整个字的形体结构无法做出合理的解释，这种情况可以叫作理据丧失或部分丧失。例如"凤"字，甲骨文作"🜀"，本是个象形字；又作"🜁"，在象形构件旁增加了"凡"成为形音合体字；小篆中形旁义化，写作"🜂"，从"鸟""凡"声，是义音合体字；现代简化作"凤"，音、义俱失，成了纯记号字。可见不同形体有不同的理据，讲什么时代的字，就要根据这个时代的形、义来讲解它的理据，不一定每个字都要追溯到最初的形体。如果形体的演变过程非常清楚，现在的字形也能与原来的字形基本对应，教师也可以通过形体溯源来讲解。大部分象形字都可以利用字源进行教学，比如"日"字虽然与原字形圆形的太阳不一样，而是变成了方形，但还是可以帮助理解"日"字形体与意义之间的联系。但是，有些字的形体变化已经不是笔画的书写变异，而是构件功能发生变化，这时就没有必要再去溯源，根据现字形讲讲理据即可，如果原理据已经丧失又没有建立新的理据，就不必讲。例如，繁体字的"鷄"字从"鸟""奚"声，是个形声字，简化后变为"鸡"。其中的构件"又"

不具有示音作用,成为记号构件。如果有人把"鸡"字讲成"又一种鸟",显然没有道理。"又"在汉字的构形里通常表示右手,从没有作为副词"又"来使用,而且还要考虑到与其他构件的组合,比如"观"字就不能解释为"又见面了","观"和"又见面了"并没有什么实际关系。不表音、义的"又"只能理解为一个简化符号,在汉字构形中用来取代原来比较繁复的某个部件,如"欢""圣""难""艰""叹""仅""汉""对""凤""树"等的"又"都是简化符号,没有实际意义。可见,记号构件没办法讲它的结构理据,如果硬要讲就难免牵强附会。比如"齐"字最初的字形是"𠫤",后来加上装饰性的笔画再经过隶变就成了"齊",现在的简化字仅保留它的轮廓,成了"齐"。这个字就没有办法讲解理据,因为平面、平齐的本义与现代的字形已没有关系。还有一些简化字只留存原字形的一部分,比如声音的"声"字,最初作"𣪗",表示一只手拿着一个工具叩击悬磬,中间的耳朵形构件表示悬磬发出的声音用耳朵才能听见。简化后的"声"取自繁体字"聲"的一部分,这样就失去了它的形体构造理据。还有一些简化字由草书楷化而成,比如"为"字,甲骨文作"𤔔",一只手牵着象表示劳动,所以它从"手"从"象",是个义义合体字。后来,小篆写成"𤕝",隶书作"為",现在的楷书简化字"为"是根据它的草书形体楷化而成的。对这一类形体发生了变化的字,无法去讲它的结构理据,只需告诉学生这是一个特定符号。汉字教学时,教师一定要有一个观念:结构理据能讲的就讲,不能讲的一定不能勉强去讲;如果一定要讲一个字理复杂的字的理据,那就要溯源,讲它是怎样发展演变的,是怎么变成现在这样的字形。但是形体的演变之理最好还是在高中以后再讲,如果对小学或初中生讲字体的演变,学生不一定能接受,还容易造成混乱。因此对于变化较大,结构理据已失的字,可以暂时搁下,也就是在讲汉字理据时必须要有发展的眼光,根据字形的不同采取不同的处理办法,不要在理据上强求古今一致。

(六)系统类聚原则

这个原则要求不能孤立分析汉字,而要兼顾系统内的类似现象做类化处理。汉字字符集是一个有机联系的整体,不是杂乱堆积或各不相干的散沙,因此我们在分析字形或讲解理据的时候一定得从整个系统出发,联系相关的字形统一考虑。如果没有全局观念，望形猜理，一个字形编一个故事，那就容易讲了一个，乱了一片，甚至破坏整个汉字系统，这个结果是得不偿失的。不顾系统而乱讲结构理据的例子前文已多次提及，如说"聪"是"眼耳口心并用"，说"温"是"太阳晒器皿里的水"，说"饿"是"我饿了要吃饭"，说"福"是"一口人有田种有衣穿"，这些都会给相关字的讲解带来麻烦。

相反，如果能充分利用汉字的系统性，它能帮助我们正确掌握个体字符的理据。现代汉字由于形体的演变和音、义的发展，个体字符的构形理据有所削弱，不经过仔细分析很难一下子看出理据，如果能联系相关字符，通过同类字体比较和汉字系统的提示，个体字符的构形理据就会浮现。例如"题"字由"是"和"页"两部分构成，但这和常用的题目一义有什么联系呢？其实，只要我们从汉字系统出发，很容易就能发现构形系统中从"页"的字多与人的头部相关，如"颠"原指头顶，"额"指额头，"颈"指脖子，"项"指后颈，"硕"指头大，"颗"指头小，"顿"指叩头。"题"的本义指人的额头，额头是人体上部显眼的部位，所以凡是放在上部显眼位置的东西都可以叫"题"，文章的题目、标题及在什么东西上面题写文字等意义正是从额头义引申而出，可见"页"字虽然单用时并不表示人头，构字时却能表示和人头有关的意义，这种在某类字中表相同义的构件叫作"类义符"。"是"这一构件也可以用同样的方法找出理据。"提""缇""醍""堤"等字从"是"，而且读音相近，都念"tí"或"dī"。由此可见，"是"在这些字里承担示音的作用，我们把这种在某一类字中起示音作用的构件叫作"类声符"。"题"字由类义符"页"和类声符"是"构成，因而是义音合体字，也可以叫作"类化形声字"。

现代汉字中的类义符和类声符可以分为两种，一种是不能作为单字独立使用的，一种是虽然能够独立使用，但独立成字时的音、义和作为构件时表示的音、义完全不同。上面所举的"题"字就属于后者，"是"和"页"都能单独使用，但独用时的音、义与"题"字无关。不能独立使用的义符和声符往往是汉字演变造成的结果，其实它们曾经也作为独立的字使用过，所以才会具有一定的音和义；后来虽然不再单用了，但它们的某些音、义仍然保存在构形系统内，通过同类对比仍然能够知晓它们的构形理据。

先看不能独立使用的类义符。"宀"的甲骨文写作"∩"，小篆写作"∩"，音"mián"，表示房屋。直到辽代还有单用的例子："宀遇班输，磨砌神工。"（张轮翼《罗汉院八大灵塔记》）现代已没有这种用法，所以不能单用，但在"宽""字""宙""宁""富""宸""寄""寮""宠""宏""室""审""寓""宴""宾"等字中仍然表示房屋义，因而成为类义符。类似的类义符还有"广""厂""彡""幺""辶""冂""糸""疋""匚""隹"等。有的单字由于被别的字代替而不再使用，但仍然作为构件保存着原有的字义，并通过类化现象显示出来。如"艸"（草）、"冫"（冰）、"冃"（帽）、"攴"（扑）、"疒"（疾）、"囗"（围）等。还有些字现在依旧能单用，但作为构件使用时往往改变写法，成为一个或几个非字符号。这些变体的非字符号不再单用，通过类化携带一定的表义功能，可以视为不能独立运用的新构件，这些新构件的表义功能通过类化显示，因而可以归为类义符，例如"罒"（网）、"讠"（言）、"氵"（水）、"扌"（手）、"灬"（火）、"月"（肉）、"王"（玉）、"钅"（金）、"亻"（人）、"彳"（行）、"礻"（示）、"饣"（食）、"衤"（衣）、"犭"（犬）、"刂"（刀）、"忄"（心）、"爫"（爪）、"阝"（阜）、"阝"（邑）。

再看不能独立运用的类声符。声符原本都是能独立使用的，否则其所代表的读音就无从产生。一些字义消亡后，为它而造的字如果不挪作它用，也就没有单独存在的必要了。由于这些字参构了别的字，所以这些字没有消亡，而是成系统地保存着该构件原来的读音信息，所以就出现了类声符现象。如"隹"在古代表示短尾鸟，读"zhuī"。现代已不再单独使用，但从"隹"的字却有相同或相近的读音，"堆""推""锥""骓""椎""崔""睢"等字的韵母都是阴平"ui"，"碓"的韵母也是"ui"，只是读去声，"唯""维""惟""帷""谁"的韵母读阳平"ei"，我们知道"ui"实际上为"uei"的省写，可见"隹"在现代通过类化仍然具有示音的功能，所以"隹"是类声符。有的声符不仅所代表的意义已经消亡，形体上还经过简化变形，但我们仍然能够通过类化发现它们的示音功能。又如"巠"，古代读"jīng"，表示直长的水波，现代已经没有这一用法，所以不能单用，作构件时简化为符号"圣"。孤立地看，"圣"在现代字系中无音无义，似乎很难视为声符。但如果将"轻""烃""经""泾""陉""径""颈""茎""痉""胫"等一系列字综合起来考察，就不难发现"巠"仍然携带着读音为"ing"的信息，可以作为类声符参与构成形声字。类似的情况还有"匀""戈"等。还有些类声符由现代还可以单用的字简化变形而成。如"揀"因草写在现代汉字中简化为"拣"，"柬"是可以单用的，而"东"却是一个不能单独使用的符号。单看"拣"字时"东"似乎无示音作用，但联系"炼""练"等字可知，"东"表示的读音是"ian"，因此我们认为"东"是一个类声符，可以作为声旁参与构造形声字。

　　无论是能单用而音、义不同者，还是不能单用而音、义不明者，这些义符或声符就个体来说已经失去表义和示音作用，但若三个以上[1]不同汉字的相同构件依旧能作义符或声符，我们就认为这些构件通过类化起着表义或示音的作用。由此可见，汉字的构形理据不是孤立的，而是成系统的，所以我们在分析和讲解汉字的构形理据时应该注意字与字之间的相互联系，不要顾此失彼、"独断独行"。

---

[1] 三个以上包括三个。两个虽然也可以视为"类"，但不排除偶然性的存在。为了增强可靠性，我们规定三个以上才算成"类"。

第四章　汉字职用的教学

　　汉字教学中，用字教学既是重点也是难点。每个汉字经过长期的使用，职能总会或多或少地发生变化，而职能的变化又会影响字词之间的关系，一字多用、一用多字现象非常普遍，字与义之间的交叉纠缠也很常见。此外，汉字还有游离于语言的表达功能，网络用字现象也为职用研究带来更多课题。所有这些现象都需要对学生进行一定的解释和引导，这样才能科学地指导学生用字，使之在不同的情境下能正确理解和使用汉字。

第一节 汉字的基本职用

一、汉字的本用与兼用[1]

（一）汉字的本用

所谓本用，就是甲字本为记录甲义而造，实际使用时也用以表示甲义的情况。为了便于称呼，我们把甲字叫作"甲义的本字"，把甲义叫作"甲字的本义"。字的诸多义项中，与本字构形理据直接相关的义项叫作"本义"，以本义为起点派生发展或与本义有联系的其他义项叫作"引申义"。本字的本用包括对本字本义及引申义的使用。

1. 本义与构形

确定本义是判断字符本用的前提。我们所说的本义，不一定是最早的或最基本的意义，而是义项中与字形密切相关的意义。判断时有三个要点：一是形义相关，二是历史上实际使用过，三是能够独立成为义项。试看下面的例子。

"目"字甲骨文作""、金文作""，象眼睛之形，历史上确实使用过眼睛之义，如"目不转睛"。因而"目"的本义是眼睛，本字是"目"，"目不转睛"中用取象眼睛的"目"字形来表示眼睛的含义，这就是本字的本用。

"本"字在《说文解字》中解释为："，木下曰本。从木，一在其下。"其中"木"象树形，用标志符号"一"（甲骨文和金文中有时用三点）标示该字的意义所在，即树木的根部。"根本"一词正是用同义语素合成的词，根就是本，本就是根。

"扁"字的小篆字形作""，从"户"从"册"。《说文解字》中解释为："扁，署也。从户册，户册者，署门户之文也"。《后汉书·百官志五》中有这么一句："皆扁表其门，以兴善行。"这里的"扁"使用的就是本义。

"题"字《说文解字》："题，额也。从页，是声。"本义指额头。《史记·赵

---

[1] 参考李运富《汉字学新论》（北京师范大学出版社，2012年版）第八章第一节。

世家》中"黑齿雕题"就是这种用法。"题"的字形与额头的含义有内在联系：义符"页"本为人头，声符"是"带有"ti"的语音信息，是类声符。

从上面的例子可以看出，本义与字形有密切联系，但不能把字的构形意图等同于字所要表示的含义。我们应该这么理解，字形分析中结构理据表现出的是"造意"，而结构理据所反映的含义叫作"实义"，也就是本义。[1]

汉字据义构形，所以造意与本义通常是一致的，这就是所谓"形义统一"原则。上面列举的例子都符合这一原则。再如"涉"字从"水"从"步"，表示"在水中步行"的造意，而"爬山涉水"中的"涉"使用的也是在水中步行的本义；"崇"字从"山""宗"声，"宗"有高远义，故其造意为表现"山大而高"（《说文解字》："崇，嵬高也。"），"崇山峻岭"用的正是山大而高的实义。

但造意与实义毕竟不是同一概念，两者虽密切相关，却也有不一致的时候。这时候就需要严格区分，以免误将造意当实义。例如"大"的古文字象正面站立的人形，"高"的古文字形象墙台上的亭阁，但它们的实义并非人和亭阁，而是指正面而立的人形和墙上亭阁具有的某种特征：大小的"大"和高矮的"高"。再如"又"，象右手之形，而实际使用时"又"却不表示右手。凡此都说明造意不等于实义。《说文解字》专门讲解字的本义，但其中也有一些讲解的是造意而不是实义，要想得出本义还得经过抽象概括。例如该书中对"麈"的解释为"麈，鹿行扬土也"，解释的是造意，但在使用时"麈"一直作"尘埃""尘土"的含义，并不专指鹿扬起的尘土，"鹿行扬土"只是"尘土"义的形象化，取鹿而不取其他，是古代狩猎生活的反映，鹿扬之土只是尘土的一种表现形式而已。

"造意只能解释文字，实义才能解释词句。造意与实义之间，不是引申关系。段玉裁《说文解字注》常把造意与实义的关系说成引申，是不妥当的。因为造意不是字的某个独立的义项，只是某个义项适应文字造形需要而进行的形象化处理。"[2] 也就是说，造意属于构形系统，而实义属于职用系统。汉字的职能是在使用中体现的，所以我们通过字形

［1］ 王宁.训诂学原理［M］.北京：中国国际广播出版社，1996：43-45.
［2］ 王宁.训诂学原理［M］.北京：中国国际广播出版社，1996：44.

寻求字符的本用职能时一定要以实义为根据，要有文献的实际用例才能算数。例如"莫"的古文字形作"茻""茻"，象日在草或木中，表示太阳处于草木之中（也就是接近地面位置）的时辰，但这个不确定的时间意义只是字形造意，符合这一造意的可以是傍晚黄昏，也可以是黎明日出的时候。实际使用中，"莫"常用来表示黄昏，却从不表示早晨，所以只有黄昏的义项才是"莫"的本义。可见字形是确定本义本用的必要条件，但不是充分条件。只有字形分析与文献用例相印证，才能确定本义。

那么，造意是不是有了文献用例就可以视作本义呢？也不见得。因为文献所表示的意义需要看具体语境，不一定具概括性的独立义项就是本义。例如"牢"字在甲骨文中或从"羊"，或从"马"，或从"豕"，而文献用例有时候也确实是指羊圈、猪圈或马圈，如"亡羊补牢"的"牢"当然是针对羊圈而言。那么能不能说从"宀"从"羊"的字本义是羊圈、从"宀"从"豕"的字本义是猪圈、从"宀"从"马"的字本义是马圈，而"牢"的本义是牛圈呢？当然不能。因为从"牛"或从"羊"只是造字时对构件的选择不一样，找了不一样的牲畜作代表而已，其实这些字记录的是同一个含义，文献中所表示的羊圈、牛栏之类的意义只是语境义，并没有独立作为义项的资格。"láo"这个字的本义应该概括为圈养牲畜的棚栏。只有具有概括性和独立资格的实际义项，才能算作本义。

2. 一字多本义现象

既然我们把与字形相关联的、具有概括性的实义当作本义，那么如果使有多个义项都与字形直接相关，这些义项都应该看作该字的本义。一个字只有一个本义，但也有一字多本义的情况存在。

"雨"字甲骨文作"雨"，由象征天幕的横画和雨点会合而成。从字形分析来看，这个字既可以表示雨水自天而降，也可以表示自天而降的雨水。从文献用例看，这两个意义都是实义。作动词表降雨义如《诗经·小雅·大田》："雨我公田，遂及我私。"作名词雨水义如《诗经·小雅·甫田》："以御田祖，以祈甘雨。"

"受"字甲骨文作"受"，由上下两只手（爪、又）和中间一个凡（盘）组合而成。从字形分析，既可以是上面的手拿着东西授予（交给）下面的手，也可以是下面的手从上面的手中接过东西。从文献用例看，授予义和接受义都是实义。《韩非子·外储说左上》中"因能而受官"用的是授予义，《诗经·大雅·下武》中"于万斯年，受天之祜"用的是接受义。

"从"字甲骨文作"𠫵"，由两个面朝左、前后相随的人形组合而成。从字形分析，可以认为是后面的人跟随前面的人，也可以认为是前面的人带领着后面的人。从文献用例看，带领和跟随两个义项都是实义。《史记·项羽本纪》中"沛公旦日从百余骑来见项王"的"从"为带领义。《论语·公冶长》中"道不行，乘桴浮于海。从我者，其由与"的"从"为跟随义。

"兵"字甲骨文作"𠬞"，由左右两手和一个表示斧头的斤字组合而成。从字形分析，可以表示拿在手里的斤（武器），也可以表示手里拿着斤的人（士兵），还可以表示手里拿斤的有关动作。但从文献用例看，"兵"字一般不用来记录握持、砍杀之类的动词，常用于表示武器和士兵，因而武器、士兵都可以看作"兵"字的本义。

"议"（繁体为"議"）字从"言""义"声，所表示的含义中只要跟言语直接相关，都可以算作"议"的本义。如商议、讨论、评论、议论等，很难说谁是谁的引申义，其实都应该是本义。表商议和讨论的用例有"上与公卿诸生议封禅"（《史记·孝武本纪》），表评论和议论的用例有"天下有道，则庶人不议"（《论语·季氏》）。

"体"字的形体结构有两种解释。一是从"人""本"声，作义音合体字，音"bèn"，表示愚笨。如《广韵·混韵》言："体，粗貌。又劣也。"《正字通·人部》："体，别作笨，义同。"毛奇龄的《越语肯綮录》："（体）即粗疏庸劣之称，今方言粗体、呆体，俱是也。"二是从"人"从"本"的义义合体字，音"tǐ"，表示人的身体，即"體"的简化异体。历史文献中这两个义项都独立使用过，且都与字形理据相合，因而都是"体"的本义。

"隻"字象"又"（手）持"隹"（鸟），也可以做出两种理据解释，即有两个本义。一如《说文解字》所释："隻，鸟一枚也。从又持隹，持一隹曰隻，二隹曰雙。"这是作量词"只"讲，音"zhī"。另一种解释是作动词"获"讲，音"huò"。罗振玉《增订殷墟书契考释》："此从隹从又，象捕鸟在手之形，与许书训'鸟一枚'之隻字同形。得鸟曰隻，失鸟曰奪。"李孝定的《甲骨文字集释》按语："卜辞隻字字形与金文小篆并同，其义则为获。捕鸟在手，获之义也，当为获之古文，小篆作獲者，后起形声字也。'鸟一枚者'，隻之别义也。"所谓"别义"实指另一种本义。马叙伦《读金器刻词》："隻为禽获之获本字。《说文》：'獲，猎所得也。'，乃此字义。字从手持鸟，会意。今《说文》训'鸟一枚也'，而雙训'鸟二枚也'，皆非本义，亦或非本训也。"这一说法中将获、只二义对立起来，只承认获为本义，而否定"鸟一枚"也是本义，这样解释似未显宏通。

上述各字代表了一字多本义的几种不同情况。"雨"的两个本义属于名动相依关系，"受""从"的不同本义属于对立统一的两个方面，"议"的不同本义反映了同一范畴内可能存在的多项内涵，其余各字反映了构件功能及其组合关系的多解性。另外，前面五字属于同一事物因不同侧重点而产生不同的本义，本义之间有着必然的音、义联系；而"体""隻"二字实际上是不同的含义共用同一形体，即所谓"同形字"，本义之间没有必然的音、义联系。

3. 一义多本字现象

一个字形可以联系两个以上的本义，一个含义也可以有两个以上的本字。本字即用来记录本义及引申义的字。根据同一义项构造的不同字形，即所谓"异构字"，都是所记含义的本字。异构字之间可能同时使用，也可能在不同时期使用，一般情况下没有必要区分。例如"泪—淚""裤—绔—袴""袜—帓—襪—韤"每组字都是为同一个含义而造，本用完全相同。有的字构形取意似有不同，实际使用却并无区别，这也属于一义多本字的情况，如前面所举甲骨文中的"牢"，或从"羊"，或从"马"，或从"豕"，表达的是同一含义，并非从"牛"的只记录牛圈义，从"羊"的只记录羊圈义，从"马"、从"豕"的专指马圈、猪圈，而是可以通用。牛圈、羊圈、马圈、猪圈等用法并不是"牢"各自独立的义项，而应该进一步概括为"关养牲畜的圈"，制造字符时从"牛"或从"羊"都只是任取一种牲畜作代表而已，由此产生的异构字都是该含义的本字。甲骨文中"牝""牡""逐"等字也有类似情况，都应该看作是同义项的异构字。

有时，几个不同的字形在用法上有分工互补的关系，但语言中这些不同的用法实际上仍属同一个含义范畴，因而也应该看作同一含义或语素的本字。如现代汉语中的“你”“妳”和“他”“她”“牠”就是如此，用字上分工互补，但使用上并没有分化为不同的字，因而它们属于同一义的不同本字。

有时一个本字由于兼有其他功能而另造新字加以分化，使得一个本义使用了不同的本字，我们把原来的本字叫“古本字”，后造的以分化为目的的本字叫“分化本字”。例如“莫”的本义是黄昏，是具有黄昏义项的“mù”的本字，但“莫”兼记无指代词和否定副词，为了区别黄昏义而另造“暮”字专用于黄昏一义。这样一来，黄昏这一含义就先后拥有古本字“莫”和分化本字“暮”两个本字。这两个本字通常情况下不会同时使用，但也可以同时使用。类似的字例有“它—蛇”“州—洲”“然—燃”“奉—捧”“益—溢”等。

有的本义很少使用本字，文献中多用通假字表示，后来又在通假字的基础上加义符另造本字以分化通假字的职能，两个本字都是为同一本义而造，这样先后形成的两个本字我们也将之归入古本字和分化本字的关系中，只是这一类型的古本字一般不兼有其他功能，因而大多逐渐变为死字。例如“猒”字，小篆作“”，从“甘”“肰”声，是具有满足义的“yàn”的古本字，文献中常借用“厭”（压迫）字表示，后另造分化本字“饜”，“猒”遂变成死字；甲骨文“”表示箭袋，文献中常借用“服”字来表示，后来干脆另造分化本字“箙”，原甲骨文象形本字遂成死字。古本字与分化本字的关系实际上也可以看作不同历史时期异构字的关系。

4. 记录引申义的本用

本字首先记录本义，同时也记录引申义。引申义与字形的联系可能比较远，但都与本义相关，也是本义自身固有的意义，所以用本字表示引申义自然也算本用。引申义不一定都是在本义之后产生的[1]，但是引申义必须在本义明确的前提下才能成立，没有本义也就没有引申义。

[1] 因为含义的产生早于字的形成，造字之前的意义系统我们也无法追究。字形成后所使用的意义也许是后出的，但由于与字形相关，我们仍称据义造形的含义为“本义”，称与本义密切相关的意义为“引申义”。

下列文例中，加［　］号的字都记录引申义：

彼［节］者有间而刀刃者无厚。(《庄子·养生主》)

既东［封］郑，又欲肆其西［封］。(《左传·烛之武退秦师》)

肉食者谋之，又何［间］焉。(《左传·曹刿论战》)

所谓纲举则目张，振裘在挈［领］。(《论语·稽求篇·为政以德》)

如此者，其家必日［益］。(《吕氏春秋·贵当》)

"节"的本义为竹节，此引申为动物的骨节；"封"的本义是培植，此处引申为边境、国界；"间"的本义是门缝，此引申为参与；"领"的本义是脖颈，此引申为衣服围绕脖颈的部位；"益"的本义是满溢，此引申为富裕。以上这些用法都属于本用。

（二）汉字的兼用

字义引申如果伴随本字读音或字形的变化，派生出的新含义可以另造新字记录，也可以沿用本字来记录。例如"朝"字的本用是记录早晨这一含义，后来派生出两个新的义项，一是表达早晨涨潮的"潮"，一是表达早晨朝拜的"朝"，读音都发生了变化。但表达涨潮、潮水的含义另造了新字"潮"来记录，而表示朝拜、朝廷的新含义却仍用表示早晨义的本字"朝"来记录。沿用源本字记录引申义属于本字的兼用，也称"同源兼用"。又如长短的"长"引申为生长的"长"（植物生长以枝、茎、叶的增长为标志，动物生长以增加身高或身长为特征），读音由"cháng"变化为"zhǎng"，这就意味着派生出了新含义，但并未另造新字，而是兼用源本字来记录引申义，即字符"长"除了记本义长短的"长"，还兼记引申义生长的"长"。类似的兼用字例还有衣冠的"冠"与冠军的"冠"，流传的"传"与传记的"传"，音乐的"乐"与快乐的"乐"等。

其实不只是读音不同才是兼用，许多引申义并没有改变源本字读音，人们习焉不察，还以为是本用，但严格来说还是本字的兼用。例如"与"原为动词，后虚化为介词，又虚化为连词，再虚化为助词。虚化也是一种派生，它们不再是同一个含义，但源本字读音和字形都没有变化，一个字符"与"记录了意义相关的几个含义，这就是文字的兼用。

引申义与本义间有派生联系，既然记录引申义属于字的本用，那么把兼用看作一种本用也不是不可以，可视为广义的本用。

二、汉字的借用与误用

（一）汉字的借用

有些含义由于没有为它专门造字，只能借用音同或音近的字来记录它；或者有本字而不用，却借用音同或音近字来记录它，这两种情况下被借用的字都称为"借字"。这些含义与借字的构形理据并不相关，可以称为"他义"或"借义"。借用不仅包括他义的本义，其引申义也能算作借用。所以就他义来说，也有本义和引申义之分，而就借字来说，它被借用记录的义项都是借义，不管是他义的本义还是引申义。

汉字的借用以音同或音近为条件。判断音同或音近的标准应该以借字的音系为依据，但由于语音的演变，后世沿承使用的借字读音不一定相同或相近。从理论上说，凡是音同或音近的字都可以借用，实际上是否真的借用要从文献和使用的实例中去考察，不能想当然。我们今天讨论汉字借用现象的目的是解读古代文献，而不是要学会使用借字的手段。现代汉语中还存在不少借字，网络信息交流中也出现各种新型借字，所以需要从汉字借用的角度对今日的借用现象加以解释和引导。

根据借字所记他义是否有自己的本字，可将借用分为无本字的借用和有本字的借用两类。

1. 无本字的借用——假借

语言中原有某义，当需要用文字来记录的时候，不是根据它的意义创制专用字形，而是根据它的声音借用某个音同或音近的现成字，这种用字现象就是无本字的借用，也就是许慎在《说文解字》中所说"本无其字，依声托事"的"假借"，被借用的字称为"假借字"。

有些假借字往往久借不还，成为记录他义的专用字。

"戚"，本为具有斧头义项的字，被借用来记录亲戚一义。《孔子家语·困誓》："子路悦，援戚而舞，三终而出。"《史记·秦本纪》："法之不行，自于贵戚。"前例为本用，后例为借用。

"而"，本义为颔部的毛发，借用来记录连词。《周礼·考工记·梓人》："凡攫杀援噬之类必深其爪，出其目，作其鳞之而。"《战国策·赵策四》："入而徐趋，至而自谢。"前例为本用，后例为借用。

"须"，本义为面部的胡须，借用来记录必须一义。《新唐书·窦怀贞传》："宦者用事，尤所畏奉，或见无须者，误为之礼。"《汉书·冯奉世传》："不须复烦大将。"前例为本用，后例为借用。

"为"，本义为作为、做（某事），借用为一种介词。《书·金縢》："为坛于南方，北面，周公立焉。"《庄子·养生主》："庖丁为文惠君解牛。"前例为本用，后例为借用。

以上借用字不管其本用与他义是否同时存在，也不管其本用是否另造本字，都始终用以记录某一固定的他义，实际上是为没有本字的他义配备了一个专用字符。正因如此，有人认为假借是借音造字的方法，可以称为"音本字"。但我们更倾向于把假借看作一种用字现象。因为假借并不产生新的字形，而且相当多的假借字后来补造了本字，归还了借字，可见古人并不认为假借字就是记载他义的本字。补造本字的例子如下。

"胃"的本用是肠胃，借用为言说的"谓"。《韩非子·五蠹》："民食果蓏蚌蛤，腥臊恶臭而伤腹胃，民多疾病。"《长沙楚帛书·甲篇》："是胃孛"，"是胃乱纪亡"，"是胃德匿"。前例是本用，后例是借用。后来补造了"谓"作为言说一义的本字。

"辟"，本用指刑法，借用为譬喻的"譬"。《盐铁论·周秦》："故立法制辟，若临百仞之壑，握火蹈刃，则民畏忌而无敢犯禁矣。"《墨子·小取》："辟也者，举他物而以明之也。"后来补造了"譬"作为记录譬喻义的本字。

"采"，本用是采摘，借用为彩色的"彩"。《诗经·周南·关雎》："参差荇菜，左右采之。"《礼记·月令》："命妇官染采。"后来补造"彩"作为记录彩色义的本字。

从理论上说，一切音同或音近的字都可能成为借字，那它就可能拥有数十上百个本字，但在实际使用中并不会这样。事实上，不少含义确实同时或先后借用过几个音同或音近的字，但这些字不可能都是有意"造"出，也不可能随便哪个音同或音近字都是"音本字"。例子如下。

"女"，本义为女性，借用为第二人称代词，如《诗经·魏风·硕鼠》："三岁贯女，莫我肯顾。"后来一般不再借用"女"字，而另借"汝水"的"汝"字作第二人称代词，如《世说新语·排调》："昔与汝为邻，今与汝为臣。"

"可"，本用为认可、许可的"可"，借用为疑问代词"何"。"何"字本义为负荷，表疑问代词也属于借用，如《论语·颜渊》："内省不疚，夫何忧何惧？"

"泉"，本义为泉水，借用为货币，如《管子·轻重丁》："凡称贷之家，出泉参千万，出粟参数千万钟。"钱，本义为农具，亦借用为货币，如《国语·周语下》："景王二十一年，将铸大钱。"韦昭注："钱者，金币之名，所以贸买物，通财用者也。古曰泉，后转曰钱。"

"皮"，本义为皮革，借用为第三人称代词，如《马王堆汉墓帛书·老子甲本·德经》："故去皮取此。"彼，所记本义不明，从"彳"，所以当与行走相关，《说文解字》训"往有所加也"，然尚缺书证。文献中的"彼"也多借用为第三人称代词，《左传·庄公十年》："彼竭我盈，故克之。"

"犹豫"中的"犹"所记本义为犹狖，"豫"所记本义为大象，合并借用来表示迟疑不决义的双音词"犹豫"，如《楚辞·离骚》："欲从灵氛之吉占兮，心犹豫而狐疑。""犹豫"一词又可借用"犹预""犹与""由豫""由与""容与"等字来记录，《辞通》《骈字类编》等书中有许多使用案例。

另外，一个字也可以同时或先后被几个义项借用，这种情况下也不应该把该字形看作几个义项的"音本字"。

"之"，本义为往，动词。"之"也可借用为代词，如《诗·周南·关雎》："窈窕淑女，寤寐求之。"又可借用为连词，《左传·成公二年》："大夫之许，寡人之愿也。"又可借用为助词，《孟子·梁惠王上》："天油然作云，沛然下雨，则苗渤然兴之矣。"

"其"，本义为箕，名词。可借用为代词，如《论语·卫灵公》："工欲善其事，必先利其器。"或借用为副词，《左传·僖公十年》："欲加之罪，其无辞乎！"或借用为助词，《诗经·秦风·小戎》："言念君子，温其如玉。"或借用为连词，唐韩愈《祭十二郎文》："呜呼！其信然邪？其梦邪？其传之非真邪？"

音义具有联系的同源义项如果都没有本字，也可以借用同一个或不同字形。前者如"困难"的"nán"借用鸟名的"难（難）"记录，"困难"引申出的"灾难"一义，读音变化为"nàn"，没有另造新字。后者如表示否定意义的"不"、"弗"、"母"（后造专用字"毋"）、"勿"、"否"、"非"、

"靡"、"莫"、"无"、"亡"、"没"、"别"等字含义应该同出一源，至今没有本字，分别借用了不同的字形来记录，这些字当然都不是特意为它们所造。

2. 有本字的借用——通假

某义本来已有为它所造的本字，但有时会借用另一个音同或音近的别字来表示，这就是有本字的借用。为了跟无本字的借用相区别，一般称有本字的借用为"通假"，被借用的字称为"通假字"。

通假字是针对有本字而言的，没有本字就无所谓通假字。若原本通常使用的字并非本字，那么后替代、借用的字也不宜当作通假字。例如前面提到的记录第二人称代词的"女"与"汝"，虽然后世文献大都以"汝"代"女"，但由于"女"本身就是借用，所以"汝"不是"女"的通假字，两个字都应该是假借字。也就是说，如果某义通常借用甲字记录，偶尔借用了音同或音近的乙字，那么偶尔借用的乙字就不是通假而是假借。例如《孟子·公孙丑上》："以齐王，由反手也。""由"表示譬况之词，通常用"犹"字，所以有人认为"由"是"犹"的通假字。但"犹"的本义是犹猢，因而"由"也只能算作"yóu"的另一假借字，而不是通假字。

本无其字而假借，是不得已而为之。可既然有本字，为什么不用本字而要用通假字呢？这里面的原因很复杂，主要有以下几种。

（1）因习惯或有意存古

有些时候虽然后来补造了本字，但由于此前人们已经用惯了假借字，所以即使新造了本字，人们也不自觉地沿用原来的假借字，甚至有意仿古而故意使用原来的假借字。本字补造后，这些假借字实际上也就转化成了通假字。例如："采"和"寀""綵""彩""睬"。后面四个字先秦时代还没有产生，它们所代表的义项都是假借采摘的"采"字记录的。本字产生以后，仍然有借用"采"字来记录的情况发生，这就是习惯或仿古所致的通假。"寀"字可见于《说文解字》新附和《尔雅》中，表示封邑采地，而《风俗通·六国》中"封熊绎于楚,食子男之采"仍借用"采"字。"綵""彩"可见于《玉篇》，而唐刘肃《大唐新语·极谏》中的"太宗曰：'善。'赐采三百疋"仍用"采"为"綵"代指彩色丝织品。《明史·文苑传·孙蕡》

中的"诗文援笔立就,词采烂然"仍用"采"为"彩"来代指文采。"睬"于明代的《字汇补》已可见,而《儒林外史》二十七回中"王太太不采,坐着不动"仍用"采"为"睬",表示理睬。

后造的本字与原借用字混用而导致的通假现象在汉字使用中占有相当比重,即便是在现代成语中依然保留着一批通假字,尽管人们已经知道它的本字,但仍然照用不改。如"流言蜚语"中的"蜚"本字应作"飞"而一般不改用"飞","内容翔实"的"翔"本应作"详"而首选用"翔","发聋振聩"的"振"本字应当是"震"而习惯上仍然保留通假的"振"。

（2）为了某种特定目的

有的可能是为了简便,特意选用笔画少容易写的音同或音近字。如《诗经·鄘风·柏舟》:"之死矢靡它。""矢"的本字当用"誓"。《商君书·错法第九》:"法无度数而治日烦,则法立而治乱矣。""烦"的本字当用"繁"。通假字"矢""烦"比本字"誓""繁"笔画更简单,容易书写。上面提到的补造本字后仍借用假借字的现象,除了习惯和仿古的意识外,简便恐怕也是一个原因。现代的汉字简化也有通假现象,如用"后"取代"後",用"余"取代"餘",用"斗"取代"鬬"等,都是以简便为目的。

有的可能是为了避讳或出于委婉、典雅等修辞需要而特意选用别的音同或音近字。如"屎""尿"二字,早在甲骨文中就已产生,其形象是人拉屎撒尿的写意图形。由于象形字的直观图像给人感觉不太雅观,所以古书中很少直接用本字,往往借用"矢"字和"溺"字代替。后来字形虽然不再象形,而通假已经成习。《史记·廉颇蔺相如列传》:"廉将军虽老,尚善饭,然与臣坐,顷之三遗矢矣。""矢"通"屎"。毛泽东的诗词《送瘟神》"千村薜荔人遗矢,万户萧疏鬼唱歌"也保留了这种用法。《庄子·人间世》:"夫爱马者,以筐盛矢,以蜃盛溺。"《史记·扁鹊仓公列传》:"中热,故溺赤也。"这里的"溺"都是"尿"的通假字。用"矢"代"屎",用"溺"代"尿",显然都是为了避免不雅。旧时代卖旧衣服的衣铺都把"故衣"写作"估衣"避免不吉利,因为人死了可以称"故","故衣"容易让人联想起死人的衣服。也有刻意追求典雅而用通假字的,如古代诗文有用"棣"代"弟"的现象,后人的信札中也常把"贤弟"写作"贤棣",除了声音近同的通假条件外,显然与《诗经·小雅·棠棣》是一篇赞扬兄弟友爱的诗篇有关，通假的同时暗含了典故。表示尊敬，主动避讳改用别的字也是用通假字的一个原因。如以"邱"代"丘"，是为了避圣人孔丘的名讳，以"元"代"玄"，是为了避康熙皇帝玄烨的名讳等。

有的可能是为了分化高频多功能字、区分形近字而故意选用低频少功能、区别度比较大的音同或音近字作替代。如"何"的本用是表示负荷，同时又借用为疑问代词，且作为疑问代词的使用频率极高，大概因为这一原因，人们在记录负荷一义的时候更多地借用出现频率不太高的"荷花"的"荷"以便让"何"能比较专职地作为疑问代词。上文提到的假借字有的在长期使用中已成为固定字符而通行。既然已经有了固定的假借字符，为什么后来又要再假借别的字呢，其中一部分原因可能与职能的多少和使用频率的高低有关。如第二人称代词"rǔ"先是借用"女"字，后来另借了一个笔画多的"汝"，恐怕就是因为"女"字常用作男女之意，容易发生混淆，而表示专名汝水的"汝"功能单一，使用频率又不高，借它来取代"女"字作代词，两个字的职能配置和使用频率就比较平衡了。如果本字的形体易与他字混淆，也可以借用区别度大的音同字、音近字或另造本字代替。如先秦以来用"方"代"囗"，用"員"代"〇"（后另造"圆"），用"四"代"三"，用"左""右"代"ナ""又"等。秦人曾以"尊"代尺寸之"寸"（见商鞅量铭文及睡虎地秦简《日书》）。唐代前后的量词多以"斞"代"斗"、以"勝"代"升"。这些通假字都比原字笔画多，但胜在区别度大，不易产生混淆或发生误解。

（3）因不知本字而借用

高亨说："文字既多，人不能全数识别，亦不能全数记忆，当其人撰文之时，某事物虽有本字，其人或竟不知，或知之而偶忘，自不免借用音近之字以当之。况古代经传，多由先生口授弟子，弟子耳闻之，手书之，依其音，仓卒之间，往往不能求其字之必正，但求其音之无误而已。郑康成曰：'其始书之也，仓卒无其字，或以音类比方假借为之，趣于近之而已。'（《经典释文·叙录》引）。"[1]这就是今天所说的写别字。不过古人所写的别字往往相沿成习，不必规范，和今天写错别字须纠正有着本

---

［1］高亨. 文字形义学概论［M］. 济南：山东人民出版社，1963：261.

质的不同。写别字固然是造成通假字的主要原因之一，但究竟哪个通假字在不知道本字的情况下借用却很难断定。

　　音同或音近字之间的通假借用大多是单向的，但也有双向的。所谓"双向"，即甲字可以借用来记录乙字的本义，乙字也可以借用来记录甲字的本义。《说文解字》释义："修，饰也。从彡，攸声"，"脩，脯也。从肉，攸声"。可见"修""脩"二字的本义不同，但读音相同可以互借。唐代封演的《封氏闻见记·第宅》："宰辅及朝士当权者，争脩第舍。"明代冯梦龙的《古今小说·赵伯昇茶肆遇仁宗》："我脩封书，着人送你同去投他。"这两个"脩"都用作动词，分别为修建、写作的意思，是"修饰"的引申义，其本字当用"修"。清代吴敬梓的《儒林外史》第五十五回："有个人家出了八两银子束修，请他到家里教馆去了。"清代蒲松龄的《慈悲曲》："书修多添两吊钱。"这两例中的"修"都是指送给老师的薪金，乃《论语》"束脩"的引申用法，本字当作"脩"。

　　除了"双向"，还可能发生"多向"关系，即一个假借字可以为多个义项借用，一个义项也可以用多个通假字来记录。例如前面提到的"采"在补造分化本字后，仍然可以代替"寀""綵""彩""睬"等字使用，实际上就是充当了多个本字的通假字。再如"匪"字，本义指筐，《周礼·春官·肆师》"共设匪瓮之礼"是其本用，后有分化本字"筐"。除本用外，"匪"可以通假为"非"，表否定（《诗经·卫风·氓》："匪来贸丝，来即我谋。"）；可以通假为"彼"，作指示代词（《诗经·小雅·小旻》："如匪行迈谋，是用不得于道。"）；可以通假为"斐"，指有文采（《诗经·卫风·淇奥》："有匪君子。"）；可以通假为"分"，当分配讲（《周礼·地官·廪人》："掌九谷之数，以待国之匪颁、赒赐、稍食。"）；可以通假为"騑"，重叠为"匪匪"，形容车马行进的状态（《礼记·少仪》："车马之美，匪匪翼翼。"）。

　　上面提过假借多个字记录同一个义项的情况，通假字也有这种现象，而且更为普遍。例如具有"刚刚""仅仅"等含义的副词"cái"，其本字当用"才"。由初始义可以引申出刚才、仅、只等义。文献中有的使用"纔"来表示（《汉书·晁错传》："远县纔至，则胡又已去。"），有的使用"财"字表示（《汉书·杜周附孙钦传》："高广财二寸。"），有的使用"裁"字记录（《汉书·王贡两龚鲍传》："裁日阅数人。"）。

把借用分为"假借"和"通假"两类有一定的理论价值，但不少义项是否有本字，以及本字究竟产生在借字之前还是之后，实际上很难考证清楚，非要确定每个借字是假借还是通假也并无必要。因此，如果不是做文字学理论研究，一般情况下可以不必区分假借或通假。在实际文献解读中，只要知道借字与义项间的关系以及义项与字形有没有联系就可以了，至于它有哪些义项、是否另有本字、本字先出还是后出等，如果不是特别需要，可以暂时不管。这样处理起来就会简单容易一些。

（二）汉字的误用[1]

汉字的误用就是汉字使用中写错字或别字的现象。造成汉字误用的原因主要有以下几种。

1.因字形相近而误用

形近字就是形体近似的汉字，这些汉字看起来相像，但实际上是读音和意义完全不相同的两个汉字。形近字并不是现代汉字特有，古代汉字中也存在。古人对形近字早有注意和研究，因形近而致误的例子也多有记载。例如《吕氏春秋·察传》记载："子夏之晋，过卫。有读史记者曰：'晋师三豕涉河。'子夏曰：'非也，是己亥也。'夫'己'与'三'相近，'豕'与'亥'相似。至于晋而问之，则曰：晋师己亥涉河也。"《聊斋》中有这样一则故事，两个狐狸精给一位书生出对子："戊戌同体，腹中止欠一点。"书生对不出。狐狸精自己对成："己巳连踪，足下何不双挑。"故事虽然是虚构的，却反映了汉字中形近字的存在。形近字是方块汉字形体结构方面的一个重要特点，给人们识读和书写汉字造成混乱，同时也是汉字学习者容易失误的地方，因此是学习的重点和难点。

2.因同音或音近而误用

在7000个通用汉字中，能区分声调的音节为1200多个，平均每个音节负载汉字5.8个，同音字众多已成为汉字的显著特点。同音字不仅给人们的口语交际带来一定的障碍，也是书面汉字误用的重要原因。

（1）同音字的种类

同音字按照形体相似程度区分为同形同音字和异形同音字。其中同

---

[1] 参考李香平《汉字教学中的文字学》（语文出版社，2006年版）。

形同音字是指两个字的字形、音完全相同，而彼此所表示的意义无直接关系。过去辞书中的同形同音字往往分列不同的字头，但在商务印书馆第十版《新华字典》中，已将同形同音字看作同一个字，只是分列不同的义项。

其实，对汉字学习产生重要影响的是异形同音字，根据形体、意义的相似程度，可以分为如下两类：

①形体不相似的同音字，例如："制—治""像—相""再—在"等。

②形体形似的同音字，根据偏旁的形似关系又可分为如下三类：

第一类，声符发音即成字发音的形声字，如"采—彩""度—渡""分—份""复—覆""象—像"等。

第二类，声符相同而形符不同的形声字，如"弛—驰""辨—辩""措—错""璜—潢""晖—辉""记—纪""经—径""副—幅""腊—蜡""朦—曚—矇""呕—怄""儒—濡""锁—琐—唢""帖—贴""唯—惟—维""晰—皙""消—销""震—振""姿—恣"等。

第三类，声符不同形符相同的同音形声字，如"混—浑""捡—拣""徇—循""涛—滔"。

（2）同音字易误的原因

同音字数量虽多，但在阅读和写作中，并不是所有同音字都会发生别字现象。容易出现同音别字的字主要有如下几个特征。

第一，形体相似程度较高，有相同的声旁。如"练—炼""载—栽"，两个字之间形体相近，读音也相近，因此容易混淆。

第二，能够使用相同的语素构成合成词。如"查—察"，二字都可以构成以下双音合成词："查访—察访""查看—察看""检查—检察""考查—考察""审查—审察""侦查—侦察"。这些双音合成词读音完全相同，且另一个语素及其用字也相同，因此极容易用错。

第三，在某些意义或用法上可以通用，其他地方则不能混淆，导致同音别字。如"趁—乘"，二字读音不完全相同，一个前鼻音，一个后鼻音，由于口语中前、后鼻音分辨不清，一般也看作同音字。二字的用法和意义本不相同，只是在表示利用（时机、机会）这个含义时，可以通用，如"趁机—乘机"、"趁便—乘便"，但在其他情形不能混淆。又如"词—

辞"，在"措辞—措词"中可以通用，在其他地方则不能通用。又如"含—涵"，在"含义—涵义"中意义相通，而在"包含—包涵"中则意义迥异，不能混淆。

第四，字义有关联之处。如"哀—唉"，其中"哀"有表悲痛之义，"唉"表叹息，二字意义存在一定的关联，所构成的词语"哀叹"意为悲哀的叹息，与"唉声叹气"意思相近，因此将"哀叹"误写成"唉叹"，或将"唉声叹气"误写成"哀声叹气"。

（3）同音字教学

同音别字现象在教学实践中受到汉字形体、意义等多重因素的影响和制约，使得同音别字的纠正显得比较困难，需要我们在教学中特别注意。

在汉字教学的初期阶段，学生还不能完全掌握已学汉字的形、构、用，因而在书写汉字时常常用熟悉的同音字代替不太熟悉的字，造成同音别字。这时期的同音字教学重点是帮助学生建立职用（音、义）与形体、字形结构的联系。由字联系词，通过组词来区分同音汉字。教师一方面要有针对性地指出同音字的区别，如"园"是"公园"的"园"，"花园"的"园"，不是"圆圈"的"圆"；另一方面要有目的地安排组词练习让学生仔细区别两个同音字，逐步建立同音字相区别的意识。例如让学生在课堂上口头练习同音字组词，如"杨—杨树、扬—表扬""娱—娱乐、愉—愉快"，也可以让学生做书面的同音字组词练习。

汉字教学的中、高级阶段，同音别字体现出一定的倾向性，主要表现在形似同音字的混淆，有针对性地进行汉字形体分析对学生建立汉字形、构、用的联系就十分重要。例如"弛—驰""辨—辩"既是同音字也是同声旁形近字，分析形旁的表义作用往往能很好地辨析同偏旁同音字。因此，在汉字学习中、高级阶段，适当介绍汉字构形规律尤其是形声字形旁表义、声旁示音的规律是十分重要的。

无论是在初期还是中、高级阶段，教学中区分同音字往往都强调结合汉字形体来分辨，以形体联系字义区分同音汉字。如采用会意联想的方式，从形体的角度区分同音汉字。"从"和"丛"形体相似，只差一横。"从"字由前面一个人和后面一个人组成，可会意为一个人跟着另一个人，即"跟从""随从"的"从";"丛"字下面的"__"像是地平线,上面的"从"像是花草、树木,所以"丛"可以想象为长在一起的草木,即是"花丛""树丛"的"丛"。又如偏旁辨析也是常见的分辨法。同音字中有很大一部分是形声字,可以利用形旁表义的特点来区分同音字。例如同音字"棵"和"颗"都可以作量词,但"棵"是木字旁,和树木植物有关,所以一般用于"一棵树""一棵草";而"颗"是页字旁,原表示人的头部,后来人体中圆的部分或者颗粒状的东西也用"颗",如"一颗心""一颗子弹""一颗宝珠"。"澡""噪""燥""躁",通过偏旁可以区分洗澡的"澡"、噪音的"噪"、干燥的"燥"、急躁的"躁"。

能够从形体的显性差异来区分读音相同、意义不同的同音字还不算是教学的最难点。形体之间并无相同之处,隐性的意义、构词上互有纠结,能与其他语素组成同音词的同音字才是汉字教学的难点。例如"应""映"二字,读音相同,形体不同,意义也有别,但二字都可与"反"组成合成词"反应""反映",都可以作名词、动词,在句子中的句法功能相同,教学中只能从字义及语境来辨别二词。"反应"指人或动物有机体因受刺激而发生的活动或变化。"反映"有两个含义,一是把客观事物的实质表现出来,一是向上级传达。例如"他反映了工作中存在的一些问题"与"他有什么反应"不能混淆。这类同音字的辨析需要由字到词,由词到句,通过一定的语境来分析两者在意义和用法上的差别。

总之,同音字教学要注意两个方面:一是析形,分析形体从而联系职用;二是别义,通过组词造句区分职用的差别。此外,同声旁字族教学法也是有效区别同声旁同音字的好方法,教师可考虑在汉字教学中采用。

(三)汉字误用和借用的区别

从以上分析可以看出,汉字误用有两类:一类是形近字误用,一类是同音、音近字误用。需要说明的是,误用与借用之间是有所区别的。

首先,借用是约定俗成的、被认可的,而误用是个人行为,不被它人认可。借用可以分为"本无其字"的假借和"本有其字"的通假。"本无其字"的假借,也有人称之为不创造新字形的造字,这种借用往往久借不还,成为约定俗成的借字,如代词"其""之"等。"本有其字"的通假字也是约定俗成的通用字，如"蜚声中外"的"蜚"本字当作"飞"，"蜚"是通假字，但该成语的规范写法却是使用通假字"蜚"，而不用本字"飞"。

其次，借用是因某种目的而有意为之，误用是没有特殊目的的用字错误。通假字如果是为了某种目的而有意为之，则不能算作误用。如"一饭三遗矢"中用同音字"矢"代替"屎"，用"溺"代替"尿"都是为了避免不雅；清代用"元"代替"玄"是为了避康熙皇帝的名讳。现代的网络用字中也有许多同音（音近）借用现象，如"斑竹"（版主）"鸭梨"（压力）"神马"（什么）"油墨"（幽默）"大虾"（大侠）"人参公鸡"（人身攻击）等，这些同音（音近）字的借用大都属于有意为之，以求达到新鲜别致、凸显个性、增强情趣等效果，所以通常也不算写别字。

总之，凡是非约定俗成，没有特别意图而无意识使用的、可能引起误解的同音（音近）字就算别字，是不规范的，需要改正。

需要特别说明的是，古书中的通假字，如果不是有意为之，本质上也是汉字的误用。这些误用有的源于作者用字的偶然疏忽，或"仓促无其字"而用同音字代替本字，有的则源于传抄过程中的讹误。这类"误用"很难判断，出于慎重，一般不随便更正，如有不通的地方非更正不可，也往往要在校注中说明。这样做的用意是为了保持版本的真实性，以便后人研究当时的用字现象和原意。

三、一字多用——多音多义字

现代汉语中，字与义的关系十分复杂，有时一个字可以记录多个含义，造成一个字具有多个读音和意义，形成一字多用即多音多义现象。用同一个字形表示几个读音和意义无疑节省了汉字数量，却也带来了汉字使用和解读的困难。

（一）多音多义字的成因

汉字多音多义的原因比较复杂，主要有如下几种成因。

第一，本字兼用记录派生的同源义，造成本字具有多个记录职能，从而成为多音多义字。义项经过引申发展到一定阶段，往往通过改变读音来区别引申义和本义。为了记录新产生的同源引申义，有的另造新字，有的不再另造新字而用原来的本字兼记。兼记使得本字具有多个记录职能，从而形成多音多义字，这种现象在古代被称作"四声别义"。如"朝"在表示早晨、朝阳时读为"zhāo"，在表示朝代、朝廷等义时读为"cháo"。"四声别义"其实还有区别语法的作用，如"好"作形容词时读作"hǎo"，作动词时读作"hào"。

第二，假借和通假造成多音多义字。假借和通假的用字方法使得借字在记录原义的基础上，还要记录他义，这样借字就成为多音多义字。如《左传·昭公二十五年》："戮力壹心。""戮"本义为杀，此指并力、尽力，本字当用"勠"。《史记·项羽本纪》："旦日不可不蚤来谢项王。""蚤"本义为跳蚤，此指时间早，本字当用"早"。其中的"戮"和"蚤"除了本用，还分别与"勠"和"早"通假，从而具有多个音义，成为多音多义字。

现代汉字简化过程中，也有用同音、近音字代替本字的情况，从而使某个字承担多个字的记录职能，成为多音多义字，如干（乾 gān、幹 gàn）、斗（斗 dǒu、鬥 dòu）、发（發 fā、髮 fà）。

第三，古今音变造成的多音字。汉语发展史中，语音的演变和发展是比较快的，上古有上古的语音系统，中古有中古的语音系统，同一个字的读音在不同时期会有变化，有的字保留了古音，有的则经过发展变化形成了新的读音。如作姓氏、地名与常用义时的异读，成语、文言词与常用义的异读等。"番"现代常用读音为"fān"，而在地名"番禺"中读"pān"，保留了古代的读音；"费"现代常用读音为"fèi"，但在地名"费县"中读"bì"，保留了古代的读音；"单"现代常用读音为"dān"，在姓氏和"单县"中读"shàn"，在"单于"中读"chán"，保留了古代的读音。

第四，方言与普通话共存，造成一字多音。普通话语音以北京语音为标准音，为了丰富词汇量，会从其他方言中吸取一些有表现力的词汇，这些吸收进来的词为了尽量保留地方色彩，往往也会改变字音。如"拆"本读"chāi"，在吸收吴方言"拆烂污"一词时，仿照方言读音选择了拟似音"cā"。

第五，口语和书面语分读，也叫"文白分读"。中古时期已有文读和白读两种，文读指读书时的发音，白读是口语音。文白分读的多音字，字义基本相同，只是在不同的语体中有不同的读音，如前面所举的"血"有两读"xuè"（书面语）和"xiě"（口语），又如"谁"有"shéi"和"shuí"二音。

第六，音译用字形成的多音多义字，如茄（茄子 qié、雪茄 jiā）、柏（柏树 bǎi、柏林 bó）。

第七，其他原因形成的多音多义字。联绵词中的某些字，如委蛇（wēi yí）；三音节或四音节中的某些衬字，如"热腾腾"（tēng）、"红不（bu）棱登"；某些感叹、语气用字是多音字，如"啊"有"ā""á""ǎ""à""a"五个音；"哟"有"yāo""yao""yōu""you""yō""yo"六个音。起区别含义或词性作用的轻声字还有非轻声读法，如"大意"有"dà yì"和"dà yi"两种读音；"了"在"没完没了"中读"liǎo"，"没了"中读"le"。

（二）多音多义字的类型与辨析[1]

多音多义字有的表示的是同一语素，有的表示不同的语素。前者如"壳"，在"鸡蛋壳儿""核桃壳儿"里读"ké"，在"甲壳""地壳"里读"qiào"，不同的读音表示的是同一个语素，都指坚硬的外皮。后者如"盛"，读"chéng"时是盛放、容纳的意思，读"shèng"是兴旺、丰富、热烈、深厚的意思，不同的读音表示不同的语素。

多音多义字的不同主要体现在词性、意义、用法三个方面，因此可根据类型的不同采取相应的辨析方法。

1. 词性不同，读音不同的字

难　nán（形容词）困难　难听　难受
　　nàn（名词）　灾难　苦难　难民

辨析方法：对这类多音多义字，主要从词性上辨别读音。如"难"作形容词时读"nán"，作名词时读"nàn"，可以通过词性来辨别读音。同样，"好"作形容词时读"hǎo"，作动词时读"hào"。"处"作名词时读"chù"，作动词时读"chǔ"。

---

[1] 参考李香平《汉字教学中的文字学》（语文出版社，2006年版）。

2. 意义不同，读音不同的字

看 {kān（动词）看门 看家（守护之意）

kàn（动词）看书 看电影（瞧、望之意）

辨析方法：对这类多音多义字，主要从意义上辨别读音。如"看"表示瞧、望义时读"kàn"；表监视、守卫、照料义时，读"kān"。又如"挨"表依次、靠近义时，读"āi"；表遭受、拖延义时，读"ái"。

3. 用法不同，读音不同的字

削 xiāo（单纯词）削果皮 削铅笔；xuē（合成词）削弱 剥削

血 xuè（书面语）血压 血脉；xiě（口语）流血了 吐了两口血

忒 tè（普通话）差忒；tuī（方言）风忒大

单 dān（普通词汇）单纯 简单；shàn（姓氏）姓单；chán（古匈奴君主）单于

辨析方法：对这类多音多义字，主要从用法上辨别读音。如"给"，单用读"gěi"，组成复音词时读"jǐ"；"血"用于书面语读"xuè"，用于口语读"xiě"；"仇"一般用法读"chóu"，用于姓氏读"qiú"；"番"一般用法读"fān"，用于地名读"pān"。

（三）多音多义字的教学

要让学生真正掌握常见多音多义字，可以从如下几个方面着手。

第一，以旧带新、以新串旧，不断复现、总结、归纳多音汉字在不同词语中的读音与用法。教学实践中，多音字往往以不同的读音反复出现在不同阶段的词语学习中，教师一般关注的是整个词汇教学，不会特意分析个别汉字的音、义情况。如果能在教学中有目的地联系含有多音字的已学词语，让学生学会对比、归纳、分析多音多义字，可以有效提高学生的辨别能力。

第二，有针对性地安排大量注音组词练习。多音多义字中的显性的多音元素和隐性的多义元素只有在特定的词语、句子等语境中才能凸显出来。因此，教学中有针对性地安排多音多义字的注音组词练习是非常必要的。

第三，关注学习后期出现的读音和使用范围较小的汉字。教学实践证明，学生总是对最先接触和使用频率较高汉字的形、音、义印象深刻。

表现在多音多义字学习上，学生容易将新学的和出现频率不高的字音误记为最先学到的、最常见的字音，造成误读和误用。教学中需要对后学的字音及出现频率不太高、使用范围较窄的字音特别关注。如有的人名、地名读音与常用读音不同，教师就要特别强调这些情况的特殊读音。

　　第四，多查字典，巩固记忆。利用字典中不同读音不同义项分开编排的特点，让学生在日常的查阅中学会提炼多音多义字不同读音所表示的意义、用法及使用范围，从而养成分音、义记忆的基础。

第二节　汉字的超语符职能

我们通常认为，文字是记录语言的符号，记录语言是文字存在的唯一理由，所以文字是语言的翻版，语言是第一性的，文字是第二性的，文字符号只有转换为对应的语言符号才能表达意义。但实际上文字具有超语符功能，至少汉字是如此。汉字的超语符功能不是指汉字本身的形体和结构在造字环境下的构意和含义，而是指在使用状态下的具体语言环境中表达了某些超出文字本义、引申义的内容，也就是语符链中的汉字含有相应语符无法传达的信息。这些信息不是来自语言而是源自汉字的形体，所以我们把它称为"汉字的超语符功能"。汉字的超语符功能主要通过笔画、构件、外形、变异形体来表现。

一、利用汉字笔画表达超语符信息

笔画是汉字的书写单位，理论上没有表达功能。但笔画有数量和形态，在汉字的实际使用中，有时会有意利用笔画来表达特定信息。

（一）用笔画数表数

明清时，商店出售商品要保证售价不低于底价，商品的底价是多少不能公开，售货人员为了心中有数，用非数字的汉字来表示，数汉字的笔画就是表数的方式。如使用"、""丁""丈""心""禾""竹""見""金""孩""唐"十个字分别是一至十个笔画，因此可以表示数字一至十。

（二）用多个字的笔画计数

如在中国、日本都流行打"正"字来计算数目，这里的"正"代表数字五，因为"正"共五笔。一个"正"是五，二个"正"就表示十，三个"正"就是十五，以此类推。日本还用过"玉"字来计数，笔画也是五笔。

"数九"是古人盼春的表现。明朝流行"九九消寒图"，如北京故宫养生殿就保存了一幅，上面"亭前垂柳珍重待春風"九个字都是九画，九个九画累积得八十一画，每日写一画代表农历冬至后一日日接近春天。

正如湖南《九九歌》所唱："冬至是头九，两手藏袖口；二九一十八，口中似吃辣；三九二十七，见火亲如蜜；四九三十六，关住房门把炉守；五九四十五，开门寻暖处。六九五十四，杨柳树上发青绦；七九六十三，行人脱衣衫；八九七十二，柳絮满地飞；九九八十一，穿起蓑衣戴斗笠。"

（三）用汉字的特殊笔画表数

旧时商界除了以字的笔画表数，有时也会借用汉字的某些特殊笔画或笔形来表数。如用"大""圡""田""東""里""春""軒""書""僵""籍"表示数字一至十，是因为字里依序各包含一至十个横画（包括横折的横）。又如用"由""中""人""工""大""王""夫""井""羊""非"十个汉字表示一至十，是看字中有几个"笔头"（露在主要结构外面的笔画），"由"字只有中间的一个竖画从上端出头，故代表一，"中"字的中竖画上下都出头，故代表二，"人"有上左右三端离开中心，故代表三，其余可依此类推。

（四）用汉字的笔画数代表某些字（词）

毛泽东曾用笔名"二十八画生"，这个"二十八画"代表的是繁体"毛澤東"二十八个笔画。而如果说某人"害了十八画病"，则是指"相思"病，因为"相思"二字加起来为十八画。又如有些地方骂人为"十三点"，"十三点"的来源有种种说法，其中一种说法是来源于汉字"痴"有十三画。

二、利用汉字构件表达超语符信息

汉字是由构件组构的一套符号系统，反过来说，汉字都可以按构件功能分解。分解出的构件，其功能是内含的，只与全字对应的语符相关，而不能作为独立的字符表达或记录语符，因而构件在理论上应该属于造字或析字系统，而不属于用字或语符系统。但是由于汉字构件的功能可解释，许多构件也可独立成字，所以在汉字的实际使用过程中，构件有时会被有意当作"字符"来使用，这时的构件并不是造字的构件，其功能也不再是担当参构字的理据。具有表意功能的构件通常有两种表现形式，一是构件隐含在语符链的字符中，二是构件转化为字符明显地串连在语符链中，它们都不直接表达相应语符的意义。

（一）构件隐含在字符中表达非语符信息

1. 全字表达语符义而构件暗示语境义

在早期的古汉字中，经常可见多个字形记录同一个含义，但不同的字形由于构件不同可以用来区别字在具体语境中的不同所指，这些异体字的书面表义比在语言上的表义更具体更丰富，溢出了一般的语言符号功能。比如与田猎、牲畜有关的卜辞中就大量存在这类现象，不同的语境中卜辞根据涉及对象的不同使用不同构件的汉字，从而产生具有专指意义的异体字。这些异体字作为语言符号的意义是相同的，但字中的不同构件会显示具体语境下与含义相关的一些细节信息。比如"牧"字表示放养牲畜，至于放养的是什么牲畜，得根据语境去判断。但卜辞会用从牛的"牧"形表示放养牛，用从羊的"牧"形表示放养羊，用从马的"牧"形表示放养马，对象信息非常清晰。表田猎追逐义时，甲骨文也存在从"豕"（   ）、从"犬"（   ）、从"鹿"（   ）、从"兔"（   ）等不同形体，它们最初也有区别不同田猎对象的功能，后来逐渐混而不分，仅使用"逐"的字形。再如记录捕鱼义的"渔"根据捕鱼方法的不同也有各种的形体，"   ""   "或"   "形都表示捕鱼。

现代汉字也有这种情况，如"他""她""它""牠"都是汉语中的第三人称，并未分化成不同含义，只是书面上能区分"他"字表达的是男性第三人称，"她"字记录的是女性第三人称，"牠"字用来指称动物，"它"字用来指称事物。同样，第二人称的代指也可以通过"你"和"妳"区分。

2. 全字表达语符义而构件暗含言外义

这种情况通常是为了某种特殊需要，把某个汉字加以改造，使其在记录本义的同时，通过新的构件暗含该本义之外与语境无甚关联的某种意义。据史书记载，唐朝武则天当皇帝时曾先后新造17个字，包括"曌"（照）、"商"（君）、"忠"（臣）、"圀"（国）、"生"（人）、"颪"（初）、"年"（年）等。这些字的本义都有相应字符，武则天另外造字显然不完全是为了记录语言，而是想赋予这些字符某些语言之外的含义，这些言外之意就是通过新的构件及其组合来实现的。武则天姓武名照，"照"字从"火""昭"声，"昭"又有明的含义，原本的造意也没有什么不好。但武则天想让世人知道，女人和男人一样都能当皇帝，君临天下的不应该只是男人，于是把"照"字改造为"曌"，以体现她的意图：日月当空照，日代表阳，象征男人，月代表阴，象征女人，日月（男女）地位是平等的。骆宾王特意写了一篇《为徐敬业讨武曌檄》，檄文中故意把"曌"又改造为"瞾"，"瞾"字上部从"瞿"。《说文解字》云："瞿，鹰隼之视也。"不由得使人想起夜鹰两只可怕的眼睛："👀"。显然这个字的构件改为鹰眼当空，意在比喻武则天像鹰隼一样凶残可怕，对武则天的不满溢于言外。再如"國"字原本外"囗"内"或"，外义内声，构意也十分清晰，武则天认为"或"与"惑"形音皆近，国内有惑而不详，于是另造"圀"，表示八方土地都归于统治。传说还有人建议武则天把"國"改为"圁"，以显示整个天下都是武家的，但是又有人说"圁"字暗含武困口中之意，犹"囚"字人困口中，大不吉利，于是献"圁"字者遭到斩首。其他武氏新字也在表本义之外暗含特殊的寓意，如"君"（𠕄）暗含"天下太平"或"天下大吉"意，"臣"（惡）暗含"忠于一人"意，"人"（𡉺）暗含"一生一世"意，"初"（𤫩）暗含"天下光明普照人间大地"意，"年"（𡐦）暗含"千千万万"意。这些寓意尽管比较隐晦，也不是语境中必须的含义，但只要留心观察字形包含的构件（有些构件稍有变形或共笔），就能体会出造字者和用字者的意图，因为这些主观"会意"式的构件组合与客观理据性的构件不一样，带有造字和用字者的主观愿望。

民间也有许多新造字用于一些特殊场合，如商场里经常见到的"小心弄手！"，其中的"弄"正字作"扒"，因为人们骂小偷为"三只手"，改为"弄"更能警醒人们提防"三只手"。又如"喜"字在结婚时往往写作"囍"，也是为了体现双喜临门、好事成双的心理和愿望。这些字在使用时也不仅仅是为了记录"扒"和"喜"，其暗含的言外之意不难意会。还有不少地名、人名、店名的用字往往也会利用构件间接传递本义外的某些意蕴。如一个人五行缺水，那么取名时一般会取"淼"之类含有"水"构件的字，缺火、土、金、木，则会取"焱""垚""鑫""森"之类含有相应构件的名字。命名用字除了寄寓五行相生的世界观外，还可以蕴涵其他美好的愿望，如人名中常用到的"喆"本是"哲"的异体字，但其包含两个"吉"构件，传达出父母希望孩子一生吉祥如意的愿望。又如一个卖鱼的商铺取名叫"晶晶众鱻鑫"，"晶晶"是店主的名字，"众鱻鑫"

是鱼店的名字，合起来除了表示店名外，还能传达出店主期盼很多人来店里购买新鲜的鱼从而致富的愿望。这个含义当然不是从店名传递的，而是从文字的构件透露出的信息。

3. 全字表达本义构件作烘托

这种情况主要见于利用字形做成的对联和诗句。某些对联除了音、义、语法的对仗外，更精巧的对联还会讲究字形之间的构件彼此呼应，以此烘托出某种特殊意趣，加深读者的印象。例如：

（1）烟锁池塘柳，炮镇海城楼。

（2）泪洒湘江流满海，嗟叹嚎啕哽咽喉。

（3）浩海汪洋波涛涌溪河满注，雷霆霹雳霭雲雾霖雨雰霏。

（4）远近达道逍遥过，进退连还运遇通。

例（1）据说是广东虎门的一副绝对，字符除了紧扣对虎门炮台的写意之外，更以上下联字符的构件中依次包含"火、金、水、土、木"，从而蕴含虎门炮台五行俱全而固若金汤的寓意。例（2）至例（4）则是上下联字符以同样的偏旁部首配成，目的在表义之外借相同的构件营造意境，增加视觉冲击感。例（2）是一位文人祭奠投江而死的屈原写下的句子，上联七字都包含表义构件"氵（水）"，让人联想起屈原投江和作者赋诗时因悲痛而泪流成河，下联七字都包含表义构件"口"，作者悼念时嚎啕大哭的场景跃然纸上。例（3）是某地海神庙曾悬挂的对联，以满眼的"氵""雨"传达出海神司雨水的职能，也寓意百姓祈求海神保佑风调雨顺。例（4）是流传至今的车马店名联，全部字符包含构件"辶"，既是车马店功能的写照，更给人以强烈的视觉冲击，寓意路路畅通、马到成功。

4. 全字虚表本义而构件表实义

有时字符所代表的本义并不重要，实际要表达的意义暗含在字符的构件上，构件的意义往往也并非原职能（有的笔画组合甚至不是独立构件），而是由用字者特意赋予某种解读方式表另一含义，这种表义方法常带有显示智巧的意味。比如古代商业界用"旦""竺""春""罗""吾""交""皀""分""旭""章"字形中包含的数字构件分别表示一到十。用"米寿"表示八十八岁，用"白寿"表示九十九岁，用"茶寿"表示一百零八岁等，都是利用字形构件或笔画的分合表示数字。又如：

（1）人饷魏武一杯酪，魏武啖少许，盖头上题"合"字以示众，众莫能解。次至杨修，修便啖，曰："公教人啖一口也，复何疑？"（《世说新语·捷悟》）

（2）嵇康与吕安善，每一相思，千里命驾。安后来，值康不在，喜出户延之，不入，题门上作"凤"字而去。喜不觉，犹以为欣，故作。（《世说新语·简傲》）

（3）传说和珅家里修造了一间亭子，想要大学士纪晓岚题字。纪晓岚灵机一动题了"竹苞"二字，和珅乐不可支，以为这里的题字是《诗经·小雅·斯干》："如竹苞矣，如松茂矣"的用典。谁知有次乾隆皇帝驾临和府，看到题字后哈哈大笑，说："这是纪晓岚嘲笑和爱卿家里不学无术，个个草包啊！"

对于例（1），一般人会从字面考虑，冥思苦想曹操写的"合"字与酪是什么关系，殊不知曹操是将想要表达的语意暗含在"人一口"三个构件上，杨修的过人之处在于将字符分拆成构件来理解其意，尽管"人一口"并非"合"的客观构字理据，但却符合曹操的用字之意。例（2）"凤"字包含"鸟""凡"两个构件，嵇喜不懂分拆字形构件，只将吕安"凡鸟"的骂人话反当成是赞语，此处"凤"字百鸟之王的含义只是虚用，用字者所要传达的实际信息由分拆后的构件表达。例（3）纪晓岚所要表达的实际信息不是"竹苞"二字或是其背后的文化典故，而是暗含在字符构件。这种表达方式一方面可使表达含蓄委婉、风趣幽默，如"凡鸟""个个草包"的例子经过字符的掩饰如同绵里藏针，嘲讽效果更加突出；另一方面可使汉字的运用富有趣味性，显示出用字者的智慧和文化素质。

有时，汉字的本义甚至可以虚到完全不表，纯粹通过构件传递语符之外的含义。例如：

（4）她勇敢地问，"喜欢我吗？"他回答了，但没有声音，也没有言语。……这种人类传统的接触，我们的天才的古典小说家英明地、冷静地、正确地描写成为："做一个吕字。"（周立波《山乡巨变》）

例（4）中的"吕"字与它通常表姓氏或音律的本用没有任何关联，只是利用"吕"字的形体结构"口对口"传达出男子亲吻了女子的意思，语句"做一个'吕'字"可以换个说法如"只做了个亲吻的动作"或"只吻了她",但为了表达得委婉含蓄,留给读者更多的想象空间,原文采用了"吕"的表达方式。

这种取字形构件表示言外之意的现象在现代的网络语言中异军突起,成为常见的用字现象。比如为了形容人数众多,人们用叠加"人"构件的方式直观地形容人山人海的场面。一网络媒体写了《北京车展最火展台直播:人从众众众众从人》一文,标题生动而形象地描述了某展台直播时人数暴增又渐渐消散的场面,达到语言直述无法做到的表述效果。

(二)构件串连在语符中表达非语符信息

上面所说的表言外之意的构件都处于字符内部,没有在语符链中单独出现,所以构件义与含义不对应,其表意功能是暗含的,需要读者根据文化背景或者语言环境去体会。也有本来属于某个字的构件出现在语符链中但不表示语符义或者表面上有语符义而并非实指的情况。这种情况大都带有游戏性质,不同于日常的语言表达。

1. 构件和含有构件的汉字共同出现

这种情况多见于利用字形离合关系做成的对联中,对联表面有完整的信息表达,其中暗含着构件的分离与组合,产生很强的智趣享受。例如:

(1)钼麂触槐,死作木边之鬼;豫让吞炭,终为山下之灰。

(2)冻雨洒窗,东二点,西三点;切瓜分客,横七刀,竖八刀。

(3)二人土上坐,一月日边明。

(4)人曾是僧,人弗能成佛;女阜为婢,女又可称奴。

例(1)中的"木边之鬼"就语符义而言是扣住"死"字说的,但同时又是前句"槐"字构件的拆分,或者反过来说"槐"是"木边之鬼"的组合。下联"炭"与"山下之灰"的关系同"槐"。例(2)中"东二点,西三点"既是对"冻雨洒窗"的景象描绘,也是对"冻""洒"二字构件的巧妙拆分:"二点"指构件"冫"(冰),"三点"指构件"氵"(水)。同理,"横七刀,竖八刀"既是对"切瓜分客"语境的描绘,也是对"切""分"二字形体结构的巧妙说明。例(3)是金章宗和李妃的对联,上联将"坐"字拆开,既是应景之作又符合构形理据;"日"与"月"组合得"明",

皇帝为"日"，妃子是"月"，月只有在日边才能拥有光辉，暗含的构件巧妙地应合了当时的人物关系。例（4）是苏小妹和佛印的趣联，表面上讲的是事理，暗地里巧含智趣，"人曾"组合为"僧"，"人弗"组合为"佛"，"女卑"组合为"婢"，"女又"组合为"奴"，这些构件和组合成的字都巧妙地镶嵌在句子里，既表语义，又显字趣。

这种离合文字构件的对联有时仅仅是为了游戏，不一定有实际意义，也有部分虽无实际义但仍可以按照语符理出符合逻辑的语句。例如：

（5）四维罗，马累骒，罗上骒下罗骑骒；

八牛朱，犬者猪，朱后猪前朱赶猪。

此例的"四维""马累""八牛""犬者"只是单纯对"罗""骒""朱""猪"四个字的形体拆解，与作为姓氏的"罗"和"朱"，作为动物的"骒"和"猪"都没有语义关联，但后句的"罗上骒下罗骑骒"和"朱后猪前朱赶猪"却是符合逻辑事理的语言表述，巧妙地呼应了前面的字形拆解。

2. 构件单独构成语句

如果将某字的构件转化为字符构成语符链，而与构件相关的字符却不在语句中出现，这时语句就带有字谜的性质，需要读者用点心思去猜解语句实际所指。语句中的字符表面上记录的是语符，有一个完整的语符链，也有明确的语义，实际是在分析某个字的形体，目的在智巧游戏，并没有什么语言价值。换句话说，字谜的谜面往往用某个字中拆分出来的构件（包括随意拆分出来的某个部件或笔画）组成语句，目的是为了扣谜底，而不是为了交流需要，所以语句中有些构件字符的功能是超语符的。例如：

（1）汨罗一大夫；十年枕戈不脱衣。

（2）见人就笑；有耳听不见。

（3）夫人莫入；拿不出手。

（4）给一半留一半；半真半假。

例（1）属"合成谜底法"，由两个以上的构件字符合成谜底字形，取谜面"汨罗一大夫"中的"汨""一""大""夫"为构件组合成谜底字"潜"，谜面"十年枕戈不脱衣"，取其中构件字符"十""戈""衣"组合成谜底"裁"字，这些构件都与各自对应的语符义无关。例（2）属于"谜底加字法"，谜底加上个构件所组成的字就是谜面给出的字。"见人就笑"，提示谜底加上"人"构件就成了"笑"字，由此得知谜底为"竺"，谜面中的"人"表示的并非是"人"的含义，而是"人"的字形，"笑"也是如此。"有耳听不见"是说谜底加"耳"构件就成为听不见的"聋"，因此谜底应为"龙"字。例（3）属"谜底减字法"，告知一字减去某一构件即可得出谜底。"夫人莫入"意思是在"夫"字的基础上减去"人"构件，得到谜底"二"，句中的"夫""人"与其对应的语符毫无关联，指的是"夫""人"这两个字形。"拿不出手"指"拿"这个字形不出现下部的"手"形，谜底是"合"字。例（4）属"离合法"，即先离后合，拆取两个字符中的部分构件组合成谜底。"给一半留一半"跟给予和留存的语符义无关，实指"给"字的一半形体"纟"和"留"字的一半形体"田"，两个构件组合起来就是谜底"细"字。"半真半假"就是"真"取一半得到"直"的形体，"假"取一半为"亻"，合起来为"值"。

上述语句中的构件字符并不表示字符对应语符义，只是使用了字形。由于没有具体语境，这些都属于纯粹的字谜游戏。这种字谜性质的超语符功能也可以构造比较完整的语境，但其中的相关字符仍然只是针对字形而言，不能按照语符的意义去理解。例如：

（5）千里草，何青青，十日卜，不得生。（《后汉书·五行志》）

（6）魏武尝过曹娥碑下，杨修从。碑背上见题作"黄绢幼妇，外孙齑臼"八字，魏武谓修曰："解不？"答曰："解。"魏武曰："卿未可言，待我思之。"行三十里，魏武乃曰："吾已得。"令修别记所知。修曰："黄绢，色丝也，于字为'绝'；幼妇，少女也，于字为'妙'；外孙，女子也，于字为'好'；齑臼，受辛也，于字为'辤'；所谓'绝妙好辤（辞）'也。"魏武亦记之，与修同，乃叹曰："我才不及卿，乃觉三十里。"（《世说新语·捷悟》）

例（5）的"千里草"表面上是指茫茫草原上的草，实际上指由这三个字形（草取"艹"形）组合起来的"董"字；"十日卜"表面上可以理解为连续占卜十日，实际指由这三个字形组合起来的"卓"字。可见语句暗指董卓专权，百姓慑于董卓淫威不敢公开反抗，只能用离合字形的方式含蓄地表达怨恨。例（6）更为隐晦，要将谜面语符依义解释得出构件，再将构件组合得到谜底："黄绢"即有色的丝绢，"色""丝"组合为"绝"

字；"幼妇"即少女，"少""女"组合为"妙"字；"外孙"乃女儿之子，"女子"组合为"好"字；"齑臼"是承受辛物之臼，"受""辛"组合为"辭（辞）"字。整个语段的言外之意是谜底字组合得出的"绝妙好辞"。这种表义方式既不同于正常的字符表义，也不同于构件理据析字法，明显带有游戏的文化意味，应该是先秦就已存在的"隐语"（谜语）文化对汉字使用带来的影响。

还有直接将某个字拆分为几个构件字镶嵌到语句中的情况，这几个字符的功能只是代指被拆的原字，不表达语符本身所指的意义。这种情况形式上像字谜，但没有字谜用语符义作文学修饰的伪装手段，只是直接拆分使用。例如：

（7）他们就动手打起来，有的丘八还跑上戏台胡闹。（巴金《家》）

（8）肖队长说："看是谁打八刀，跟谁打八刀？"肖队长说到这儿，笑着加一句："童养媳是不准打八刀的。"（周立波《暴风骤雨》）

（9）张俊民道："胡子老官，这事凭你作法便了。做成了，少不得言寸身。"王胡子道："我那个要你谢。"（《儒林外史》）

（10）我送来一包毒药，夫人可叫心腹丫头给十八子送茶时下在壶里，岂不结果了么？（姚雪垠《李自成》）

例（7）读者看到的字符是"丘八"，这里的"丘""八"与相应的语符义无关，而是指由"丘""八"组合成的"兵"字，所以"丘八"是超语符的使用方式。例（8）中的"八刀"是"分"字的拆分。例（9）张俊民所要表达的是"谢"，但没有直接说出，而将字拆分成"言""寸""身"三个字符放到句中代指。例（10）中的"十八子"也非语符义"十八个孩子"，而是代指"李"字，"李"又代指"李自成"。

这种拆分字形构件嵌入语句代指被拆字的用字方法，在当代网络用语中也能时常见到。如在抱怨自己胖了的时候，说"我月半了"从字形就可体会到说话人的哀怨，颇为有趣。又如为了调侃一个人遇事容易退缩劝他"做人（顺）从（自己的内）心就好"，表面上看是宽慰对方做自己就好，其实这里的"从心"指的是"怂"，暗示性格过于软弱。

三、利用汉字外形表达超语符信息

构件是构字单位，不是记录语言的符号，使用构件表义是超语符的用法。同样，利用汉字全字外形来显示某种信息，也是超语符的用法，这种使用方式主要有两种。

（一）借字形譬况事物形状

使用汉字的外形譬况某物的形状时，其语境下的字符功能不在于记录语言的音、义，所以是超语符用法。这些用来譬况事物形貌的字，与先民"画成其物，随体诘诎"的造字行为不是一回事，只是现成字形的借用。例如：

（1）有两只小山鸡争着饮水，蹬翻了水碗，往青石板上一跑，满石板印着许多小小的"个"字。（杨朔《泰山极顶》）

（2）但到夜里，我热的醒来的时候，却仍然看见满床摆着一个"大"字，一条臂膊还搁在我的颈子上。（鲁迅《阿长与〈山海经〉》）

例（1）语境中的"个"字与它通常所记录的个体量词没有任何关系，纯粹是借用"个"字的形体来描摹小鸡的爪印，描摹爪印的形状就是"个"字所要传达的超语符内容，所以我们也可以不把这里的"个"当作一个汉字来看。例（2）中用汉字"大"的字形来描摹长妈妈伸展开双手双脚、仰面朝天的睡姿，同样能收到生动形象的效果。

上面两例的语符链中只出现"个"字、"大"字的表述，但没有点明形体的作用，用字意图相对隐晦。而下面的例子直接说出如"某字形"的语句，取形不取音、义的超语符用法更为明显。

（3）也许是来炸南温泉的？最好还是躲一躲。他站起来，瞧着那排"人"字形的银色飞机，嗡嗡地飞了过来。（老舍《鼓书艺人》）

（4）克明又进去请了老太爷出来，先是克明一辈的儿子和媳妇朝着他排成"一"字形，跪下去叩头请安，然后是觉字辈和淑字辈的孙儿、孙女给他拜贺。（巴金《家》）

（5）今将兵分作三阵，亦如"品"字形状，旁两军结阵勿进，待我领中军入战，佯败诱他前追，两军自后截杀，我回军共围而击之，蔑不胜矣！（汪寄《海国春秋》）

（6）只有小栓坐在里排桌前吃饭，大粒的汗，从额上滚下，夹袄也贴住了背心，两块肩脾骨高高凸起，印成一个阳文的"八"字。（鲁迅《药》）

例（3）借用"人"字的形体描摹飞机飞行时排出的队列，与"人"字通常记录的音、义无涉，追求的只是二者形体间的相似性。例（4）借用"一"字的形体来描摹众儿子和媳妇跪拜时所呈现的整齐队形。例（5）以"品"字形体状摹军队阵列的形状。例（6）以"八"字形体状摹小栓两块高高凸起的肩脾骨。

用字形譬况客观事物形状的时候，该字基本上不记录语言层面的音、义，仅以字形和譬喻事物的外表特征进行相似性对比，目的是通过联想汉字形体激活对事物形状的想象，使读者在最短的时间内产生如见其物的感觉。这种表达方式能使语言既形象生动、富有趣味，又简洁凝练、干脆利落。如例（2）描述长妈妈的睡姿，也许可以置换成"却仍然看见长妈妈展开双手双脚，仰面而睡，挤占了大半张床的空间"，但趣味性、形象性大打折扣，语句也显得拖沓冗长。

生活中借用汉字形体来描摹事物形貌的例子还有很多，如"丁字牌""一字改锥""一字长蛇阵""工字楼""十字路口""之字路""八字脚""米字格""丁字尺""品字屋""王字花纹"等。能够被借用来描摹事物形状的汉字多数结构较为简单，形体特征明显，少数形体复杂而被借用的汉字字形的轮廓也是极为明晰突出的，如"金字塔""国字脸""亞字形栏杆"等。

（二）借字形关联相似事物的特征

现代网络语言中有些字并不使用实际语符义，而是靠字形表达与字形相似事物的特征，有的使用得多了，人们还赋予它固定的音、义，逐渐成为语言中的常用字。这些字很多都是湮没无闻的古字，研究文字学的专家学者也未必认识，只能在大型字书中找到，但由于字形有趣，被现代人赋予新的含义再行使用。借形的过程实际对该字符的构形理据进行重新分析，产生了新的理据和意义。如"囧"（jiǒng）字因字形酷似人在郁闷、尴尬时的表情，因此利用其外形表示郁闷、悲伤、无奈的心情，属于"古字新用"。利用古字的外形表达超语符意义，因而这些"重生"的古字都具有超语符功能。

四、利用变异形体表达超语符信息

为了实现某种特定的表达效果，汉字在对应某个语言单位的同时，还通过变异正常字形来表达超语符信息。例如变换字体字号、颠倒汉字置向、增损字形、改变形体状态等。

（一）变换字体字号

书面展示汉字时，可以通过改变字符的字体和大小来传达语符之外的信息，或提醒读者注意，或淡化读者印象，或显示句法结构和文章层次等，这种非语符内容的传达是通过字形的不同来表现的。例如：

（1）**现在**，既不是过去的奴隶，也不是未来的手段。

（2）全场 10 元起!

（3）**今夫**平居里巷相慕悦，酒食游戏相徵逐，诩诩强笑语以相取下，握手出肺肝相示，指天日涕泣，誓生死不相背负，真若可信；一旦临小利害，仅如毛发比，反眼若不相识。落陷穽，不一引手救，反挤之，又下石焉**者**，皆是**也**。（韩愈《柳子厚墓志铭》）

例（1）"现在"的字体为黑体，不同于前后其他文字，除了表示相应的语符义，还传达出"现在"是作者想要重点突出强调的信息，即比起"过去"和"未来"，"现在"是最重要的，该句通过改变字体提醒读者注意这一点。例（2）是很多厂商惯用的技巧，购物者往往只看到大写的"10 元"而兴起购买欲望，却没有看到字号缩小的"起"字，这正是表达者有意改变字号所要达到的引诱效果。例（3）是个复杂的文言句式，不弄清楚它的结构就难以准确理解句意。教师一般会有意在文字中做一些特殊标记，以便学生分析句式。例句把"今夫""者""也"这些显示关系的字符予以加粗、放大、变体等，"者……也"的判断句式及"者"字结构的起点就变得一目了然。以上非语符信息都是通过改变字符的字体字号显示出来的。现代报刊随处都有这种变换字体字号的运用，阅读报刊时可以留意体会。

（二）颠倒汉字置向

通过改变汉字形体的位置和方向也能传达出不少言外之意，这些言外之意要联系字形所记录的信息才能获得。如将"福"字倒贴表示"福到了”，而正着贴的“福”字是没有这层含义的。“开门见礼”与“福”倒贴的情况类似，表示“礼到了”。在正常排列的“开门见”的烘托下，倒置的“礼”字夺人眼目，所传递出的言语信息和修辞效果也就显而易见了。“独臂英雄放倒三强盗”中的“放倒”果真“倒”了，传达出对强盗的蔑视和嘲谑，使得语言更加形象生动，这些信息是字符“放倒”对应的语言单位所不具备的。再如“雷峰塔倒了”，仿佛让读者见到一座高塔轰然倒塌的情景。古代流传着这样一幅名联：“死，生”，下联将“生”字倒置，寓意“做人宁肯立着死，处事绝不倒着生”，虽然将“生”字正排也可算对得上，但立意上大不如前，“倒着生”的言外之意也无法传达出来。司马迁《史记·汉兴以来将相名臣表》中常有将人名倒着写的现象，这是在提醒读者这个人已经被朝廷罢免或已经辞世，和今天将示亡号套在姓名外面表明此人已经去世的用意是一样的。这些字符仍旧记录对应语言单位的音、义，但置向的改变传达出了语言之外的新内容。

（三）增损字形

中国数千年的封建礼制始终注重“为尊者讳，为亲者讳，为贤者讳”，为了避讳或追求委婉典雅，古人有时通过缺笔、增笔的方式来书写汉字，虽然牺牲了汉字职能的明确性，却传达出了对尊者、亲者、贤者表示敬重的言外之意。缺笔避讳一般是省去最后一笔，称为“敬末”。如宋代为避太祖赵匡胤的讳，“胤”字缺笔为“肙”；清代为避康熙帝玄烨的讳，将“烨”缺笔作“熚”。孔子作为大圣人，其名“丘”也是需要避讳的，缺笔作“丘”。

增减汉字笔画传达言外之意的情况并不限于避讳，题字时故意缺笔、增笔也可以表达许多特殊含义。如泰山上的摩崖题字“虫二”，乍看不知何意，仔细体会，原来是要表达“風月无边”。繁体“風”字去掉外框则剩下“虫”，“月”字去掉外框只剩下“二”，恢复原形其相应的语符义仍是“风月”，由减笔手段传达出的“无边”信息是超语符的。清代纪晓岚给曲阜孔府题联“与国咸休安富尊荣公府第，同天并老文章道德圣人家”，其中“富”字“宀”上少一点，“章”字最末一竖贯通构件“立”，这种变异写法并不影响两字语符义的表达，同时还能体味出“富贵无顶，文章通天”的超语符信息。康熙皇帝曾经给西湖十景之一的“花港观鱼”

题词,将"鱼"字下的"四点"减笔为"三点",这当然不是康熙写了错字,而是在正常表达语符义的同时,还赋予其超语符信息:康熙故意将"鱼"下"灬"理解为"火"(如"热""烈""煎""熬"等字的四点),并且按照"三点为水"的构字规律减笔,表示将"鱼"从火中拯救出来放归水中,以表明自己作为皇帝宅心仁厚、恩泽万物的态度。如果留心中国各地旅游景点的题词书法,就会发现很多这类含有特殊意蕴的变异字形。

(四)改变形体状态

而在现代标志的设计作品中,对汉字字形的利用则更为大胆和直接。图 4-1 是一个以"敢闯"为主题的平面设计,"闯"的字形是一个"门"加一个"马",该设计大胆将"马"图画化,"门"变成繁体,保留"门"的象形特征。整个作品超越"闯"的语符义,通过字形与图片凸显设计所传达的"敢闯精神"这一主题。图 4-2 是"酒后驾车危险"的公益广告,"酒"字左边的"氵"变成三个醒目的红灯,右边的"酉"故意虚化,如同醉酒后视物模糊所看到的景象,配以"酒后驾车危险,生命只有一次,请珍惜别人和你的生命"的主题旁白,很好地传达了公益广告的主题,其表达效果大大超出"酒"一字所记载的语符信息。

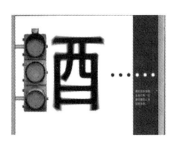

图 4-1 "敢闯"平面设计　　图 4-2 "酒后驾车危险"的公益广告

图 4-3 徐鹏飞漫画《提点建议》　　图 4-4 2008 北京奥运会会徽

图4-3的点睛之笔是第四格图中"酒"字的构件"氵"被买酒者涂粗放大，意在嘲讽店家的酒"水太多"，使得表达风趣幽默，意味深长。图4-4是2008年北京奥运会的会徽，寓意"舞动的北京"，包含着丰富的文化信息。其主体部分是一枚"京"字中国印，这个"京"字不同于正常的字体样态，是变了形的。可以从中分析出的信息有：首先，它所对应的语符"京"表示本届奥运会的举办城市"北京"；其次，"京"字变异成像是在奔跑的"人"形，代表着生命的美丽与灿烂，在人形的舞动中，"以运动员为中心"和"以人为本"的体育内涵被艺术地解析和升华；再次"京"字的变形又隐约像"文"字，体现出北京"人文奥运"的承诺，将中国悠久的"人文精神"融入奥林匹克运动的历史洪流之中。这些信息都隐含在变了形的"京"字中，超越了原语符义。

（五）综合变异

上述各种变异字形的方法可以综合起来运用，从而构造出复杂的表意场景，往往既有字符对应的语符义，也有字形变异蕴涵的超语符义，彼此互补共存，才能完整表达作者的思想。例如世称"神智体"的诗作就是语符义和超语符义综合表达语篇义的典型代表。请看下面几则：

图4-5　神智体诗（1）　　　　图4-6　神智体诗（2）

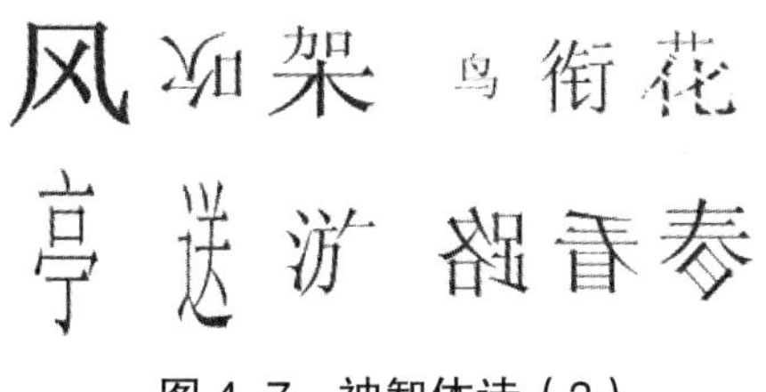

图4-7　神智体诗（3） 　　　　图4-8　神智体诗（4）

根据图4-5所示字形，这首诗应读作："圆日山高路口长，横云细雨断斜阳。扁舟大海无心过，风卷残花瓣瓣香。"将"日"字的轮廓变异为圆形以成"圆日"之义，将"山"字写得又细又长是为"高山"，把"路"

中构件"口"拉长是为"路口长",将"云"字的置向横排是为"横云","雨"字的字号缩小是"细雨"之义,"阳"字的置向倾斜和分离表达"断斜阳"义,把"舟"字形体压扁是为"扁舟","海"字字号放大就是"大海",将"過"字的内部结构减笔是为"无心过",将"风"字外部轮廓卷起表"卷风"意,"花"字减笔可称"残花","香"字两撇卷起似花瓣之形表"瓣瓣香"之意。

照此分析,图4-6、图4-7、图4-8三首"诗"可以分别做如下释读:

"长夜反侧难入梦,三更斜月倚矮桐。思心颠倒佳人去,泪横望断相离鸿。"

"大风吹倒大木架,小鸟衔残小草花。长亭长送游子去,回路回看春日斜。"

"梦散高楼空曌月,风围小院有残香。重门密雨长长思,笔折书斜人独伤。"

从以上分析可以看出神智体诗中的字符都记录了自身对应的语言单位,但相当多的超语符义都是通过字形的变异得出。如缩小字号传达出小义,放大字号传递出大义,将字形拉长或压缩可表长、扁之义,颠倒字符的置向可以表斜、横、倒、回义,通过减笔或缺省某部分可会残、缺、空、去、无义,通过分离可会断、离、散义,重叠相同部分可以表达数量信息等。这些五花八门的变形手段不是正常的书写或表达,其中体现的各种信息也不是文字符号本身所具有的正常职能。换言之,这种变形字并不是通用的字符,离开了诗歌形式和特定的背景,这些文字所反映的内容就难得到合理的解释,但这也说明汉字的功能不限于记录相应的语符。

总的来说,上述汉字的超语符功能并未离开语言环境,所以尽管字符跟语符不一致,但仍然属于语言表达的范畴,是利用汉字的形体和结构来协助语言表情达意的一种方式。学生在阅读、生活中可能会遇到,可以借鉴上述方法进行解读。汉字教学时也不要无视汉字的超语符功能,适当给学生讲解汉字的超语符功能,可以增长见识,了解更多的语言表达方式。如用"个"字描摹小鸡行走过的痕迹,用"吕"字传达"接吻"的信息,都是学生日常写作可以参考的写作技巧。

第三节　网络用字现象分析

网络作为一种新生的交流空间在普及的同时也产生了一些独特的语言文字现象。既然网络用字的出现代表了网络社会的发展，是一种不可避免的发展趋势，那么就有必要对网络上出现的用字现象进行介绍和分析。

一、古字复活

"囧"字的流行就是典型的古字复活现象。这个字符在网络语言中的"重生"是因为"囧"字的形体酷似人在郁闷、尴尬时的表情，"八"像是人郁闷时的眉眼、"口"像是张开的嘴，外部的方框像是人脸的轮廓，这样一张脸难免让人联想到郁闷、悲伤、无奈等相关表情，所以这个字在网民中不用它记录相应的语符义，而用其外形表示自己的表情。使用频繁以后，人们借其旧音，赋予新义，从而成为汉语中的一个新义项。又如"槑"字是"梅"的异构字，构件上重新分析为"比呆还呆"。它的字形也引人联想，"呆"字的"口"像是脑袋，"木"像是人体的躯干和手足，"槑"像两个小人手牵着手，所以也被用来表示情侣热恋中的状态：恋爱中的男女犯"傻"犯"呆"再自然不过，因而"槑"又表示很傻、很天真之义。但无论是靠构件表义还是靠外形表义，"槑"字的网络用法都与原语符义无关系。

这类可以表示超语符义的"古字新用"，往往限于原有记录职能已呈"消亡态势"的古字。因为文字的功能具有约定俗成的社会性，只有在荒废生疏的情况下，人们对古字原有的理据和意义缺乏认知，才容易对其进行重新分析而使之发挥新的功能，否则势必影响语言表达的准确性，带来误解和歧义。

二、火星文

"火星文"，字面意义为火星人用的文字，实际为由符号、繁体字、日文、韩文、冷僻字或汉字拆分后的部分等非正规文字符号组合而成的字符串。"火星文"最先源起于台湾地区，因仓颉、注音等繁体输入法的使用，网友在打字时为了缩短打字时间会频繁出现一些错别字，久而久之大家都能明白常见错别字的意思，又加上了一些方便使用的符号、方言用字等，成为网上广泛使用的交流方式。随着互联网的普及，这些文字很快流行于中国各地，成为中文互联网上的一种普遍用法，并逐渐成为当时网民彰显个性、追求时尚的标志。使用人群和新生词组形成一定规模后，网上还出现了一些"火星文"专用软件，能将正常的汉字表达转换成"火星文"。转换软件的出现使得"火星文"具备了密码功能，成了一种群体保护隐私的方法。

三、使用同音、音近字替代

现代网络用字中，有本字不用，而使用与音、义不相切合的字作为替代的现象很多。如：

（1）让我康康（"康"应为"看"）

（2）我又被河蟹了（"河蟹"应为"和谐"，意指我的帖子又被删除了）

同样，"斑竹"（版主）、"鸭梨"（压力）、"亚历山大"（压力山大）、"神马"（什么）、"油墨"（幽默）、"大虾"（大侠）、"人参公鸡"（人身攻击）等，这些同音（音近）字的借用大都属于有意为之，以求达到新鲜别致、凸显个性、增强情趣等用字效果。

用同音、音近字模拟外语的情况也可归入这一类。如：

（3）3Q—thank you（谢谢）

（4）886—bye-bye（拜拜了。"88"取代"拜拜"，"6"取代"了"）

四、多字合用

以一个字代表几个字的读音，拟代几个字快速连读的效果。如：

（1）原来是酱紫的（"酱"表示"这样"的合音）

（2）请表这样做（"表"表示"不要"的合音）

有时一个字代表构成它的几个构件所对应的字。如：

（3）他发了横财，成为新的壕（"壕"代表"土豪"两个字）

五、融入方言或外语

（1）街系挖欸咖（闽南语：这是我的脚）

（2）你是我的好友达（"友达"是日文中"朋友"的汉字书写，所以意为"你是我的好朋友"）

（3）今天好嗨皮（"嗨皮"是英文"happy"相似中文发音，代换中文的"高兴"）

（4）吼得住（"吼得"是英语单词"hold"相似中文发音，代换中文的"控制"）

六、使用特殊符号标示读音或意义

直接使用发音或意义相关的符号来取代字。如"请 == 我"用符号"=="取代"等等"。又如网络上使用的许多颜文字，属于利用符号的外形特点来表示相关意义。

七、拼合创造不存在的字

2018 年，网友通过拼合创造了一个不存在的字——"窮"。从形体上看，这个字既像是"穷"与"丑"的拼合变形，表示"又穷又丑"的含义；又像是"穷"与"土"的拼合变形，表示"穷到吃土"的含义。从读音上看，如果把这个字看作"穷 + 丑"的结合，可以读作"qiong+chou=qiou"；如果看作"穷 + 土"的结合，可以读作"qiong+tu=qu"。也有人感慨，这个字简直是自己人生的写照，所以应该读"wo"。"窮"的产生其实是当代民众对生活与社会状况的反射，既是个人自嘲减压的产物，也是大众交流共鸣的手段。

八、同体叠加

2012 年 12 月 17 日晚间，日本《朝日新闻》中文网微博发布了一条微博："我们又双叒（ruò）叕（zhuó）要换首相了。"简单的一句话在网上瞬间走红，两个小时就被转发了 9000 多次。这句话的关键在同一个

"又"字被叠加组合成多个字连用，连用的叠加体"双叒叕"原本的音和义在这里被淡化，其中包含的9个"又"强化了第一个独体"又"的功能，从而突出地体现日本首相更换的频繁。

如今，"又双叒叕"几乎成了字形组符，表示某事物频繁出现。由此类推，网络文字产生了一系列同体叠加连用的现象。例如：

呆槑——比呆还呆，特别笨

火炎焱燚（yì）——太火爆，人气越来越旺

屮艸卉芔（mǎng）——杂草丛生，比喻想要的东西如同"种草"，越来越多

水沝淼㵘（màn）——水势浩渺，一片汪洋

牛牪犇犇——非常棒，不是一般的厉害

这些网络用字现象实际上也是利用汉字的构件表义，只是利用构件的重复叠加来进一步强化或延伸构件的原意。由于没有生造字形（汉字系统中本就有这些字），也没有违背同体构件（第一个独体字）的音、义，因而理解起来并不困难。如果作为一种字形修辞，适当运用未尝不可，但由于对语言单位的记录打破了对应，也就是同体叠加的字并不代表确定的含义，因而不属于规范的书面语，不可滥用。

总之，网络独特的文字创作和思考模式的趣味性，使网民的沟通与生活另有一番情趣。它们使网络语言有意无意体现出国际化、时尚化的特点。但网络用字也容易出现不规范或低级庸俗的现象，需要教师从汉字职用的理论层面加以解释和引导。

第四节　汉字职用教学的要点

过去的汉字教学一直认为写字是教学的重点也是难点，汉字教学研究也围绕写字教学展开。随着电脑普及，人们日常的书写方式发生变化，加上学界对汉字属性研究的发展，越来越多的学者逐渐意识到用字教学才是汉字教学的重点和关键。

首先，从汉字属性来看，汉字功用复杂，字与义之间不存在严格的对应关系，不像英文单词高度一致。汉字初创时形体构造对应的是某个特定的义项，但实际使用中，除了本用（记录形义相关的本义）外，还有兼用（记录音义相关的引申义）和借用（记录同音而形、义无关的他义），加上所记某些语言单位的性质变化，不仅可以记录某种含义，也可以记录语素或是纯音节。一个字的职能是多样的，可以记录多个不同的语素、义项或音节，如"干"可以记录干燥、干预、做事情的动词、树干等。由于异体字、分化字、通假字的存在，一个语素或义项也可以用多个字记录，如痕迹的意义可以用"迹""蹟""跡"分别记录（现代汉字已经规范用"迹"），表示第三人称代词的"ta"可以用"他""她""它"分别记录。汉字的功用如此多样而不确定，单字与语言单位没有固定对应关系，一字多用、多字通用为汉语用字的普遍现象，也是汉字的最大特点。明代方以智在《通雅》中早已指出："字之纷也，即缘通与借耳。若事属一字，字各一义，如远西因事乃合音，因音而成字，不重不共，不尤愈乎。"可见汉字确实要比英文繁难，最大的难点不在于笔画多字数多，也不在于字形结构的复杂，而在于汉字功用的不确定，在于汉字单位与汉语单位具有多重多向的对应关系。所以，汉字教学的重点应该是汉字的功用。

其次，从汉字教学目的来看，学习汉字最终目的是依靠汉字来书写、认读汉语，达到书面阅读、交际的目的。过去汉字的书写主要靠纸笔完成，写字是书面表达和交际的前提条件，电脑输入、语音输入技术的完善，使得纸笔书写变得不再如往日重要，一定程度上削弱了写字教学的重要性。这一现实状况下，字形与本义的联系、文献中的某个字的实际功用、某个语言单位应该用哪个字来准确记录或表达、一个汉字可以组成哪些词语、如何根据字义推测所构词语的意义，以及通过大量认字用字教学提高学生的汉语阅读能力、汉语交际能力，才是如今汉语汉字教学的主要目标。传统汉字教学过度强调汉字书写，大量的时间花在字形笔顺、结构归类、形义关系的联想上，使得汉字教学内容单调，教学效率低下。这种现象在汉语国际教育中尤其值得注意，外籍学生文献阅读量少，自然不太了解汉字的使用习惯，过于重视书写、认字的汉字教学使之认为学好汉字认写就能读懂文献、写好文章，可是即便抄写了很多遍《新华字典》，会书写两三千字，还是不能达到顺利读书写文的目的，一读书就懵，一用字就错，因此垂头丧气不知所措，严重影响继续学习汉字、汉语的兴趣和信心。所以，用字教学是重点，也是关键。

加强汉字职用教学，可以注意如下几个方面。

一、注重汉字的认读

汉字记录语言，包括语言的义和音两个方面。掌握汉字记录语言的职用，首先是要能够认读。由于汉字形体与读音的关系非常复杂，一字多音、一音多字等现象很普遍，往往"见字不知音""听音难定字"，所以汉字认读就成为掌握汉字职用的难点。为了克服这个难点，需要多方面的策略，利用声旁提示汉字读音是比较有效的一种方式。

1.声旁功能的特点

汉字不是纯粹的表音文字，但也不是与字音毫无关系，事实上，能提示读音的形声字占现代汉字 80% 以上，但声旁的示音功能与字母的示音功能完全不同，这大大限制了声旁在汉字学习中的作用。和字母相比，形声字声旁示音功能的特点主要表现在如下几个方面。

第一，数量上，拼音使用的字母只有几十个，而现代通用汉字的示音声旁却有一千多个。

第二，拼音字母表示的是音素，声旁表示的是整个声、韵、调兼备的音节。

第三，拼音字母与音素读音基本对应，声旁与读音并不一一对应。通常情况下，一个音节可用不同的声旁表示，如"zheng"这一不带调的音节，有"睁""征""蒸"等形声字，分别用了"争""正""烝"作声符。另外，一个声符又可示意不同的读音，如"者"可以表示"du""shu""tu""zhu""xu"等多个读音。

理论上讲，形声字的声符能够准确标示所构汉字读音，实际上，声符在标示汉字读音上却有着明显的局限。裘锡圭提到，绝大多数形声字的读音与声符是不同音的，有时差异还很大，甚至有的声符已变成一个记号[1]。黄德宽认为，绝大部分声符具有相对稳定性，古汉字正是以声符的相对稳定性，维系了形声结构的系统性，如果破坏了这种稳定性，形声结构作为一个系统的存在是难以想象的[2]。龚嘉镇统计现代通用汉字（7000字）中有6252个现行形声字，1226个现行声符，其中88个是多音声符（特指声韵不同的音符，声调不同亦视为单音声符），一个音符平均可谐5.1个现行形声字，还有295个声符只谐1个现行形声字。声旁与所谐汉字声、韵、调全同的有1975个，仅声调不同的有1152个，共计3127个汉字声旁能较准确标示读音，也就是说近50%的形声字在汉字教学中能够根据声旁较准确读出字音来。[3]

2. 声旁辨音的诀窍

虽然汉字的示音功能不如英文字母强大，但形声字的声旁依然具有一定的示音作用，是汉字教学和学习不可多得的宝贵资源。形声字大部分左形右声，当然也有上形下声、右形左声等多种类型，但大多数形声字还是声旁在右，所以传统训诂学上有"右文说"的主张，认为可以从右侧声符推求字义。虽然过去也曾用"秀才读字读半边"来讽刺错误利用声旁而导致读错汉字的现象，但我们依旧可以合理利用声旁的示音功能来帮助学习、认读汉字。

李燕、康加深详细统计了现代通用汉字中的形声字，得出符合要求的现代形声字有5631个，包含1119个声符，约占声符总数的84%；《现

[1] 裘锡圭. 文字学概要[M]. 北京：商务印书馆，1988：169.

[2] 黄德宽. 古汉字形声结构声符初探[J]. 安徽大学学报（哲学社会科学版），1989（3）：100.

[3] 龚嘉镇. 现行声符表音功能分析[C]//西南师范大学中文系汉语史研究室. 汉语史论文集. 重庆：西南师范大学出版社，1995：89-90.

代汉语通用字表》中不成字的声符有 206 个，约占声符总数的 16%[1]。冯丽萍分析了《汉语水平词汇与汉字等级大纲》中的 2905 个汉字，统计出符合条件的形声字有 1920 个，占总字数的 66%，其中左形右声的标准形声字占很大比例（61%），声旁成字的形声字占绝大多数（80%），声旁与整字读音有关系的占 80% 以上[2]。可见，在教学中利用声旁培养学习者声旁示音的规则意识，是汉字教学的有效策略。

要利用声旁示音来帮助学习者认读汉字，掌握依声旁辨音的学问，就必须了解形声字声符标示读音的复杂情况。现代汉字中，声旁示音主要有如下几种情况。

第一，直接能从声符推断所谐汉字正确读音，声符与所谐汉字字音有直接的语音联系。例如声符"青"所构成的"请""清""情""晴""蜻"等字声韵相同，只是声调略有差异。又如"夫"所构成的"肤""扶"也是声韵与声旁相同，只是调不同。

第二，虽不能直接由声旁推断所谐汉字的读音，但同一声旁所谐汉字之间具有读音的一致性和规则性，通过同一声符的其他汉字可以推断该字读音。例如：声符"享"，所谐汉字有"醇""淳""鹑""犉""敦""惇""蜳""谆""埻"等，这些字分别包含"chún""dūn""zhūn"三种读音，都含有韵母"un"，具有共同的语音特征。又如声符"果"，所谐汉字"课""颗""棵""窠""稞"等字，韵母都含有"ke"，属于同符同音字。

第三，虽不能直接由声符推断所谐汉字读音，但排比罗列同一谐声偏旁汉字可发现这些字之间具有较明显的语音倾向，因此可以通过声旁来类推、识记汉字读音，辨别易混音节。如通过偏旁推断同类字声母的平翘舌："中"的声母是"zh"，由它构成的常用汉字"钟""种""肿""衷""忠"等谐声字声母都是翘舌"zh"。声符"且"构成的谐声字"祖""诅""阻""组""租""粗"等字都是平舌音。

［1］ 李燕、康加深. 现代汉语形声字声符研究[M]//苏培成. 现代汉字学参考资料. 北京：北京大学出版社，2001.

［2］ 冯丽萍. 对外汉语教学用2905汉字的语音状况分析［J］. 北京师范大学学报（社会科学版），1998（6）：94–101.

过去的汉字教学比较注重形旁的作用，较少关注声旁。但近年来，学界逐渐关注声旁示音功能在汉字教学中的作用。江新认为，"外国留学生对形声字的读音规则性效应随汉语水平提高而增大"，"对形声字声符表音作用的意识随汉语水平提高而增强"[1]。声旁在汉字教学中有如下几几个辨音诀窍。

（1）利用声旁直接认读字音[2]

现行形声字中相当部分声旁能够直接提示所谐字读音，是形声字中的规则字，也是培养学生形成声旁辨音意识的主要识字案例。在汉字教学和学习中，通过构字能力强的声符进行偏旁识字是提高识字效率的好方法。不过，利用声符的示音功能辅助汉字字音教学时务必要让学生理解声符示音的复杂性和局限性，防止和避免声符示音规律的负迁移。

张熙昌考察了2500个常用字，整理出如下与声符读音完全相同（声、韵、调全同）的形声字：

阿—啊　　　巴—吧、疤　八—扒　　般—搬　　半—拌、伴

包—胞　　　保—堡　　暴—爆　　辟—臂、壁、避　必—秘

宾—滨　　　丙—柄　　波—菠　　卜—补　　布—怖　　才—材、财

采—彩　　　踩—睬　　仓—苍、舱　产—铲　　尝—偿　　朝—潮

辰—晨　　　成—诚、城、盛　呈—程　　垂—锤　　从—丛

代—贷、袋　旦—但、担　当—挡、档　到—倒　　弟—递

丁—叮、盯、钉　董—懂　斗—抖　　豆—逗　　伐—阀

番—翻　　　反—返　　方—芳、坊　分—纷、吩、芬　风—疯

度—镀　　　段—锻、缎　朵—躲　　逢—缝　　夫—肤

府—俯、腐　付—附　　工—功、攻　共—供　　弓—躬

勾—钩、沟　果—裹　　复—腹、覆　干—竿、杆、肝

冈—刚、纲、钢、岗　高—膏　　哥—歌　　贯—惯　　禾—和

何—荷　　　合—盒　　乎—呼　　胡—湖、糊、蝴　户—护

---

[1]　江新. 外国学生形声字表音线索意识的实验研究[J]. 世界汉语教学，2001（2）68-74.

[2]　参考张熙昌《论形声字声旁在汉字教学中的作用》（《语言教学与研究》，2007年第2期）。

化—华、哗　　皇—煌　　灰—恢　　会—绘　　昏—婚

火—伙　　或—惑　　几—饥、机、肌　　及—级、极

加—茄、嘉　　建—健、键　　见—舰　　交—郊、胶　　焦—蕉

爵—嚼　　介—界　　京—惊　　竟—境、镜　　居—据

巨—拒、距　　具—惧、俱　　卷—圈、倦　　康—糠　　空—控

库—裤　　拉—啦　　兰—拦、栏　　郎—廊　　老—姥

离—璃　　里—理　　力—历、厉、励　　立—粒　　两—俩

连—莲　　廉—镰　　良—粮　　列—烈、裂　　林—淋

留—榴　　考—烤　　录—碌、绿　　龙—聋、笼　　路—露

虑—滤　　罗—萝、锣、箩　　马—吗、码、蚂　　芒—茫

冒—帽　　门—们　　迷—谜　　免—勉　　苗—描　　末—抹、沫

乃—奶　　尼—呢、泥　　莫—漠　　农—浓　　奇—骑

其—棋、旗　　气—汽　　千—迁　　乔—桥、侨　　切—窃

青—清、蜻　　求—球　　然—燃　　容—熔　　柔—揉

申—伸　　审—婶　　生—牲　　乘—剩　　师—狮　　十—什

史—驶　　式—试　　市—柿　　受—授　　疏—蔬　　术—述

斯—撕　　台—抬　　唐—塘、糖　　堂—膛　　亭—停

同—桐、铜　　土—吐　　弯—湾　　王—旺　　未—味

畏—喂　　文—纹　　乌—呜　　五—伍　　勿—物　　务—雾

西—牺　　希—稀　　息—熄　　下—吓　　夏—厦　　相—箱

象—像、橡　　新—薪　　星—腥　　刑—型　　秀—绣、锈

旬—询　　牙—芽　　央—殃、秧　　羊—洋　　要—腰

月—钥　　夜—液　　衣—依　　义—议　　因—姻　　用—佣

永—咏、泳　　由—邮、油　　尤—犹　　鱼—渔　　与—屿

谷—浴、欲、裕　　元—园　　员—圆　　原—源　　曾—增

查—渣　　斩—崭　　占—战、站　　丈—仗　　召—照

折—哲　　贞—侦　　正—证　　政—症　　争—挣、睁、筝

之—芝　　支—枝、肢　　只—织　　知—蜘　　直—殖、值、植

止—址　　旨—指　　至—致　　中—忠、钟　　州—洲

朱—珠、株、蛛　　属—嘱　　专—砖　　子—仔　　宗—踪

尊—遵　　坐—座

声旁在 2500 个常用字范围之外，且在《现代汉语词典》中能独立成字的声旁及由之组成的形声字列举如下：

卬—昂	邦—帮	卑—碑	敝—蔽、弊	孛—脖
曹—槽	舀—插	崔—催、摧	匆—葱	氏—抵、底
刁—叼	耑—端	氾—范	弗—佛	孚—俘、浮
甫—辅	衮—滚	呙—窝、蜗	羔—糕	侯—喉、猴
奂—换、唤	彗—慧	敫—缴	疌—捷	堇—谨	臼—舅
亢—抗、炕	匚—筐	娄—楼	洛—落	仑—伦、轮
曼—漫、慢	宓—密、蜜	彭—膨	桼—漆	金—签
壬—任	戎—绒	闰—润	孰—熟	署—薯	厶—私
匋—陶、萄、淘	廷—庭、蜓	乇—托	乞—挖	宛—碗
韦—违、围	尉—慰	昔—惜	奚—溪	肖—削、消、销、宵
匈—胸	畜—蓄	厓—崖	奄—掩	夭—妖	夷—姨
異—翼	婴—樱	甬—勇、涌	攸—悠	斿—游
俞—愉、榆	禺—愚	爰—援	戉—越	乍—炸
兹—滋	觜—嘴	匊—鞠

声旁示音的规律性还表现在声旁与所谐汉字声、韵相同而调不同的情况。例如：

付—fú 符，fǔ 府、俯、腑、腐，fù 付、附，fu 咐

风—fēng 风、枫、疯，fěng 讽

非—fēi 菲、啡、扉，fěi 诽、匪，fèi 痱

方—fāng 芳，fáng 防、妨、房、肪，fǎng 仿、访、纺，fàng 放

3500 个常用汉字中，到底有多少个形声字的声旁仍具有示音作用？韦嘉统计常用汉字中 2539 个形声字，除掉完全不能表示读音的 181 个形声字，得出 2358 个声旁仍能示音的常用形声字[1]。这是形声字声旁示音

［1］韦嘉.现代汉字常用形声字声旁表音情况探索［D/OL］.南宁：广西大学，2003：11［2020-10-19］.http：//fgfy208e51c2dd88406685526280e50de659skxb9555kkbx965fx. fffg. res. gxlib. org. cn/kcms/detail/detail.aspx? dbcode=CMFD&dbname=CMFD9904&filename=2003085248. nh&v=b0StlKLzsD%25mmd2BNgMzeO7aW22YsQd%25mmd2BS2S2%25mmd2FbndhBpwRpi74hsK%25mmd2Fz07Zkp4eURhLUNEi

规律性的重要体现，也是汉字教学中利用声旁教学的重要依据。

（2）利用声旁间接推求、辨别字音

汉字字音与声旁总是存在一定的联系，现代汉字中同声旁的汉字虽然未必同音，但或多或少保留了某些共同的语音信息，如都是平舌音或都是翘舌音，前鼻音韵母或后鼻音韵母，一样的鼻音和边音等。例如：

少—chāo 抄、钞，chǎo 吵、炒，shā 沙、砂

仓—cāng 仓、沧、苍、舱，chuāng 疮、创，chuàng 创，chen 伧

真—zhēn 真，zhěn 缜，zhèn 镇，shèn 慎

正—zhēng 正、怔、征、症，zhèng 症、正、证、政，zhěng 整，chéng 惩

争—zhēng 争、挣、峥、睁、筝，zhèng 净、挣

令—lìng 令，líng 伶、玲、铃、聆、零、龄，lǐng 岭、领，lín 邻，lěng 冷，lián 怜

今—jīn 今、衿、矜，jìn 妗，qīn 衾，qín 琴，yín 吟

艮—gēn 根、跟，kěn 垦、恳，hén 痕，hěn 很、狠，hèn 恨，xiàn 限

良—liáng 良，niáng 娘，láng 郎、狼、廊，lǎng 朗，làng 浪

声旁是汉字示音的基本要素，是汉字教学中偏旁教学法的重要元素。学会利用常见声旁辨别、类推字音是汉字学习能力的重要体现。

二、注重基础核心汉字

汉字的构形具有系统性和生成性规律，因此汉字教学的顺序对汉字结构教学而言非常重要。汉字的职能教学关注的是使用频率，使用频率高的汉字无疑是要先教、重点教的汉字。现代汉字定量研究出现以来，词频和字频成为汉字选字和分级的主要依据，但完全依据频率编制的汉字大纲难以体现汉字的系统性和生成性规律。即常用的汉字未必是字形结构简单的汉字，结构简单的汉字又未必最常用。因此，汉字结构和职能的教学矛盾成为基础汉字教学阶段一对难以调和的矛盾。要加强汉字的职能教学，首先就要处理好结构教学与职能教学的关系，强化基础核心汉字的用字教学。

如何加强基础核心汉字的用字教学，关键是如何选择基础核心汉字，这也是目前汉语国际教育词汇与汉字大纲需要解决的难题。有学者认为

制定汉字大纲除了考虑频率外，还要考虑到汉字系统建构的需要，也就是要选用有较强构字能力的基础汉字，如能作为独体字使用的构件[1]。邢红兵通过对常用汉字的构件进行统计，发现常用汉字中能作为构件使用的汉字只有192个，但实际使用中却占常用字的五分之一以上，而且越常用的汉字部件数越少，具有汉字基础部件趋简律[2]。这也进一步说明，具有强大构字能力的一部分简单汉字同时具有强大的构词能力，可以作为汉字大纲初级核心字。我们从邢红兵列举的100个可作构件的汉字中随机抽取15个，考察其在报纸、网络、广播、电视高频用字表中的位置与构词数，发现这15个字都是各媒体使用的高频字。而从构词数来说，除了"了""我""也"本身是常见单用虚词，构词能力不强外，其他13个汉字都具有强大的构词功能（见表4-1）。

表4-1

序号	部件成字	多媒体高频用字表序号[3]	10356条常用词语中的构词数
1	一	4	160
2	了	1015	5
3	不	3	117
4	我	777	7
5	人	1	160
6	大	2	126
7	个	213	22
8	中	6	98
9	上	7	95
10	年	10	77
11	为	66	43
12	子	26	59
13	儿	217	22
14	也	1094	4
15	门	119	32

[1] 周健，刘圣心. 对外汉语教学《基础汉字表》研究[J]. 云南师范大学学报（对外汉语教学与研究版），2007（6）：16-21.
[2] 邢红兵. 现代汉字特征分析与计算研究[M]. 北京：商务印书馆，2007：44-45.
[3] 参考国家语言资源与监测研究中心《中国语言生活状况报告（2005）下编》（商务印书馆，2006年版）。

将这 15 个汉字和其他基础汉字字表进行对比可发现，汉语国际教育学习者日常交际最常用的《汉语 800 字》也包含了这 15 个字，在《小学教学基础汉字等级字表》一级字表（794 个字）中，除"门"外都排列在字表的前 100 位。可见，在初级阶段，从汉字"形"的生成性与汉字"用"的交际性上选择基础汉字，可使汉字的结构与职能教学有较强的一致性。因此，加强基础核心汉字的用字教学，是解决结构教学与职能教学矛盾的有效方法。

三、注重复杂的字词关系

古代汉语中，字就是"词"，字义就是"词义"。随着社会发展以及语言表达的需要，单音字的多义性以及同音单音字的大量存在严重妨碍了表达和交流需要，于是产生了大量的合成词，尤其是双音式合成词。在复音词中，字只是构成词语的一部分，字义也只作为词义的一部分而存在。现代汉语中字与词的关系不同于英语中的字母与词（word），所以我们学习汉字不仅仅要学习汉字的书写方式，还要能熟练利用熟字组词。

2010 年中华人民共和国教育部国家语言文字工作委员会发布的《汉语国际教育用音节汉字词汇等级划分》共载音节 1110 个、汉字 3000 个、词汇 11092 个，这一数字直观地说明了现代汉语中音节、汉字、词汇之间的复杂关系。例如"爱"字在表中为初级汉字，能构成一级词汇"爱""爱好""爱情""爱人""爱心""热爱"，二级词汇"爱护""爱国"，三级词汇"爱不释手""爱理不理""爱面子"共 11 个词，其中单音词 1 个，双音词 7 个，三音词 1 个，四音词 2 个。可见，现代汉语词汇中，字与词并不能一一对应，教学一个汉字，意味者需要教学若干个由该汉字组成的词语，这样才能完成用字教学。

首先，在用字教学中，要学会利用字与词之间复杂的对应关系，搞清楚学字与学词的联系，学会利用字义推测词义，充分利用"熟字生词说"的理论学习汉语词汇。"熟字生词说"认为汉字凭义联合成新词，根据生词中熟悉的字就可以推断生词义。由于现代汉语中大部分词是合成词，字义和所构词语的词义存在紧密的联系，因此利用字义来理解和学习词义有一定的道理。我们在使用和理解词语时，常常用"顾名思义"

来说明汉语词语内部的理据性，如老人、红旗、西瓜、黄豆、客车、飞机、手枪、电扇这些常见的合成词，字义和词义的联系就十分紧密。有一些新词虽然一开始未必能完全理解词义，但知道词义后再来观察所构词语的语素义，就会有"豁然开朗"之感，从而对该词语留下深刻的印象。

其次，在词语教学中，要引导学习者学会归纳字义（语素义），通过字义的学习进一步拓展词汇量。例如下面三个有关"载"的成语：

千载难逢：一千年也难得遇到，形容机会难得

三年五载：三、五表示大概数量，载指年，词意为过了些许年

一年半载：一年半年，泛指一段时间

成语中的"载"都表示年，若已经掌握了"载"的常用语素义，理解这三个成语就非常容易了。《实用释义组词词典》对"载"的释义如下：

载 zǎi

①年：千～难逢｜千～一时｜一年半～｜三年五～。②记录；刊登：记～｜登～｜刊～｜转～｜附～｜连～。另见 zài。

载 zài

①用交通工具装运：～客｜～货｜～重｜装～｜运～｜满～｜超～｜过～｜车～斗量（liang）｜满～而归。②充满：口碑～道｜荆棘（jí）～途｜怨声～道。③又；且：～歌～舞。另见 zǎi。

《实用释义组词词典》对汉字的主要语素义进行归纳，然后在语素义下举例组词，更有利于学习者通过对字义推测词义，或者通过字义类推相同语素词。

汉字教学中，将含有共同语素的词语归纳学习，有助于掌握汉字的常见语素义进而类推学习新词语。例如"残兵败将""短兵相接""纸上谈兵"三个成语中的"兵"字语素义都不相同，分别表示"战士、军队""兵器""军事、战争"三个义项。掌握这三个义项后再学习"兵不厌诈""兵强马壮""损兵折将"等含有"兵"的成语时，就能利用已经学会的语素义来猜测新成语的含义，从而进一步深化"兵"的用字教学。

四、注重汉字职用与文化的关联

汉字具有本用、兼用、借用三种基本职能，是用字教学的三个基础

内容，此外汉字还具有超语符等职能。无论是本用、兼用还是借用，都离不开汉字的文化阐释。因此，充分利用汉字的文化性来加强汉字的用字教学，无疑是一种行之有效的方法。

首先，利用汉字的构形文化、字源文化加强汉字本用和兼用的教学。所谓汉字的本用，是指用本字来记录本义。汉字的兼用，主要是由本义引申派生出其他意义的用法，兼用多与本用联系紧密。常用汉字的本义有的与现代常用义相同，独用也能成词，如"牛""马"等字；有些常用字的本义虽然也是现代常用义，但已经不能独立成词，必须和别的语素组成合成词，如"目"本义是眼睛，现在只有在合成词、成语中才会使用本义，如"一目十行""目不识丁"等；还有些常用汉字的本义在现代汉语中不用或少用，只保留在文献和词典中，如"题"本义为"额"，现代汉语只使用它的兼义，表示文章的标题、题目。利用汉字的构形文化、字源文化加强汉字本用、兼用的教学，有利于以简御繁地帮助学习者掌握常用汉字多个义项之间的内在逻辑联系。

其次，理解文献中的同音通假、繁简转换中的同音代替等现象也有助于汉字借用的教学。汉字的职能考察离不开汉字的借用，借用包括本有其字的通假和本无其字的假借。无论是通假还是假借，都是将字形当作语音符号去记录与该字形体无关但音同或音近的语词。这种用字现象不但保留在古代文献中，也保留在一些成语中。如"信口开河"和"拨乱反正"中，"河"的本字是"合"，"反"的本字是"返"。通假的用字文化影响了现代汉字的使用。同样，汉字的繁简转化中，一部分同音代替的简化字，除了记载原先本用和兼用的职能外，还承担被替代字的本用与兼用。如"谷"除了表示山谷义外，还表示稻谷义，后者便是同音代替的繁体字"穀"的含义。用字教学中，了解这样的文化现象，有助于更好地进行用字教学。

最后，利用汉字的泛文化拓展汉字的用字教学。汉字记录意义是它的主要职能，但汉字还具有超语符等其他职能。比如汉字在现代标志设计中的应用，汉字在书法艺术领域的应用，汉字在民俗生活中的应用，汉字在字谜等游戏文化中的应用，这些都是汉字用字教学可以利用的资源。以汉字标志设计为例，现代汉字标志设计主要利用汉字的小篆字体、汉字的构形属性、汉字的字形特点来设计标志作品。如下图：

图 4-9　北京大学校徽　　　　图 4-10　"生死"一线

　　图 4-9 将汉字小篆体用于校徽设计，图 4-10 利用汉字笔画的共有性进行设计，这是汉字在设计领域的应用。适当利用这些设计实例进行教学，有利于提升学习者的兴趣，加深其对汉字构形属性和个体汉字的理解。此外，汉字教学中利用字谜等汉字游戏文化加强用字教学，也是行之有效的方法。

　　总之，汉字教学的重点在职用。解决用字的问题，也就是从根本上解决汉字教学的问题。

第五章　　汉字教学的途径与方法

　　识字教学自古以来就是蒙学教育的基本内容。无论是传统的识字教学，还是今日设立的汉语国际教育汉字教学，长期的教学实践积累了丰富的教学经验，总结出诸多科学有效的教学方法。这些教学方法各有特色，适用于不同的教学对象和相应的教学场景。鉴于教学实际的多样性，各种教学方法可以综合运用，互为补充。但就学理而言，汉字教学更应该重视符合汉字系统、顺应汉字规律的方法。

第一节　中国的汉字教育传统[1]

我国的汉字教育起源很早。据《周礼》记载，当时贵族子弟八岁入"小学"，所教授的课程有"六书"，而"六书"的授课内容基本上可断定包括识字教学。封建社会时期儿童的识字教学是启蒙教育的开端，因此又被称为"童蒙识字"。

一、童蒙识字教学的历史

中国童蒙识字教学的历史可追溯到周代，此后的秦、汉、宋、明都有通行全国的童蒙识字本。我们通过不同时期通行的识字教材可以窥见当时的识字教学内容和理念。

（一）《急就篇》与周秦汉的童蒙识字教学

中国最早的童蒙识字教材应该是周宣王的史官所作的《史籀篇》，它是一部官定字书，是当时贵族子弟的识字课本。此书早已亡佚，根据《说文解字》中引用的225个籀文可约略推知原文字的字形面貌，但无法得知识字课本的内容。

秦代李斯曾作《仓颉篇》，赵高作《爰历篇》，胡毋敬作《博学篇》。到了汉代，隶书成为正体，为满足学童识字及考试需要，当时的人在先秦字书的基础上对字书进行了改编。据《汉书·艺文志》记载：

汉兴，闾里书师合《仓颉》《爰历》《博学》三篇，断六十字以为一章，凡五十五章，并为《仓颉篇》。武帝时司马相如作《凡将篇》，无复字；元帝时，黄门令史游作《急就篇》；成帝时，将作大匠李长《元尚篇》：皆《仓颉》中正字也，《凡将》则颇有出入矣。至元始中，征天下通小学者以百数，各令记字于庭中，扬雄取其有用者以作《训纂篇》，顺续《仓颉》，又易《仓颉》中重复之字，凡八十九章。

东汉时贾鲂又撰《滂喜篇》，与西汉扬雄所撰的《训纂篇》以及原已

---

[1]　参考李香平《汉字教学中的文字学》（语文出版社，2006年版）。

合并的《仓颉篇》，合称"三仓"，共收录 7380 字。此外，东汉时期还有蔡邕的《劝学篇》。三国时代则有《埤苍》《广苍》《始学篇》等。可惜这些作品都没有流传下来。

流传下来最长久、影响最深远的童蒙识字本是史游的《急就篇》。从辑佚小学资料及《急就篇》的实际情况看，这些字书都是"闾里书师所教习"，用韵语写成，或三字句、或四字句、或七字句，便于儿童认读和记诵。《急就篇》成书约为公元前四十年，距今已有两千多年。全书 34 篇，每章 63 字，共收录 2144 字，其中 31 篇是史游写的，有 1953 字，第 7、33、34 章是后人补写的。书中涉及姓名、衣着、农艺、饮食、器用、音乐、生理、兵器、飞禽、走兽、医药、人事等内容，称得上是我国古代的一部小百科全书。书中开头写道：

急就奇觚与众异，罗列诸物名姓字，分别部居不杂厕，用日约少诚快意，勉力务之必有喜。

"急就"也就是"速成"，这部书分类罗列诸多事物并制成名册，以便学习者在短时间内认写常见事物的汉字，从中可看出当时识字教学的一些理念。

（二）"三、百、千"与唐宋元时期的童蒙识字教育

《急就篇》之后，最有影响的识字本就是宋代王应麟等编的《三字经》、宋代佚名编的《百家姓》、南朝梁周兴嗣撰的《千字文》，三书通称为"三、百、千"，可配套使用，是封建社会时期长盛不衰的识字教材，一直沿用到清末。

《千字文》每句 4 字，共 250 句，共计 1000 字，故名"千字文"。文章从"天地玄黄，宇宙洪荒"说起，由"天"与"地"的现象引出自然、历史、名物、伦理、社会、祭祀等内容，文字不重复，也无牵强硬凑的痕迹，文中语言通顺可读，押韵自然。

《三字经》是我国宋代之后非常流行的儿童启蒙识字教材。全书 1068 字，一句 3 字，内容包罗万象，语言通俗易懂，语句简短上口，句法灵活多样。《三字经》较之其他识字教材，更注重思想道德的说教。例如文中有论说学习的重要性——"子不学，非所宜，幼不学，老何为"，还有激励儿童学习的人物典故——"披蒲编，削竹简""头悬梁，锥刺股"，

都是历代传唱的经典名句。也因为这一点,《三字经》比其他识字教材更受欢迎,流传广泛。

《百家姓》是宋代广泛采用的以姓氏作为识字内容的启蒙教材,它继承了《急就篇》第一部分的编写内容与方法并有所发展。文中所提及的姓氏多是常见、常用、好认的姓氏。如"赵钱孙李,周吴郑王"。姓,对儿童来说是容易理解的内容,识字教学中教会姓的读法与写法在日常生活中也很重要。

从"三、百、千"中我们可以看出,唐、宋、元时期的童蒙识字教学与语文教育结合紧密,古人已经不屑于把蒙学教育看作单纯的熟识人文地理、自然名物的教育,而是将识字与修养、品格、励志等道德教育结合,是一种人文的教育。所以读完"三、百、千"后不但可背诵三千字,识字两千多,还能明了"三、百、千"里传授的德育修身与礼仪思想。

(三)明清时代的识字教育

明清时期,"三、百、千"依然是主要的启蒙教材,一些文人还根据需要编写出不同类型的识字教材,使当时的识字教育呈现出多样性。

1. 沿用"三、百、千"的识字教育

明代以来,许多地方官都喜欢以《三字经》作为官学的基本教材。明末吕坤提出:"初入社学,八岁以下者,先读《三字经》以习见闻,读《百家姓》以便日用,读《千字文》以明义理。"[1]私塾教育《三字经》也是基本教材。赵南星选择《三字经》和《女儿经》作为教导男、女儿童的主要教材,并与友人吴昌期、王义华共同做注,辑成一书,称为《教家二书》。赵南星在其编注的《三字经注》序中注明其优点是"一则句短而易读,一则语浅而易知,殊便于开蒙矣";读此书,"即不必为士大夫,可也;即不必博群书,可也"[2]。

2. 看图识字教育

除了"三、百、千"等传统识字教材,江南地区还风行看图识字类儿童读本。例如金陵王氏勤有书堂收藏一本于洪武四年(1371年)刊出的《魁本对相四言杂字》(见图5-1),共收名物308件,有图306幅,

[1] 吕坤.吕坤全集[M].王国轩,王秀梅,整理.北京:中华书局,2008:993.
[2] 赵南星.味檗斋文集:卷五[M].北京:中华书局,1985:175.

文字 4 字一句，每字或每词出一相（图），图文对照（因此称为"对相"），简单易学。此书颇为盛行，明代刻书家陈伯寿后来还在日本刊出。清末又刊出《新编对相四言杂字》，收 388 字，306 图。看图识字读本的风行，实则有利于识字教育的普及。

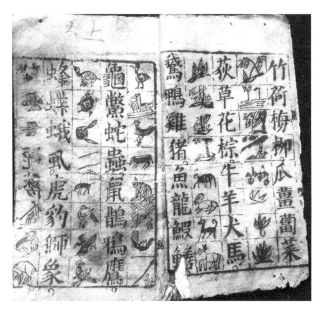

图 5-1 《魁本对相四言杂字》样图

3. 生活类识字教育

在偏远农村，贫家子弟无钱入私塾读书接受启蒙教育，一些乡下文人便将与生活关系密切的常用字写成押韵的浅显文句作为识字教材，利用空闲时间教授贫寒家庭的子弟识字。这类教材把日常生活中的常用字依照当地方言俗语编成七言或八言的文字便于传唱，内容浅显易懂。现存清代的《俗言杂字》就属此类，全文五千余字，内容包括农、商方面的简要知识。

4. "六书"与《文字蒙求》

要死记硬背这么多字不是件容易的事，古代的儿童除了用韵句口诀来帮助记忆，主要依靠汉字的构造之理学习汉字。据《汉书·艺文志》记载，"古者八岁入小学，故《周官》保氏掌养国子，教之六书，谓象形、象事、象意、象声、转注、假借，造字之本也。"许慎在《说文解字·叙》中也说："周礼，八岁入小学，保氏教国子，先以六书。"可见，古代的儿童汉字教育要讲"六书","六书"是汉字教学相关的几种知识,包括如何分析汉字的构造理据、如何使用汉字、如何类别汉字等。清代的王筠编了一本《文字蒙求》,正是用"六书"知识来教儿童识字。《文字蒙求》的序言说:"人之不识字也,病于不能分。苟能分一字为数字,则点画必不可以增减,且易记而难忘矣。苟于童蒙时,先令知某为象形,某为指事,而会意字即合此二者以成之,形声字即合此三者以成之,岂非执简御繁之法乎?"于是王筠选择象形、指事、会意、形声字,"总四者而约计之,亦不过二千字而尽。当小儿四、五岁时,识此二千字非难事也,而与全部《说文》九千余字,固已提纲挈领,一以贯之矣"。这部按"六书"原理编写的《文字蒙求》在清代产生过积极影响,为我国的基础教育事业做出了巨大贡献。

二、童蒙识字教学的经验

中国古代的童蒙识字教学经过几千年的发展,为现代小学的汉字教学提供了可资借鉴的经验。综观几千年的童蒙识字教学历史,有如下几个方面值得继承和发扬。

第一,识字数量方面。历代童蒙识字教材的教学字数都在2000~4000字的范围以内。《急就篇》将识字量定在两千左右,"三、百、千"的总字数也在三千左右,这些字都是反映当时社会生活各方面的常用字。根据现行的《九年义务教育全日制小学语文教学大纲(试用)》,小学的识字量为2500个,这说明我国的传统童蒙识字教育在识字数量的选定上是十分科学的。

第二,识字与语文教育、生活教育相结合。《急就篇》以两千左右的常用字为基础,根据儿童的生理、心理接受程度及认知水平,用韵文的形式描述了西汉社会生活的方方面面,包罗了自然界和社会生活的方方面面,让儿童在接受识字教育的同时也接受语文教育。可以说,《急就篇》非常明确地采用了汉字教学和汉语教学相结合的"语文教学"方式。"三、百、千"从各个方面对儿童进行知识和道德的启蒙教育,让儿童在识字的同时接受最基本的语文教育。

第三,韵文偏旁联系识字。从《史籀篇》开始,历代字书都十分注重按照韵文来编排汉字,利于儿童传唱。某些字书按照义类编排汉字,同一义类的汉字大多含有同一偏旁部首。《急就篇》在介绍"诸物""姓名"时，将同一偏旁部首的汉字编排在一起，比如"芸蒜荞芥荗萸香""桐梓枞松"等。除个别字外，这些字在字义系统中均属于同一类，每七言或每十四个字，大多都是一个部首。这种编排原则，一方面对后代如东汉许慎编纂《说文解字》时"分别部居"的部首编排法具有启示意义，另一方面也开启了识字教学中同偏旁类聚的先河。

第四，讲解字理，使学生掌握汉字的系统性特点和规律。可以说，中国童蒙识字教育以集中识字为主，采用背诵、抄写与讲解相结合的方法，充分挖掘儿童的记忆能力，使学生在传唱、抄写中掌握汉字的形体、读音和意义，理解字书所倡导的思想。识字虽然是基础教育，但却关系到今后的科举与仕途，不能不格外重视，这点可以从历代的法律文献中看出来。汉朝的法律中，学童考试能"讽籀书"9000字以上，可以做"史"（郡县掌管文书的官）；又以"六体"试之，优秀者可以做"尚书史"（中央掌管文书的官）；吏民上书给皇帝，如果写了错别字，经揭发会被处罚、判罪。

中国历史上的童蒙识字作为封建社会时期基础教育的主要部分，随着封建社会的终结走到了尽头，但它给现代小学语文教育的识字教学提供了宝贵的经验。

三、《说文解字》的形体分析方法

就汉字形体分析而言，按照传统"六书"来讲解分类一直是学者们提倡的"科学方法"（通常只用到象形、指事、会意、形声四种）。传统"六书"虽然与汉字教学有关，但并非后人理解的是对汉字形体结构的分类。"六书"应该属于古代基础教育中的一门教学科目，具体内容涉及汉字的形体来源、功能分析、类别之间的关系、用字法则等，它构成了一个实用的汉字基础知识教学体系，但不是汉字的学术系统或学术理论[1]。

东汉许慎编著《说文解字》时对"六书"有简单解释，但没有说他是按照"六书"来"说文解字"的。考察《说文解字》的体例和字形分析，

---

[1] 李运富. "六书"性质及价值的重新认识[J]. 世界汉语教学，2012（1）：94–105.

尽管很多方面与"六书"有关联，但从总体上看，其分析汉字的结构类型无法与"六书"所谓"类别"相对应。可见许慎分析汉字形体结构时用的方法不是"六书"。[1]那么，许慎在《说文解字》中是如何分析汉字的？

《说文解字》作为一部学术著作，以形体分析为手段，以字义解释为目的。从它分析的近万个小篆字形来看，许慎采用的汉字形体分析法主要有三种。

（一）构件功能分析

即根据汉字形体与音、义的关系将汉字拆分为若干构件，并说明每个构件的功能及功能组合关系。如"肉部"："❀（胃），谷府也。从肉，⊠象形。"这是把小篆的"胃"字分析为"肉""⊠"两个构件，并分别说明两个构件的功能：下从"肉"，"肉"与人体相关，"胃"属于人体中藏"谷"（食物）的器官，故"肉"的功能在于表义，表示"胃"的属类；上部"⊠"的功能则在于象形，象胃中充满食物。又如"牛部"："❀（牵），引前也。从牛，'∩'象引牛之縻也，玄声。"这是把小篆的"牵"分解为三个构件，并逐一说明三个构件的功能："牛"属表义构件，表示牵的对象是牛；"'∩'象引牛之縻也"，说明"∩"是象形构件；"玄声"说明"玄"是示音构件，标出"牵"的读音。通过构件的拆分和构件功能的说明，字形与所记录的义项之间就建立了理据联系。

（二）字形变异分析

有些字形是通过改造另一个字形而来，要分析这个字形的理据就应该说明字形的变异情况，借助原字（构件）的音、义（及功能）来理解被析字。如"帀部"："帀（帀），周也。从反之（屮）而帀也。"这是说小篆"帀"字的形体是"之"字形体倒反而成，所以意义也跟"之"相反，"之"是往，"帀"是返回。如果不是沿着直线从一个起点往前走，而是沿曲线最终回到原点，就正好是一个圈，所以许慎解释为"周也"。又如"老部"："❀（孝），善事父母者。从老省，从子。子承老也。"这是说"孝"字的上部分是"老"字的省变，应该按照"老"的表义功能来理解，子辈承奉老人，

---

[1]　李运富.《说文解字》的析字方法和结构类型非"六书"说[J]. 中国文字研究，2011（1）：138–146.

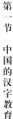

就是孝顺。再如"足部"："𨆏（蹇），跛也。从足，寒省聲。"这是说"蹇"字的上部是"寒"字的省变，应该按照"寒"的读音来分析其构字功能，因而省变的部分仍起示音作用。

（三）部件同形分析

具有明确功能的形体分析单位叫"构件"，功能不明或者忽略其功能的形体分析单位可以叫"部件"。有时从全字中拆分出部份形体的目的并非说明其功能，而是与另一个有同形部件的字进行归类，以帮助记忆和正确书写字形，这就是同形部件分析法。如"壶部"："𡔖（壶），昆吾圜器也。象形。从大，象其盖也"。"象形"是就整个"壶"字而言的，这是把"壶"看作由一个构件构成的独体字。后面又说"从大"，是将"壶"字的上面部分拆分出"大"来，这个"大"的实际功能仍是象形，"象其盖也"。再如"戈部"："�（戠），阙。从戈从音。"所谓"阙"是指这个字音、义不明，既然音义不明，按理无法分析其形体的功能，可许慎却分析为"从戈从音"，就是把"戠"拆分成"戈""音"两个构件。这不是说许慎认为这两个构件的功能跟"戈""音"的音、义有关系，只是说"戠"字包含两个跟"戈""音"同形的构件，可以借助这两个构件来书写和记忆。

许慎用上述三种方法分析了近万个小篆字形，建立起小篆的构形系统。其实，这些分析方法不只适用于小篆字形，无论是古代汉字还是现代汉字，无论是繁体汉字还是简体汉字，都可以运用这几种方法来进行分析。而且，汉字形体的分析也不限于学术层面，汉字教学（包括第二语言的汉字教学）同样可以借鉴这些方法来分析形体，从而提高汉字教学的效果。

第二节　现代汉字的理据教学法

字理是一个历史概念，不同时代的字形反映不同的字理观念和理据系统。因此进行字理教学时，首先要确定所讲汉字形体的时代。我国的汉字教学一向重视字理，传统"六书"的主要内容就是讲解汉字的结构理据。经过长期的发展演变加之今人对字形的整理规范，现代汉字系统的字理情况比较复杂，或承袭字源理据，或理据重构，或理据隐含，或理据丧失，不宜用单一的原则和方法来处理，而应针对不同的理据情况分别主次先后，采取相应的原则和方法加以处理。讲解现代汉字时，自然应以现代汉字的形音义系统为标准。具体来说，现代汉字的理据可以分为四种情况，分别以四种不同方式讲解。

一、理据明确的汉字依照现代字形讲解

相当数量的形声字和会意字虽然形体有变化，但结构功能并没有变化，只要能知道构件古今对应的音和义，就能从现代字形中直接分析出理据。如"解"字的理据是用"刀"分解"牛角"，"明"字的理据是"日月"光辉明亮，"间"字的理据是"日"光透过"门"缝的间隙，"鸣"字的理据是"鸟"用"口"叫唤，这些都是义义合体字，也就是传统所谓会意字；再如"煌"的理据是从"火""皇"声，"蜻"的理据是从"虫""青"声，"辆"的理据是从"车""两"声，"骑"的理据是从"马""奇"声，这些都是义音合体字，也就是传统所谓形声字。此外，还有一些古今变化不大的独体字，如前所述的"口"和"大"字，现实理据和原始理据相同，一目了然，可以依照现代字形直接讲解。

若现代字形所反映的结构功能关系与古代不同，可以依现代字形重新解释理据，也就是理据重构。前文所说的根据新的意义或文化背景重造字形的字都属于这一类，如"尘—塵""罪—辠""炮—砲"等。再如"构"字原来从"木""冓"声，声旁简化后变成了从"木""勾"声的字形；"猪"字原来从"豕""者"声，现在换义符变成从"犭（犬）""者"声；"体"

字原来从"身""豊"声，或从"骨""豊"声，现在从"人（亻）"从"本"会意（跟古代从"人""本"声表愚笨义的"体"同形）；"灭"字原来从"水（氵）""烕"声，现在可以解析为用"一"（标志覆盖物）灭"火"的义标合体字。凡此种种，有的功能关系没变，但构件变了；有的构件变了，功能关系也变了。总之，新的理据建立在现代字形的基础上，教学中可以直接讲解新理据，没有必要去追溯古代字形。

　　还有一种情况，新事物的产生需要新的字词来表达，有时还需要创制新的字形来记录，这些新创制的字形只能根据现代字形分析。例如"氢""氮""氨""氯""钡""锑""铱""镭"等化学方面的新字都是现代新造的，它们大都是义音合体字（形声字）。

二、理据隐含的汉字关联同类字讲解

　　讲解汉字的理据要兼顾系统内的类似现象做类化处理，也就是要进行系统类聚。利用汉字的系统性，有助于我们正确掌握个体字符的理据。特别对现代汉字而言，由于形体的演变和音、义的发展，个体字符的构形理据有所削弱，不经过仔细分析有时很难一下子看出来，但如果联系相关的字符，通过类化作用和系统的提示，个体字符的构形理据就显而易见了。例如"瑶"字很难判断它为形声字，因为右边的"䍃"现在不独用，没有现代的读音也就不能示音；左边的"王"虽跟独用的"王"（wang）字同形，音、义却与"瑶"没有关联，自然也不能表义。但如果我们把"瑶"放在整个现代汉字体系中来观察，其理据就很清晰。因为以"䍃"为构件的"摇""谣""遥""鹞"都读"yao"，说明"䍃"带有"yao"的语音信息；同理，以"王"为左部构件的"琼""环""玑""球""玲""珍珠""玫瑰"等字都跟玉石有关，通过联系类推可知"瑶"所代表的应是一种玉石。既然"瑶"的左旁表义，右旁示音，那么它的理据当然是义音合体，也就是形声字。

三、理据消失的汉字追溯古代字形讲解

　　拥有相同构件的汉字在相关的构形环境中体现出一定的意义或读音信息，但构件单独成字时不一定能看出它们的构形功能。例如"鱼"作

为构件，通过"渔""鲢""鲫""鳅""鲈""鲇""鳟""鲸"等字的联系类推，我们知道"鱼"表示一种水生脊椎动物，是个表义的构件，但是作为独体字的"鱼"是怎样跟表示鱼类的"yu"建立联系的呢？我们无法从现代汉字系统中找到理据，这时就需要借助字源也就是古文字来加以说明了。原来的"鱼"是个象形字，经过隶变成了记号字，其演变过程是"𩵋→𩵋→魚→鱼"。再如"为"，在"伪""沩"两字中起示音作用，可独体字"为"是如何表示"wei"的音、义呢？这也需要追溯字源。甲骨文和金文用一只手牵一头象的组合图形来表示干活一义的"wei"这个动词，小篆字形也能看出会形的意味，隶变后图形表义的功能基本消失，成为从"爪"的半记号字，又经过草书和楷化成为今天的全记号字（或理据重构为义标合体字："为"中的"力"表义，两点象征汗水），其演变过程是"𤕦→𤕦→爲→为→为"。

不只是独体字，合体字中理据不明又不能从现代汉字系统上分析的字，也需要借助字源来讲解其构形理据。例如"封"字如果不追溯字源就很难理解今天的形义联系，也就难以把握它众多与形体有关联的现代义项。再如"春""舂""奉""泰"四字，它们虽然都有一个相同的构件（字的上部），可这几个字的音和义都没有什么联系，我们无法推知共同的构件有什么具体功能，所以只好借助字源来讲解各字的构形理据。"春"的甲骨文字形作"𣚊"，其中的三个"木"象草木之形，"日"表阳光之义，"屯"提示字的读音，合起来表示意义与阳光温暖、草木滋生有关，读音如"屯"。"春"小篆作"𣈪"，从"屮（草）"从"日""屯"声，隶变后作"春"，小篆上面的两个构件"屮"和"屯"合为一个无音无义的记号"𡗗"，整个字就变成一个表义构件"日"加上一个记号构件"𡗗"了。追溯字源以能讲清理据为准，不一定要列出所有的古文字形体，也不一定要拿出最早的形体作分析。"舂"小篆作"舂"，是两只手（𦥑）持杵（午）以捣臼（臼）的组合图形，表示舂米；隶变以后，上面的两个构件也粘合成一个记号"𡗗"了。同理，"奉""泰"两字也是只追溯到小篆形体就可以了。"奉"小篆作"𡘾"，从"手"（手）从"廾"（𠬞）捧物（丰），本义为"捧"，引申为奉承、承受、侍奉，现代只用引申义，本义用分化字"捧"表示。"泰"字小篆作"𡳐"，从"水"（水）滑过双手（𠬞），"大"（大）声，本义为顺滑，引申为顺畅、顺利、平安，现代只用引申义，本义已不再使用。溯源后可知，"奉""泰"的上部也是经过隶变合并而成的，虽然它们跟"春""舂""秦""奏"等字的现代字形有相同部件，但由于各自的原形不同，其原始理据也就各不相同。

字源的追溯和形体演变的分析可以相互配合，系统地进行讲解。若讲解对象为中小学生，讲解就不宜太多太滥，只需根据需要适当运用追溯法。

四、理据不清或形体来源不明者存疑

对于字源理据不清或形体来源不明者，千万不要为求字理而随意联想，以致胡拆乱讲，因为有些古文字的理据本身就不清楚。例如上文所说的"商""六""由""入""四""于""者"等字，其现代字形"不明所以"，即便查出它们对应的古文字形体同样难以推测其所以然，还有许多无功能构件，其功能丧失过程也不清楚。对这类字和构件，我们应该把它当作记号，或者运用别的方法（如联想法、字谜法等）间接帮助学生记住，不要编造虚无的功能字理强行讲解。

综上所述，字理不是孤立的，而是由若干规律形成的系统。运用规律和系统来进行汉字教学，自然能有效提高汉字教学的效率，所以字理教学作为一种识字方法已在许多中小学得到广泛运用。但字理教学不单涉及教学方法，它与汉字知识、教育规律和儿童心理都有关系。我们应该在这些理论的共同指导下准确地把握字理教学的性质、功用和尺度，不要把字理教学讲成图画课，使学生误以为所有汉字都是由图画变来的，从而背离汉字科学；也不要把字理教学讲成古文字课，以免增加学生负担，偏离中小学语文教学的目标；更不要把字理教学讲成系统的文字学理论课，抽象的知识会降低学生学习汉字的兴趣。我们主张中小学教师多学习汉字学知识，掌握汉字结构和形体演变的基本规律，在教学中能根据现代汉字的实际情况合理运用字理教学。只要能让学生通过部分字例初步认识到汉字形体的结构和演变是有理据的就可以了，不要寄希望于讲清楚每个汉字的理据，更不要因盲目追求理据而胡乱分析和讲解汉字。

第三节 现代汉字的其他教学方法[1]

字理教学作为一种识字方法是科学的、行之有效的，但并不是唯一的或万能的。汉字教学应该使用多种识字方法进行教学，多种方法之间相辅相成、并行不悖。若讲解的汉字字理明晰而学生也能理解，教师可以用字理教学法，不能解释或虽能解释而学生难以领会的就不要强解字理，而应该采用别的识字教学法。现代中小学语文教学中经常使用的汉字教学法除了字理教学法外，还有"集中识字法""分散识字法""字族文识字法""韵语识字法""同音辨异法""注音识字法""变异分析法"等，下面分别略加介绍。

一、集中识字法

集中识字法主张离文识字，即分批集中识字，在一批识字结束后，再进行阅读教学。集中识字阶段学过的汉字会被放入课文，学生在学习课文的过程中巩固已学汉字，加深对字义的理解。

集中识字法是1958年辽宁黑山北关试验学校的贾桂芝、李铎首先提出的，他们从"先识字，后读书"的思路出发，提倡"集中识字"，总结出了一套教学办法。这种方法继承了古代集中识字的经验——先识字，后阅读。根据汉字结构的规律和学习的迁移规律，将汉字归类后集中识字，学生认识一批生字后，阅读含生字的几篇课文，复习巩固生字，使之在较短时间内掌握较多的生字，便于及早开始阅读课文，加快学习进度，提高学习质量。这种识字法的特点在于突出汉字的偏旁部首，强调字的音、形、义之间的区别和联系，将字由易到难、由简到繁分类排列，使识字学习走向科学化。集中识字的基本做法有二。

（一）基本字带字

"基本字"是指字形近似的一组字中共同含有的、能够独立成字的构

---

[1] 参考李运富《汉字构形原理与中小学汉字教学》（长春出版社，2001年版），李香平《汉字教学中的文字学》（语文出版社，2006年版）。

字部件。"基本字带字"就是把一组偏旁相同的字放在一起对比记忆，既加强了字族之间的联系，又注意到彼此之间的差别，利于成批记忆汉字、减少错别字，提高学习效率。其中最常用的方法就是把声旁（基本字）相同、读音相同的汉字进行归类学习。如下表：

表5-1

音节	声旁字	阴平	阳平	上声	去声	轻声
yang	央	秧、殃、鸯、泱			怏	
	羊		洋、佯	氧、痒	样、漾	
tai	台	胎	苔、抬			
	太				态、汰	

还可以把声旁（基本字）相同，读音相近的汉字进行归类学习。如"支"字可带出"翅""技""枝"等；"生"可带出"姓""性""胜""星"。但我们也可以看出，这种教授方式只针对形声字，并不能囊括全部生字，因此基本字带字还应扩大到含有相同构件的非形声字。

总之，基本字带字选取一组含有同样声符的形声字（或包含该声符的非形声字）作为教学内容，在学生掌握了基本字后，再学习该组形声字。这样一来，学生面对的虽然是一组生字，但是组构这些生字的构件——基本字和表义偏旁都是学生所熟知的，由此减少学习的难度，也为短时间大批量学习汉字提供了可能。

（二）偏旁部首带字

集中识字前，学生往往会在"识字基础"阶段学习一些基本的表义偏旁。在对这些偏旁的名称和表示的意义有所了解后，再集中学习带有相同部首的字。如用"口"字带出"吃""喝""唱""吐""吵""吹"等字，用"囗"带出"围""圆""圈""图""圃""囚""囤""困""圃"等字，用"言"字带出"谈""话""议""论""讨""说"等。

不管是利用基本字带字还是偏旁部首带字法成批学习汉字，一定要注意在集中识字后将所学汉字放到课文阅读和写作中加以应用，通过应用以巩固所学生字。

二、分散识字法

也叫"随文识字法"。课堂教学中先教生字，后教课文，讲解课文时边识字边阅读。我国 1919 年以后，开始在教材中编入白话文，从句子、句群、短文开始教学，每课安排三五个生字，识字效率较低。1958 年，南京师范大学附属小学特级教师斯霞率先进行分散识字的实验，从教材入手，增编课文、增加看图识字的内容、增加生字数量，同时在教学上改进识字方法，加强汉语拼音和汉字基本结构教学，以识字教学为重点，精讲多练，强调汉字本身的规律，提高儿童识字能力。由于她坚持"字不离词，词不离句，句不离文"的教学原则并适当扩大阅读量，寓识字于阅读之中，大大提高了识字效率。她所教学的实验班一年级识字 1008 个，二年级识字 1000 个，三年级识字 1378 个，学生对生字掌握得也比较牢固。

分散识字法主张在具体的语言环境中感知、理解和掌握新字，教学课文前也有"识字基础"阶段。在该阶段，学生要先学习汉语拼音，并且通过看图识字和短语学习建立必要的基础。然后开始阅读含有生字的课文，在阅读理解课文的同时学习并掌握课文中的生字。"多读课文多识字"是分散识字的指导思想。

分散识字不像集中识字那样有统一的、带指导性的汉字教学方法，教师对汉字的讲解和教授方式因人而异。斯霞在《我对随课文分散识字的看法》一文中提到分散识字应该配合运用别的识字方法，如拼音识字、基本构字方法识字、归类识字、查字典识字等。在具体的教学过程中，教师讲解的随意性会更大。分散识字有机地将识字与读文融为一体，在识读汉字的同时，充分考虑了汉字的使用问题。

集中识字法与分散识字法的共同特点在于，都运用了汉字音、形、义的规律和语言规律，都突出了低年级集中识字的教学过程。有的教师吸取了两家之长，把集中识字与分散识字结合起来进行识字教学，也达到了较好的教学效果。

三、字族文识字法

这一识字法吸收了集中识字法和随文识字法两种方法的优点。它充分利用汉字中构字能力强的基础部件，以其作为字组中的母体字，通过母体字带出一批音、形相近的合体字，组成一个家族，称作"字族"。将2500个常用汉字编成389个字族，然后将这些字族中的字编成诗歌韵文。例如"青"字就是一个派生能力强的母体字，与加上不同偏旁所派生的子体字（"清""睛""情""请""晴"等）组成字族，再根据这一字族编写文情并茂的"字族文"——《小青蛙》：

河水清清天气晴，小小青蛙大眼睛。

保护禾苗吃害虫，做了不少好事情。

请你保护小青蛙，它是庄稼好卫兵。

字族文以字归族，以族编文，重视在语境中学习汉字，体现了文与字的统一。字族文的产生找到了规律识字与阅读教学的契合点，使汉字构字规律和小学生的识字规律得以连结，为儿童快速识字提供了契机。又如"我"的字族文：

我是独生女，名字叫小娥。我住山右边，峨眉多巍峨。

我与鸟为邻，最爱白天鹅。我给鸟喂食，不让鸟挨饿。

我爱捉害虫，常扑稻螟蛾。我喜赞鸟诗，出口好吟哦。

字族文识字法融汉字规律于诗文之中，诗文是载体，以"类联""类聚""类推"的方式，成系统地编排和学习汉字。每一篇字族文都要求学生掌握一族汉字，而课文本身的内容（主要指韵文）常常也是针对这族字的形义讲解。另一些非韵文的字族文，也大多根据识字教学的需要，创设相应的语言环境，帮助学生区分、识记生字词。

此外，相关的字群也可以当作字族来教。构建相关字群有两种方式，一种是以某个独体字作为字群内的母字，通过添加笔画构成不同的汉字。例如"人"字系列——"人""个""大""太""天""夫""从""众""介"，"木"字系列——"木""本""末""未""林""森""休""体"，"日"字系列——"日""里""早""旧""旬""时""是""昌""晶"，等等。一种是以某些特殊笔画为母字，通过增加笔画构成不同的汉字。选用特殊笔画组字时，要注意不能选用太常用的笔画，而是选用一些较复杂、形态较特别的折笔笔画，例如"弓"组成的"乃""奶""仍""扔""扬""汤"等。

字族文识字法产生于 20 世纪 90 年代初，问世时间较短，还存在一些较明显的需要改进的地方。例如母体字还应补充一些常用字，字族文的序列还应根据使用频率和儿童生活实际做一些调整，一些字族文行文需打磨加工，增加反映现代生活和科技知识的篇目，使儿童通过多种多样、生动活泼的字族文增加语文知识。

四、韵语识字法

韵语识字法从培养的儿童阅读能力和习惯入手，让儿童在学习韵文的过程中识字，通过具体的语言情境推动高效识字。

根据儿童"先整体后部分，先记忆后理解"的认知规律，韵语识字课文提供了一种汉字的"识字集成网络"。汉字不再是一个一个地学，而是一批一批地记忆。每一篇课文就是一个小型的"网络集成块"，一篇篇生动有趣的韵文将一个个孤立的汉字串联了起来，学龄儿童通过背诵含有生字的课文快速记忆生字。依靠定位联想，儿童可以迅速在头脑中找到某个生字在某课某句话中的位置，以此来识别汉字。

突出汉字字形，抓好字形教学，是韵语识字法贯彻始终的教学方法。汉字的字形规律会在一开始就传授给儿童。当然，传授时不会教条式地给出术语和规则，而是给出具体的语言实例，并将这些实例以韵体文的方式编成短文，让儿童在不知不觉中接受汉字的字形规律，主要是会意、形声等汉字构字法。奇特联想是韵语识字法指导儿童识记汉字的一个重要方法。它倡导根据儿童的心理特点，以趣味性为主线，启发、调动儿童根据已有的经验，对汉字的各部件及笔画之间的关系进行"海阔天空"的联想，以达到识记汉字的目的。

韵语识字法也提倡"识字"与"读文"的密切结合。每篇韵文都会根据识字的需要，设计情节进行编写，收录要学习的字词，也就是所谓的"文从字"。同时也强调"字从文"，即汉字必须放到具体的语境中进行学习，做到"字不离词，词不离句，句不离文"。

五、同音辨异法

同音字众多是汉语的一个主要特点，也是汉字教学的一个难点。学习了一定数量的基本汉字后，汉字学习的主要问题不是笔画笔顺的错误，而是同音别字的错误。利用比较找出差异，尤其是强调对形近同音字的对比能够在一定程度上化解同音字带来的问题。目前，利用字音创造的识字教学法有如下两种。

（一）同音辨调法

同音辨调法就是利用汉语四声别义、别字的方法关联其他同音不同调汉字进行对比，一般在语音教学和汉字教学初期进行。利用声韵相同、声调不同的特点组织汉字教学，一方面练习了四调，另一方面能让学生在初期建立声调不同则字词不同的概念。例如"ba"系列可以关联"八""拔""把""爸"，"ma"系列可以关联"妈""麻""马""骂"。

（二）同音辨形法

指关联读音完全相同而字形不同的汉字进行对比，如"难""南""男"，"蓝""兰""拦""篮"，"零""铃""玲""灵""龄"等，这一方法有利于区别同音字。

读音相同的形声字往往声符相同而形符不同，字形上有同有异。如"彩""采""踩""睬"是汉字学习中较难辨别的字，书写和使用中干扰性很大，放在一起利用形符区别，效果会事半功倍。

六、注音识字法

注音识字教学法倡导儿童在掌握好汉语拼音后，直接用汉语拼音进行读写，之后慢慢地变拼音课文为注音课文，最后直接阅读无注音课文，在阅读中学习汉字。这一教学法的应用，《汉语拼音方案》发挥了巨大作用。

寓识字于读写之中，边读书，边识字，是该教学法的核心思想。它主张儿童在未识字或识字不多的情况下就开始进行听、说、读、写的全面训练，在发展语言技能的同时完成识字学习任务。因此直接用拼音或者注音的方式，指导儿童大量阅读，即可在阅读中识字。

此外也会补充专门的识字（写字）课讲授汉字的基本知识，进行识字、写字的基本功训练。教学的初级阶段，教师会教授学生 350 个左右的典型汉字和汉字的一些基本结构规律。此后的阅读学习中再遇到生字，则由学生自行查字典来了解其音、义。该教学法认为，如果学生在多篇文章中多次遇到同一个生字，也可以因为"经常见面"而"无师自通"。

在汉字的使用上，注音识字法打破了传统的"识字—阅读—作文"的教学模式。它借助汉语拼音将三者结合起来同步进行，注重发挥结构整体化和知识在立体交叉中协调作用的优势，对促进学生书面语言的学习具有较大的优势。

七、变异分析法

变异造字不只是古代有，现代也有，因而许慎用过的变异分析法在现代汉字教学中值得借鉴。如"冇"实为"有"的省笔新造字，应取"有"的反义来理解；"乒乓"实为"兵"的减笔新造字，应联系"兵"的形、音来认知；"甩"是"用"的竖笔变异字，形义与"用"相关，"甩"掉就是不用了。古代产生的省变字有不少传承到现在，也需要用变异分析法来解说。如"毫"字下面的"毛"是义符，表示"毫"是动物的毛，而剩下的部分则是"高"的省变，实为声符，取"高"的读音（此类还有"豪""膏""槁"等）；"亭"字的上部也是"高"的省变，但不作声符，而是义符，亭子往往建造在高处，下面的"丁"才是表示读音的声符。现代汉字中还有大量成系统的省变偏旁，联系变异之前或未变的形体才能理解偏旁的功能。如"讠—言""阝（左）—阜""阝（右）—邑""王（斜玉）—玉""扌—手""氵—水""𧾷—足""灬—火""宀—宀"等。

变异分析不限于形体，有时音、义变化的说明也有助于揭示字形结构的理据。如表示钱财的字大都包含"贝"的构件，"贝"的现代常用义为贝壳、宝贝等，这一含义难以解释"贝"的构件功能，因此要特别说明远古时代"贝"有钱币的含义，造字时用"贝"来表示这个字跟钱财相关。又如"页"在构字时常常表示跟头部相关（如"顶""项""额""颌""领""颊"等），但现代的"页"并没有这方面的意义，于是需要告诉学生古文字的"页"字象人头形（𩑶），本义就是指人头，所以古人造字用"页"作头部类义符。这样的变异分析，不仅能帮助学生掌握字的形、音、义关系，还可以间接了解古代的历史文化。

八、偏旁识字法

现代汉字的形旁、声旁是识字教学中的宝贵资源，绝大部分形旁都能提示字义，声旁也能提示汉字的大概读音。利用同一形旁关联形近字进行汉字教学，是提高识字教学效率的好方法。在选用形旁时，我们要选用构字能力强的形旁。《高等学校外国留学生汉语教学大纲（长期进修）》中构字数大于10的形旁从高到低依次是"扌""氵""亻""忄""口""讠""木""纟""辶""艹""土""月""贝""女""灬""日""钅""刂""足""疒""竹""禾""阝""礻""犭""宀""目""石""页""车""力""攵""虫""广""马""米""彳""冫""王""酉""山""饣""衤""巾""穴"[1]。我们利用这些形旁能够学习大纲中绝大多数形声字。利用声旁联系汉字教学可以选用构字能力强且声旁本身是常用汉字的构件，如"者""皮""分""各""方""干"等。声旁教学汉字要让学生了解声旁示音的不同情况，避免过度依赖、盲目利用声旁示音规律。

九、部件识字法

现代汉字中有些合体汉字既不是会意字也不是形声字，无法利用偏旁识字法，这时就可以采用部件识字法，这种方法主要针对那些失去字理的合体字。运用部件识字法时，尽量选用构字能力强的部件作为教学的基础字，然后通过基础字联系相关汉字。具体来说靠部件识字有两种方法：第一种是部件组字法，先教授一些笔画比较简单的能作为独体字的部件作为基本字，再由基本字组合成合体字，使学生联系旧字学习新字，例如"木—对—树""广—木—床""日—寸—时"；第二种是部件拆分法，将一个复杂的汉字拆分成熟悉的部件字，例如"赢—亡—口—月—贝—凡""谢—言—身—寸"。部件识字法简便易行，它有助于把握合体字的结构样式，能深化学生对汉字结构特点的认识。

---

[1] 参考国家对外汉语教学领导小组办公室《高等学校外国留学生汉语教学大纲（长期进修）》（北京语言大学出版社，2002年版）。

部件识字法以先学独体字，再学简单的合体字，最后学复杂的合体字为教学序列。但不管哪个阶段都注重对汉字形体的分析讲解。在独体字阶段会讲解笔画名称和笔顺规则，而在合体字阶段则会对汉字的结构样式和部件的组构规律进行讲解。

部件识字法有一整套的字形结构分析理论，并对汉字部件进行定量、定名、定位、定序处理。识字的过程就是"把握整体结构—确定部件的位置及顺序—组装部件"的过程。

十、同形类比法

无论汉字怎么演变，只要有理据，就可以运用构件功能分析法。但汉字形体的演变也可能导致结构理据的部分丧失或彻底丧失，这些丧失理据的字形有的可以用变异分析的办法来恢复历史理据，有的因不明变异轨迹所以连历史理据也无法找到。教学这些理据不明或理据难求的字形可以不讲理据，但如果能通过联系同形部件，把字形中与其他字或其他字部件中的同形部分分析出来，借助已知形体来认识未知形体，也能提高学生掌握新字的效果。这一做法其实就是借鉴许慎的部件同形分析法。

同形类比法跟上面说的部件识字法有相通的地方，但不完全相同。部件识字重在组装，同形类比重在类比。同形类比是利用已知字形认识未知字形的一种方法，对记忆形体和正确书写很有好处，对掌握相关字形的联系和区别有实用价值，但对理解字义并没有帮助。但也因同形类比与字的功能和意义无关，所以比较适合丧失理据的记号字或形体繁复的难写字。如现代的"些"和"矮"无法讲解理据，就可以各自分解为几个同形部件来掌握："些"分解为"此"和"二"，"矮"分解为"矢""禾""女"（或"矢"和"委"）。书写繁难的字还可以在分解为若干简单字时说明其位置关系，如"赢"可以分析为"上部亡口竖叠，下部月贝凡横列"，"蓐"可以说成"草头下面左边一个女右边一个辱"，这样学生记起来就容易多了。形体近同的字结合位向分解效果更佳。如"口内人为囚，口内大为因，口内木为困，口内才为团"，"口"是"囚""因""困""团"的同形部件，"人""大""木""才"是形近部件；又如"日在木下为杳，日在木上为杲"，两个部件都同形，而位向不同，异同立辨。构件的同形分析还可以用来区别同音字。例如把"章"拆分为"立早章"就不是功能分析而是同形分析，目的不是讲"章"的意义，而是要跟"弓长张"区别。

同形分析的单位不限于有音有义、能独立成字的部分，经常出现的一些偏旁部首甚至具有比较辨析价值的局部形体也可以拆分出来进行类比。假如学生已经学过春天的"春"字，可以把"秦"字分析为下面是"禾"，上面是"春字头"，把"秦""泰""春""奉"等上部同形的字联系起来教学。又如"归"字虽然笔画简单，但并不容易识记和书写，如果告诉学生"归"的左边就是老师的"师"字边，右边就是下雪的"雪"字底，学生就会调动已有的印象掌握这个字形。

十一、字义联字法

字义联字法是利用字义的关联性联系一组或一群字进行教学的方法，主要有两种情况。

（一）语义场联系法

指把意义上有关联的字放在一起教学，让学生通过意义的关联进行联想以巩固学习内容。常用的如同义联系："宽—阔""低—矮""房—屋""父—爸""母—妈""肥—胖""江—河"。反义联系："多—少""男—女""进—出""好—坏""宽—窄""胖—瘦""正—反""难—易"。同类联系：餐具类汉字、颜色类汉字、数字类汉字、衣服类汉字等。

（二）语境联系法

指的是通过词语、句子、短文来联系汉字的方法，有点类似于随文识字，不过这里的词语、句子、短文主要根据汉字教学需要而设计，而不是随文识字完全根据语法的需要来设计。例如，通过小短文"小明家里有几口人"来学习亲属称谓用字。

十二、教学法的综合使用

上述十一种识字法加上前面单独论述的"字理教学法"共有十二种之多，这些方法从不同角度提出，出发点不同但立场并非对立而是互补，许多方法可以综合起来运用。大致来说，它们涉及的内容可以分为两个层面来认识：一是汉字教学策略的层面，二是汉字本体讲解的层面。

就汉字教学的策略而言，又可以概括为两大类。一类以集中识字法和部件识字法为代表，将识字与读文分为两个阶段，主张"先识字，后读文"。另一类以分散识字法、字族文识字法、韵语识字法和注音识字法为代表，将识字与读文结合起来，在具体的语言环境中进行识字教学，字族文、韵语、注音篇章都是分散文字的特殊环境而已。

不论是"先识字，后读文"，还是"边识字，边读文"，两者都有其科学依据，都符合儿童的认知心理，也都能得到很好的教学效果。因此在识字和读文的先后关系上，我们不做孰优孰劣的评判，只是对汉字本体的讲解有三种情况值得我们注意。

第一种情况是，不对汉字的形体结构进行分析和讲解，只借助多读、多写、多练从整体上把握汉字，比如分散识字法和注音识字法。这两种教学方法所教授的汉字都是零散地分布在一篇篇课文中，每次所教授的汉字在形、音、义上缺乏系统的联系，教师对汉字形、义的讲解不做统一要求。有的教师根本不讲解汉字字形和字义之间的联系，即使讲解也比较随意。比如主张学生通过查字典自行了解生字、词的含义，以到达"无师自通"，其实就是放弃了教师在汉字形与义关系上对学生的指导。因此，即便学生经过培训，其对汉字的认识依旧无法构成系统。他们在已经有了相当的汉字积累后，仍然只能一个一个地学习和记忆生字，效率低下。而且，因为对字形的记忆多半属于机械性记忆，不了解字形和字义之间的关系，所以到了后期出现错字和别字的比率较高，对形近字的辨析能力也不足。

第二种情况是，虽对汉字的字形进行讲解，但只着眼于单个字形，无视汉字形与义间的联系，也就是没有依据汉字的构形属性和系统规律进行讲解。例如韵语识字法中重要的教学方法——奇特联想法就属此类。在这种方法中，儿童丰富的"奇特联想"是联系字形和字义的纽带。其他识字教学法，包括字理识字法也存在"随意联想"的现象。虽然随意拆分汉字形体来讲解形义关系并不是教学初衷，但是这类以趣味性为出发点的教学方法因为鼓励儿童对汉字的部件及笔画进行"海阔天空"式的联想，往往会造成为了追求"奇特"而不顾汉字结构规律和形义系统，胡乱拆分讲解汉字的结果。如果单看某一个字的讲解似乎有助于记忆，但是由于它破坏了汉字系统的结构规律和系统性，则不利于学生今后的长期学习。

第三种情况是，依据汉字形体上的某种相同或相似性，对汉字的字形进行归类整理，利用局部的系统性来提高识字效率。集中识字法、字族文识字法和部件识字法就是这样做的，它们的总体思路一致，只是在具体操作上略有不同。

集中识字法所采用的基本字带字法，选取构字能力强的独体字加上偏旁部首或是构件集中识字，希望利用基本字所携带的声音或意义信息帮助学生记忆新字。倡导者注意并且利用了构件（基本字）在组构汉字中的重要作用，同时也充分发挥了知识的迁移作用，这是该教学法取得成功的重要原因之一。但是，构件（基本字）在组构汉字时究竟起何种作用，该教学法却没有进一步探究。因此含有某个构件（基本字）的一组字被一股脑地拿出来教给学生，却不讲解字理，其结果必然给学生带来不必要的混淆和困惑，容易使他们误以为基本字作为构字部件，其功能都是一样的。例如，利用构件（基本字）"巴"教授"吧""爸""把""肥"一组字。对前三个字来说，"巴"是一个示音构件，提示"ba"的读音。而对"肥"字而言，"巴"不携带声音信息，而是一个丧失了理据的记号构件。由于不对构件（基本字）的作用进行区分，"带字"时也不对新字进行筛选，势必给学生识记汉字带来负面影响。另外，有一些不成字的构件，在参与构字时也能起到和独体字一样的作用，但却不作为基本字参与教学。比如，参构"经"字的构件"圣"虽然是个不成字构件，但是却频繁参与构字，并且常常作为示音构件，提示被参构字的读音，如"经""颈""径""茎"等。但是，基本字仅限于独体字，如"圣"这类能产性很强的不成字构件都被排除在基本字之外，这大大局限了基本字带字的覆盖面。

字族文识字法所选取的母体字因为也被限定为独体字，同样存在覆盖面过窄的问题。与基本字不同的是，倡导者对母体字的选择，是根据其参与构字时所起的作用来筛选的。母体字实际上是一批示音构件，以此避免集中识字法的弊病，以利于学生对形声字示音构件的系统感知。但是，现代汉字的示音度不高，声符系统也很复杂，所以对于初学汉字的儿童来说，要清晰无误地识记一"族"字，难度也不算小。例如，由母体字"皮"带出的一"族"字："坡""波""破""跛""披""被""菠""婆"就有四个读音"bo""po""pi""bei"。特别是"bo""bei"，读音与"皮"字相去甚远。如果不对这种现象进行讲解，只是做简单的罗列，则不利于学生学习。

部件识字法打破了以独体字为基本构字元素的观念，把对汉字形义关系的分析深入到了构件的层次，这是一个不小的进步。部件按形体分为单部件和复部件，又按意义分为成字部件和不成字部件，并且进行了定量、定名、定位和定序处理。部件识字法的学习过程是先以看图识字的方式学习独体字，通过笔画和笔顺记忆字形；然后学习简单的合体字，按单部件的位置和部件的组合记忆生字；最后学习复杂合体字。部件识字法把部件的重要性提到了一个前所未有的高度。但是这一方法对部件本身的形体及部件在整字中所处位置的关注，似乎更胜于对部件示音、表义作用的关注。部件识字法将汉字字形的记忆从笔画提升到了部件，却仍然以机械性的识记为主，实质上也属于形体的关联归类。

上述三种情况，或不顾字形，或只顾单个字的字形，或限于某类字形，偏重于形体的外观、书写、主观联想，都有其不足。汉字总体上是一个由基础单元构成的有序系统，对汉字本体的讲解应该从汉字构形的系统性出发，抓住构件的属性和结构的类型来进行。也就是要讲清汉字的构形原理，通过字理分析建立形义联系，在理解的基础上记忆汉字功能。从这个意义来说，前文提到的字理识字法是值得认真研究和大力推广的。但教好字理识字法不只是教学方法问题，它要求教师有一定的汉字史修养并掌握系统的汉字构形学理论，即首先要对"字理"有正确的认识，不懂字理就无法进行字理教学。由于我国中小学教师大都不具备系统掌握汉字构形原理的条件，所以实际上目前中小学流行的所谓"字理教学"很大程度上并非真正的字理教学，而是一种"文字游戏"。一些胡乱拆解字形、随意发挥联想、临时编造理由的现象，使得这些所谓的"字理教学"严重违背现代汉字的构形实际，走入了误区。为此，中小学语文教师首先要明确什么是字理和字理教学，明白为什么要进行字理教学以及怎样进行字理教学。

总之，科学合理的汉字教学方法既要符合汉字结构规律，又要适应学习者的习得规律，二者不可偏废。

第四节　汉字教学的环境利用

要高效地进行汉字教学，教师还要根据小学生的年龄特点和心理特点，为识字教学创造有趣、快乐的教学环境，让学生在快乐的气氛中学会汉字，真正做到寓教于乐。目前常用的识字教学环境的创设方式有以下几种。

一、多媒体刺激法

这种方法突破了传统课堂教学法利用黑板板书、教师口头讲授的局限性，利用声音、图象、文字等手段让儿童通过不同感官来感受汉字。多媒体的应用增加了知识输入的渠道，提高了儿童课堂学习的兴趣和气氛，还可以吸收传统识字法的优点。

运用电脑技术制作的识字教学软件为传统的汉字教学注入了新的活力，如香港大学推出的识字教学软件"现龙第二代——中文字词学习系统"就是一款专为小学生识字开发的软件。该软件主要包括如下几个方面的内容：

（1）"童歌字趣"系列共收录 25 首儿歌，以动画演示儿歌内容，带出 500 个常用汉字。

（2）历奇故事"小兔子找食物"系列使用互动阅读的方式，让儿童在配以声音、图画、文字的故事中以游戏的方式学习汉字。

（3）"文字资料库"系列以五百多个字为纲，涉及四千多组词语。资料库详细列出了与生字读音相似、字族相同、部首相同的汉字，以及不同语境下字词的不同解释，还能演示每一个汉字的笔画、结构、部首、笔画数、所属"六书"类型，并附以读音及例句示范，方便教师将课程中涉及的字词串连，查询灵活方便。

（4）"互动识字游戏"是一套在电脑平台使用的汉字识字练习软件，包括笔顺的练习、构形的练习、部件砌字的练习、配对及填充练习、形符和声符练习。学生可以通过完成计算机上的互动练习，复习有关的文字知识。活动过程中，计算机能记录学生的失误，并做出统计。

二、生活体验法

这种方法利用儿童的日常生活经历和已经习得的词汇来学习汉字，一般有两种教学模式。一种是让儿童在小组中一起说故事，教师将儿童所说的故事录音，由教师或家长协助将录音资料编写成书面文字，以此为阅读材料引导儿童学习其中的生字生词。另一种是让儿童选择一个舒适的姿势坐好，闭上双眼，教师用轻柔的语调引导儿童运用不同的感官发挥想象力，并将想象的内容口述出来，教师帮助其写成阅读材料，让学生朗读自己的作品，学习作品中出现的生字。

这种方法的优点是利用儿童口头表达的已知词汇与阅读书写中未知汉字之间的联系，使学生通过熟悉的词汇来学习陌生的字形，降低汉字学习的难度，提高儿童参与学习的积极性。

三、游戏娱乐法

爱玩是儿童的天性，把识字教学融于游戏中，使儿童在快乐的游戏中识字是游戏娱乐法的特点。目前比较成功的游戏娱乐法教学案例是新加坡的李辉根据"TPR全身肢体反映理论"而创制的"TPR全身活动识字法"。这一方法结合汉字形体、读音和意义的特点，通过儿童的全身活动，利用各种游戏来帮助儿童认字和识字。这一识字方法运用了十种基本的教学法，分别是：身体动作识字法（针对名词和动词，利用身体动作或肢体语言让学生猜测和理解所教汉字的意义，让儿童将汉字与某种动作或情状联系起来）、图片识字法（一面绘有色彩鲜艳的事物，另一面写上汉字，多次展现图片，让儿童在图画和汉字之间建立牢固的联系）、跳字法（把儿童容易认错的汉字写在白纸上，然后将白纸放在地板上，教师每说出一个字，儿童便跳到相应的纸上去，能正确认字的给予表扬和奖励）、抛字法、拍字法（把学过的字贴起来，用苍蝇拍或充气锤拍教师说的字）、拼字法（相当于部件组字法）、诗歌识字法、唱歌识字法、实物体验法、角色扮演法。

"TPR全身活动识字法"摆脱了课堂识字儿童端坐桌椅，只用眼、口、手来学习汉字的局限，让游戏和动作贯穿在儿童识字的每个环节中，使儿童在动态中识字。这一识字方法在新加坡得到了广泛的推行，我国北京、香港、深圳等地的部分幼儿园也在逐步推行这一方法。实践证明，这一方法非常适合儿童教育。

此外像猜字谜学习法、扮演字词、字阵迷宫等都是利用儿童的联想力和思考潜能进行识字教学，让儿童通过游戏的形式学习汉字并巩固其对汉字形、音、义的了解。

第五节 汉语国际教育中的汉字教学问题[1]

汉语国际教育中的汉字教学是针对所有以汉语为第二语言的学生进行的汉字教学，并不一定都指外国籍学生，也包括海外华裔和母语不是汉语的少数民族。长期以来，受到拼音文字教学思想和教学方法的影响，国内对汉语国际教育汉字教学的性质认识不够，使得汉字教学远远滞后于其他语言要素的教学，成为汉语国际教育中的"瓶颈"。现在，这个问题越来越受到学界的重视。

汉语国际教育中的汉字教学虽然同样以汉字作为教学内容，但由于教学对象不同，其教学呈现出不同的特点。我们不能照搬原有的小学语文识字教学的经验和方法，而应分析二者的异同，发掘汉语国际教育汉字教学自身的特点和教学原则。

一、汉语国际教育中汉字教学的特殊性

1. 教学对象的特殊性

汉语国际教育汉字教学的对象主要针对以汉语为第二语言的学习者。这部分学习者来源广泛，背景复杂，使汉字教学呈现出不同的特点。

第一，学习者母语和文化背景不同，因而对汉字笔画、笔顺和同音字等汉字特性的感知不同，学习的难易点自然与汉语为母语的学习者不同。从母语和文化背景来分，一部分是母语为表音文字的欧、美、非洲等国家的学习者，一部分为文化心理对汉文化有认同感的东南亚地区的华裔子弟和原著民，还有一部分是同属汉字文化圈的日本、韩国的学习者。欧、美、非洲等地区的学习者由于语系、文字类型、文化类别完全不同于汉语、汉字、汉文化，因而对汉字的笔画和笔顺规则很陌生，对书写技巧中的"左右均衡""重心平稳""相生相让"难以认同和领悟。东南亚地区的华裔子弟和原著民虽然也没有正式学过汉字，但由于与中国交

---

[1] 参考李运富《汉字的特点与对外汉字教学》（《世界汉语教学》，2014年第3期）。

流贸易及影视文化的传播，对汉字并不陌生，尤其是文化上的认同，使得他们在学习汉字时比较容易接受汉字笔画、笔顺、结构所体现的美学原则。对基本笔画、笔顺规则的掌握比欧、美、非洲等地区的学习者要快，但他们同样容易受同音字的干扰，对汉字的形义联系感受不深。日本、韩国的学习者由于自己的母语文字中就有汉字，对汉字笔画、笔顺、结构等书写因素早已掌握，他们学习的难点主要在于韩、日汉字与中国汉字形、义的混同，容易用母语汉字代替中国汉字，有时会在一个字中混淆部件的写法。

第二，学习者学习动机和目的不同，学习汉字的态度也就不同。有的汉语学习者学习汉字只是因商务和旅游的需要，目的是学会简单的日常会话，对汉字只有认的需要，没有写的要求；有的汉语学习者学习汉字是为了进一步学好汉语，提高汉语能力，因而希望能对大纲中规定的汉字尤其是初等阶段的汉字能熟练掌握；有的汉语学习者想要研究中国文化、从事汉语翻译和写作以及对中国文化进行学术研究，因此对汉字学习的要求非常高，不但要掌握常用汉字，做到会认、会读、会写、会用"四会"，还需要了解汉字的历史及汉字文化等相关信息。不同学习者的学习动机和学习目的决定其学习态度。例如，第一部分学习者对汉字学习大多采取比较消极的态度，不能积极配合教学安排。第二部分学习者大多比较认真和积极，能够完成规定的作业并达到教师的要求，但不会自发学习汉字。第三部分不但能认真配合课堂教学，日常生活中也能利用汉字环境自发识字，对汉字形、音、义能够自己总结、归纳、提出疑问，能发现和运用汉字构形规律提高汉字学习能力。

第三，年龄不同，汉字的学习呈现不同的特点。我们可将这些学习者分为三个年龄层次：第一层次是13岁以下的儿童层，第二层次是13岁到25岁之间的青年层，第三层次是25岁以上的成年层。研究表明，13岁是第二语言学习的临界期，左脑主要是语言管辖区，右脑擅长整体、图形的认知，13岁以前左、右脑的分工还没有完全完成。汉字的整体认知包括读音和字义，需要左、右脑协作，因此儿童具有精确辨认复杂的汉字字形的能力。但儿童在视敏度和空间方位知觉的发展水平上各有不同，难以分辨汉字各组成部分之间上下、左右及内外等空间方位关系，这使得针对儿童层的汉字教学要特别注意认读和书写的关系：认读先行，书写重在培养书写技能，不过分追求书写数量和速度。青年层学生大脑机能和成年层相比已经没有很大区别，他们的机械记忆能力强，而归纳概括的意识不够，因此可适当增加抄写、听写、默写、临写的量，同时启发学生自觉发现汉字构形规律。成年层学生的机械记忆能力比青年层弱，但成年人能更自觉地进行归纳总结，发现学习中的规律和技巧。因此，成年层的汉字教学应少用机械练习的方式，多用讲理分析的方式。

2. 教学内容的特殊性

汉语国际教育汉字教学不仅是汉字书写的教学，还是将语言要素教学混合在一起的综合教学。也就是说，汉字教学中不仅要教汉字的字形，还要教字音、字义以及如何用字组词造句，也就是要将未知的字形、字音、字义建立联系。因此，汉字教学包括字形的教学、词汇的教学、语音的教学，这使汉字教学与汉语教学的教学顺序很难兼顾。

同时，教学内容还要根据教学对象的不同而有所区别。目前来我国学习汉语的留学生主要分为两类：一类是商人群体，一类是攻读学位的学生。第一类商人群体的学习目的是从事商贸活动，以掌握日常口语为主要目标，不太需要使用汉字。第二类学生群体的学习目的是找工作或接受教育，需要掌握汉语读写技能。针对两类群体的不同需求，第一类群体应采取"语文分开、先语后文"的教学策略，节约学生的学习时间和认知资源。第二类群体要求全面掌握汉语认读和书写技能，但是在汉语学习的初期，书写要求过高会占用过多时间，使学习者压力过大，导致自信心和积极性受挫，应采取"认读优先，书写随后"的教学策略。但即使是面对这一类学习者，我们也需要考虑学习者是否真的需要掌握汉字手写技能。在电脑高度普及的今天，汉语国际教育汉字教学可以以认读为主，以电脑打字代替手写技能。总之，针对不同学习者，要安排不同的教学内容，采取灵活的教学方法，这样可以节约教学资源和学习资源，增强学习者学习信心，提高学习效率。

二、汉语国际教育中汉字教学的重难点与对策[1]

（一）汉语国际教育中汉字教学的重难点

与英文相比，汉字在形体、结构理据和职用上有其自身特点。形体上，汉字的形体呈方块布局，每个字占用的空间一样，字根分合灵活多变，视觉上不容易辨别，所以教学中应把重点放在形近字组的辨析上，不必过多计较个体字的书写过程。结构理据上，汉字的结构理据比英文丰富，表现为构件功能多样、构件组合模式多样、同形构件多、构件功能不易确定，因而教学重点应该是如何拆分、组合构件，正确把握构件组合与音、义的关系，以及形义切合的本义，至于该字归属"六书"或其他哪种结构类型无关紧要。职用上，汉字的功用比英文复杂，一字多用或多字同用是主要特点，教学重心应该放在讲解字形与字义的对应关系上，让学生明白单音节的字组合成多音节词后含义不一致的情况，明白一字多义与多字一义都是常见情况，从而建立字不等于词、汉字不等于汉语的基本观念，养成自觉把汉字跟汉语结合学习的意识。

有人说汉字数量多、笔画多，因而难读、难认、难写、难记，还不利于信息的处理等，这一观点实际上建立在拿汉字的单字与英文字母进行比较的基础之上，这是一个认识误区。要正确比较两者的区别，必须从形体、理据、职用三个角度分别考量，才能全面认识汉字的真正特点、发现汉字学习的真正难点、找准汉字教学的真正重点。单字（记录义项的单位）与字母（建构单词的单位）不处在同一级别，不具备可比性，两者直接相比得出的结论并不可靠。实际上，汉字学习的最大难点在于如何使用汉字，因此汉字教学的重中之重应该放在汉字的职用上。汉字的形体虽难，却可以通过字组比较和汉字理据来辨析；汉字的理据虽难，可以通过系统归纳和借助历史文化来突破；只有汉字的使用情况非常复杂，很多时候形义脱节、字义不对应，汉字教学应以这一点为难点和重点。

同时，由于字是汉语中的天然单位，所以中国人不存在辨别的困难，而"词"是从外国引进的语言学名词，对于大多数非语言专业的人来说，

---

[1] 参考李运富《汉字的特点与对外汉字教学》（《世界汉语教学》，2014年第3期）。

并不清楚其内涵与外延。中国人在观念上习惯认知为一句话有几个字，而不是一句话有几个词。词是什么？曹炜的《现代汉语词汇研究》列举了学界数十个代表性观点，其中吕叔湘的"语言最小的独立运用单位"最具代表性。但这一定义只能通用于学术界，很难为一般的汉语使用者理解和接受。对于一般的汉语使用者来说，只要在《现代汉语词典》等权威词典中能够检索到的就可以看作是词了。因此，观念上的差异也是造成职用认识不清的一大原因。

（二）汉语国际教育中汉字教学的对策

通过以上比较，我们认识到汉字教学真正的重点和难点，可以据此有针对性地采取相应措施和策略。

首先，得让学生知道，汉语系统的单字不等于外语单词。现代汉语中，单字通常记录的是一个音节、一个语素，词大多是多音节和多语素的组合，多个单字往往只记录一个语词。认识一个个单独的字并不一定能够理解包含多个词语的句。例如认识"浪"也认识"漫"，但不一定懂得浪漫的意思。所以最好的办法是结合组词认字，或者利用《现代汉语词典》来学字，效果可能会好些。对于汉语水平还不太高的学生来说，离开词语和语境的集中识字不是明智的选择。

其次，要让学生知道，汉字的使用并不是简单的一字一用，而是普遍存在一字多用和多字同用的复杂现象。特别是汉字的借用突破了汉字的形义关联，是造成汉字职能多样的重要原因。凡是相沿成习的借用通常都不算别字，不需要改正。包括现代网络语言的同音（音近）借字现象，如"康康"（看看）、"太南了"（太难了）、"吼吼吃"（好好吃）等，都属于有意为之的借用现象，在网络语言环境中不算别字，无需改正。那么，什么情况是不当的别字呢？我们认为，凡是非约定俗成、没有特别意图而无意识写或用的、可能引起误解的同音（音近）字就是别字，是不规范的、需要改正的。讲清楚合理的借用和不规范用字之间的区别，有助于母语非汉语的学生减少使用错别字的情况。

从理据上讲，虽然英文单词的词根一类组词方式可以表义，但总体而言所有单词都用于表音，字母之间横向加合，组合方式比较简单。汉字的构件功能多样，理据五花八门，还讲究方位关联。譬如同形不同理的构件分析，对只有前后或先后音素拼合概念的母语非汉语学生来说比较难理解。所以在刚接触汉字的初级阶段，可以不与学生多讲汉字的构造理据。

到了中高级阶段，随着这些学生对中国历史文化逐渐了解，其对汉字构造的理解能力和接受能力也会增强，这时适当讲解一些汉字的理据和结构规律对其长期学习大有好处。而且来中国学习汉语、汉字的留学生大都是成年人，他们的理解能力较强，如果说书写方面相较年轻人处于劣势，那么对汉字结构理据的学习正是他们的兴趣和优势所在，所以对他们加强汉字构造理据的教学可以取得事半功倍的效果。一可以让学生知道汉字的形体是怎么构成的，为什么能够用来记录某个含义。二可以让学生了解所记字的本义，进而通过推衍掌握引申义。三可以通过理据分析发现字与字之间的音义关系，从而类聚群分，成批地掌握汉字。如通过分析"掌"字的上部其实是"尚"的变形而起示音的作用，就可以联系"党""堂""棠""裳""赏"等字，知道它们的上部也是"尚"作声符。四可以通过理据分析，让学生了解汉字的发展演变，有些构件的形体和功能需要从演变的角度来理解。五可以通过理据的分析，帮助学生辨析形近而用法易混的字。六可以借助理据分析开阔学生眼界，进一步了解和印证某些字形体构造和演变过程中的历史文化现象。这六个方面都与汉字理据相关，把理据运用于汉字教学就是"字理教学"。[1]对母语非汉语的学生进行字理教学，让他们尝到分析汉字理据的甜头，才会大大增强他们学习汉字的积极性，甚至促使他们主动、自觉地探究汉字的构造原理。

讲理据时需要注意下面几点。第一，汉字初创时都是有理据的，但经过数千年的演变，许多汉字的理据已经消失，有的可以追溯，有的无法追溯。即使可以追溯，由于文化背景不同，母语非汉语的学生也未必能够理解。所以我们应该把汉字构件功能和构造理据的讲解看作教学手段而不是教学目的。既然是手段，就应该有选择性地使用，只讲那些理据清晰的、学生容易接受的，不要试图每个字都讲出一个"理"来。对

---

[1] 参见李运富《字理与字理教学》（《吉首大学学报》，2005年第2期）。

于无理可讲或有理难讲的字，应该采用其他教学方法让学生掌握。第二，辨析汉字形体的时候不一定非得借助构造理据，但讲解理据时必须依据正确的形体进行讲解。如有人把"福"字的理据讲解为"一口人有田种有衣穿就幸福"，这一解释显然违背了字形，因为"福"字左边的表义构件是"礻"（示）而不是"衤"（衣）。不同时代汉字的形体不同，理据也可能不同。所以当现代汉字理据不明的时候，可以适当追溯它们的原始字形，以了解其原始理据和演变过程。但追溯应该适当适量，不可滥用，不可为了讲理据而把现代汉字教学变成古文字学课。原独体象形字或形形合体字演变后不再象形的字或构件，比较适合使用追溯讲解法。第三，无论讲解原始理据还是形体变化后的现代理据，形义的联系都必须合情合理，要有历史依据或者文字系统的支持，不能随心所欲地胡乱拆解和发挥联想。如有人把"球"讲成"一个姓王的在打球，投了四个篮板球（指下面的四点），罚了一个点球（指右上的一点）"，这样的讲解不符合文字规律和形义系统的构造理据。第四，教学汉字理据的目的在于通过形体结构的分析说明形与义之间的固有关系，所以着眼点应该放在讲解各个构件于表义上的作用，不要陷入结构分析和归类的泥坑里。

总之，汉语国际教育汉字教学受生源、语种、文化背景、教育规律、心理状况、教学条件等多方面因素的影响，很难有一种能应付万变的灵丹妙药。但作为教师，一定要储备一定的汉字知识，自觉运用汉字理论作指导，根据实际情况灵活教学。

三、汉语国际教育中汉字教学的基本原则

汉语国际教育汉字教学既不同于传统小学语文识字教学，也不同于高等院校文字学专业的教学，在教什么、怎么教的问题上，应遵循以下基本原则。

（一）教授规范汉字

规范汉字在不同地区有不同的概念，在我国，规范汉字指新中国成立以来经过简化和整理，并且由国家主管部门公布、推行的汉字。具体到汉语国际教育中，《汉语水平词汇与汉字等级大纲》中规定的汉字就是规范汉字。

　　规范汉字的教学涉及字形、字音的规范，字形规范又包括笔画、笔顺、偏旁部首结构的规范，字音的规范包括多音字读音的规范、异读字的规范。目前，对外汉语教学在笔画的命名、笔顺规范、偏旁部首的名称、异读字的读音等方面存在一定的混乱，这种情况在海外的华语教学界尤为严重。

（二）处理好汉字与汉语教学的关系

　　由于汉字的复杂性，汉字教学不可能完全照搬英语教学法中随文识字的方式。目前，国内许多学校采取了双线教学方式：汉字课按照汉字教学规律进行集中系统的汉字教学，精读课依照随文识字的方式在词汇里学习汉字的认读。海外的华文教学因为课程设置、教学时间的限制没有专门的汉字课，汉字教学和词汇、语法教学集中在综合课里，基本上采用随文识字。国内的汉字课如何与读写课衔接，海外华文教学的综合课如何保证汉字教学时间、体现汉字教学规律是我们今后要集中研究的问题。

（三）尽量遵循由简到繁、由易到难的顺序

　　汉字的教学顺序是汉字教学中一个重要问题。过去，随文识字是由词定字，出现什么词就教什么字，这种做法现下受到了不少质疑和批判。我们认为，应该按照字形的难易，依照先独体再合体、先笔画少再笔画多的规律从简易字形逐渐向繁难过渡。但完全依照字形难易来确定教学顺序也不行，一些笔画少的独体字可能不是现代汉语中的常用字，在日常使用中很少用到。一般来说，汉字教学尤其是书写教学，应遵循以下顺序：

　　第一，教授构字能力强、构词能力强、意义明确而具体的独体汉字。如"手""水""人""心""口""月""女"。

　　第二，教授构字能力不强，但构词能力强，意义明确具体、笔画少的汉字。如"一""二""三""百""千""万""多""少""大""小""好""坏"。

　　第三，教授构词能力强、规律性较强的合体字。如"泪""林""宝""众""安""洋""饱""吵"。

　　第四，教授构字能力强但不成独体字的偏旁，以及由之所构成的常用合体字。如"艹""纟""阝""疒"等偏旁以及由这些偏旁构成的合体

汉字"草""纸""阳""病"。

第五，教授常用词中的其他汉字。

与书写教学不同，汉字的认读教学中，使用频率是决定认读教学先后顺序最重要的原则。

（四）处理好认读和书写的关系

《汉语水平词汇与汉字等级大纲》规定，留学生在华四年的学习量为 2905 个汉字，并且要求做到"四会"，这在实践教学中其实难以完成。一般来说，学生认读的汉字量要远远大于书写的汉字量。汉字教学不可能也无必要要求学生每一个学过的汉字都"四会"。总的来说，甲级字和乙级字要求尽可能"四会"，丙级字和丁级字只要会认读就可以。从汉字教学阶段来说，开始阶段要求"四会"的主要是构字能力强的独体汉字，逐步过渡到常用的合体汉字。海外华文教学中针对儿童的教学更要注意将认读和书写分开，严格控制和选择书写所用汉字，避免学生在学习的初级阶段因太难而失去兴趣。

汉语国际教育汉字教学不同于传统语文识字教学，也有别于汉语词汇教学。如何在教学内容、教学方法上体现汉字国际教育的特点，是事关汉字教学成败的重要因素。

第六章　汉字教学在语文教学中的应用

　　十多年的研究与实践证明，汉字"三维属性"理论，特别是职用属性的提出，对汉字理论的研究和汉字材料的分析都具有重要的意义和价值。将"三维属性"理论应用于语文教学，不仅可以为字理教学提供理论支撑和原则、方法，而且可以利用汉字的属性来解析课文、系统整理语文知识，利用汉字的泛文化性增强传统文化修养。

第一节　利用"三维属性"解析课文[1]

识字教学中，利用汉字的形、构、用"三维属性"可以有效地进行字理教学。即通过汉字构意分析，把汉字的形和用联系起来，说明某个字为什么写成这样的形体，为什么会是这个音和义，从而说明该字为什么可以这样组词造句。学生经过学习，对汉字的使用不仅知其然，还知其所以然。同样，利用汉字"三维属性"进行字理分析，也可以用于解析课文，主要用于题眼、文眼、关键字的解析。

一、利用题眼字的"三维属性"解析课文主旨

题眼是题目中最关键的部分，好比人的眼睛一样，透过它就能知道这个题目中最重要的信息。如果从"三维属性"的角度分析题眼字的构形理据，不仅可以说明该字为什么有这个意义，帮助理解该字在题中的含义，对于理解文章的中心也很有帮助。如课文《索溪峪的"野"》：

走进张家界的索溪峪，脑子里只剩下了一个字：野。

山是野的。索溪峪的山，是天然的美，是野性的美。这种美，是一种惊险的美：几十丈高的断壁悬崖拔地而起，半边悬空的巨石在山风中摇摇晃晃，使人望而生畏。什么"一线天"，什么"百丈峡"，听着名字就让人胆颤。这种美，是一种磅礴的美：不是一峰独秀，也不是三五峰呼应，而是千峰万仞绵亘蜿蜒，"十里画廊"，"西海峰林"，令人浩气长舒。这种美，是一种随心所欲、不拘一格的美：或直插云天，或横拦绿水。旁逸斜出，崛起巍巍"斜山"；相对相依，宛如"热恋情人"；婷婷玉立，则好似"窈窕淑女"。

水是野的。索溪像一个从深山中蹦跳而出的野孩子，一会儿绕着山奔跑，一会儿撅着屁股，赌着气又自个儿闹去了。它尤其爱跟山路哥哥闹着玩：一会儿手牵手，并肩而行；一会儿横铲一脚，将山路拦腰截断。

---

[1] 参考张素凤《谈字理分析在课文解析中的应用》（《语文知识》，2017年第24期）。

山路哥哥倒不觉得这有什么了不起，它请树木大叔帮忙，几棵大树往索溪身上一搭，反从它身上跨过去了。山路哥哥还找石头弟弟帮忙，几块巨石一垫，山路便化成一条虚线，一跳一跳地从水中过去了。山路还有更巧妙的办法，它在河床上垫一排大卵石，从水底下一个猛子扎过去。这样的"路"，还可以过汽车——汽车吼叫着，车身摇晃着，卵石挤碰着，水花四溅，我们的心也怦怦直跳……平生没走过这么"野"的路！

山上的野物当然更是"野"性十足了。那些大大小小的猴子，在我们头上的树枝间跳来跳去，亲热的劲头难以言状。当我们一行中的一位年轻女同志从树下经过时，一只小猴子竟恶作剧地撒起尿来，吓得这位女同胞惊叫一声，慌忙逃走了。而那个调皮的小家伙，却快活地叫着，跳到另一棵树上去了。

在这样的山水间行走，我们也渐渐变得"野"了起来。城里戴眼镜的姑娘，一边攀缘，一边大嚼着煮熟的玉米棒；年过花甲的老人，在石块间蹦来跳去，温习着儿时的功课。遇上突然横在面前的山溪，一队人手提皮鞋、丝袜，踩着乱石，从平膝的水中蹚过去……满山的嘻嘻哈哈，满溪的亲亲热热。人们，在这山水中返璞归真了。

显然，"野"是题眼，文章从"山是野的""水是野的""山上的野物当然更是'野'性十足了""在这样的山水间行走，我们也渐渐变得'野'了起来"几个角度写张家界索溪峪的"野"。那么"野"在文中的意义是什么呢？"野"主要有这样几个义项：①离城区较远的地方，偏远的地方；②不当权的，民间或私人的；③粗鲁无礼，蛮横；④不受约束的，放荡不羁的；⑤非人工饲养或培育的；⑥非正式的，不合法的；⑦没有主人的；⑧范围，界限。显然，这些意义中只有"不受约束的，放荡不羁的"与文中意义比较接近。

那么"野"为什么会有"不受约束的，放荡不羁的"含义？它在文中的准确意义是什么？回答这些问题对课文解析十分关键，因此有必要从"三维属性"角度对"野"字进行分析。"野"字的形体演变过程是这样的：

𣁩（甲骨文）—𡐬（金文）—𡐨（《说文解字》录入的古文字体）—𡐨（小篆）—野、埜、壄—野

甲骨文、金文字形都由"林""土"两个构件组成，表示有森林和土

地的地方。后来增加示音构件"予",小篆变为从"里""予"声的形声字,后来统一规范为"野"。了解了"野"字的字形演变过程可知,"野"最初的构形理据是"有森林和土地的地方",由此推知它的本义就是野外,即"离城区较远的地方,偏远的地方"。由于这些地方没有被人类改造,仍然保持天然的状态,因此引申出"不受约束的,放荡不羁的"意思,文中"野"字使用的正是引申义。这样一来,学生就可以理解题眼"野"字的意思:天然的、野性的、不受任何约束的。其中"山是野的""水是野的"的"野"字侧重于"没有受到人力影响,保持天然的状态";而"山上的野物当然更是'野'性十足了""在这样的山水间行走,我们也渐渐变得'野'了起来"的"野"字侧重于放任、不受任何约束。作者用一个"野"字概括了索溪峪"野性"的美。

又如托尔斯泰的《穷人》,其题眼是"穷"。为了准确理解题眼"穷",可以试着回答:从课文中哪些地方看出文中人物是"穷人"? "穷"的含义是什么? 如何评价桑娜这个人物?

第一个问题比较容易回答。又黑又冷的深夜,波涛轰鸣,狂风怒吼,海上正起着风暴,桑娜的丈夫为了一家七口人的生活冒着危险出海打鱼,深夜未归,桑娜自己也从早到晚地干活,一家人只能勉强填饱肚子。西蒙一家,丈夫已死了,西蒙自己也在这个寒冷的夜晚悲惨地病死在稻草铺就的床上。屋里又潮湿又阴冷,两个无依无靠的孩子熟睡在死去的母亲旁边。

第二个问题,从课文描写来看,"穷人"的"穷"不仅体现在当时的贫困、缺少钱财,还有长期处境十分艰难,未来没有出路。为什么"穷"这个字会有这些含义呢? 也可以结合字形构意来分析:

窮(小篆)—窮—穷

小篆字形从"穴"从"躳",楷书字形从"穴"从"躬"。"躳"是"躬"的异构字。"穷"的字形构意表示人在地穴中身体不得舒展,只能弯腰屈身,实际用义表示处境困厄,没有出路,与"达"形成反义词,贫困、缺少钱财只是它的引申义。根据文章内容,"穷人"的"穷"应该使用的是本义:处境十分艰难困厄,没有出路,这比单纯的贫困、缺少钱财程度要深得多。

有了前边的铺垫,第三个问题就比较好回答了:桑娜是一个心地善良、富有同情心的人。回答了三个问题，课文的主旨也容易理解了：以"穷"字概括当时劳动人民的苦难生活，反衬了他们的高尚品质。

朱自清的《春》是一篇非常优秀的散文，是语文教学的传统篇目。文章通过描写春草、春花、春风、春雨和春天的人，表达了对春天的喜爱之情。"春"字的结构也反映了春天的特点，"春"字甲骨文作"🌿"，由"屮""屮""日""屯"四个构件组成："屮"象草形，有的字形取树木的"木"；"日"象太阳形；"屯"象草木萌芽之形，同时有示音功能。整个字形构意表示草木萌发，阳光明媚。"屯"构件的构意可与"小草偷偷地从土里钻出来"相呼应，"日"构件呼应"太阳的脸红起来了"。可见，分析"春"的字形构意不仅有助于理解"春"的含义，对于解析课文内容和主旨也有一定的辅助作用。

白居易的《暮江吟》："一道残阳铺水中，半江瑟瑟半江红。可怜九月初三夜，露似珍珠月似弓。"通过两组画面描写了黄昏及夜晚时分江边的美景。解析课文时，可以对题眼"暮"字的"三维属性"进行分析。"暮"字初形作"🌿"，结构上取象日落草木丛中之意，实用本义为黄昏时分。扣住字形造意就可以准确理解"残阳"之义，进而分析为什么"残阳"与"月似弓"同时出现于空中。

二、利用文眼字的"三维属性"解析课文主旨

文眼就是一篇文章中的关键字。解析关键字的"三维属性"可以帮助理解文中句子或词语的含义，从而准确理解课文主旨。如李白的《黄鹤楼送孟浩然之广陵》中"孤帆远影碧空尽，唯见长江天际流"一句，意境非常广阔，其中"尽"字是理解这个句子的关键所在，有必要对"尽"字进行分析。"尽"甲骨文字形作"🖌️"，造意象手执毛刷洗刷器皿内壁之形，表示饮食已尽而洗刷器皿，而实用本义是终尽。繁字体作"盡"，简化体为"尽"。文中的"尽"字面意思是终尽，看不见了，其实还隐含着由有到无，由可见到不可见的变化过程，正像食器中食物逐渐减少，直至完全穷尽一样。这样一分析，学生心中不仅有滚滚长江天际流的开阔意象，还可以想象作者一直站在黄鹤楼上目送孟浩然的船帆直至看不见为止，体会作者对朋友依依不舍的真挚感情。

"尽"的隐含义素为"逐渐减少的动态变化过程"，这让李白诗歌《独坐敬亭山》中的"众鸟高飞尽"一句呈现出一种众鸟向远处飞去直至看不见的动态画面，与"孤云独去闲"一起创设了众鸟和孤云都离自己而去的动态意象，为解读"相看两不厌，只有敬亭山"的深刻含义提供了背景和基础。在作者眼中，众鸟和孤云的离开是因为它们要躲开自己，这深刻表现了作者内心的孤独和寂寞。

范仲淹的《岳阳楼记》"沙鸥翔集，锦鳞游泳"中，"集"的意思一直是学生理解的难点，因为"集"在现代汉语中的常用义是聚集、集合。如果给学生讲清"集"字的构意，学生就容易理解和记忆它在文中的意思了。"集"字商代金文作"　"，甲骨文作"　"，象小鸟停歇在树上之形，小篆字形作"　"，象群鸟停歇在树上之形，本义就是鸟在树上停歇。"隹"在现代汉字系统中都表示小鸟，如"雀""雉""雁"等。该句的"集"正是本用，表示鸟类停歇。这样，"集"字就在学生的眼中就活了起来，如见小鸟飞停在树上。而"沙鸥翔集，锦鳞游泳"表现的画面也会活灵活现地出现在学生眼前：沙鸥一会儿在空中翱翔，一会儿在树上停歇，美丽的鱼儿在水中自由自在地游着。

总之，从"三维属性"角度讲解汉字，不仅有助于学生理解字义、句义，还可以帮助学生进入课文所描写的美好意境。

三、利用关键字的"三维属性"解析艺术手法

对课文关键字的构意分析还可以帮助理解文章的艺术手法。诗词中常用比喻、拟人等艺术手法把细节表现得非常传神。要让学生领悟优秀文学作品语言艺术的魅力，讲解关键字的构形理据也是有效手段。如贺知章的《咏柳》："碧玉妆成一树高，万条垂下绿丝绦。不知细叶谁裁出，二月春风似剪刀。"其中"碧"从"玉""石"，"白"声，本义是"石之青美者"，即青绿色的玉石，"碧玉"即碧绿色的玉。"妆"字本义是修饰打扮。"碧玉妆成一树高"比喻柳树像是用碧绿色的玉雕饰而成，从整体上写春天的柳树颜色碧绿，如碧玉一般。"丝绦"都以"纟"为部首。"丝"字甲骨文作"　"，取象两束丝的形状，本义是蚕丝。"绦"本义是用丝线编成的带子。"丝绦"就是用丝线编成的带子，这里比喻柳条细长柔美

的样态。"万条垂下绿丝绦"说下垂的柳枝就像千万条细长柔美的绿色丝带。最传神的是第三句的"裁"字。"裁"字以衣为部首,《说文解字》说解为"制衣也",即做衣服时对衣料进行剪裁。显然,"裁"不同于泛泛的"剪",应是有目的、有参照、有依据的剪裁,隐含着"裁剪者"在裁细叶时的用心,因而剪出的细叶十分精致可爱。最后一句"二月春风似剪刀"既是对"不知细叶谁裁出"的回答,又点出了所咏之柳是二月之柳、春天之柳。把"春风"比作"剪刀",裁出了新叶,吹绿了柳树,比喻新奇传神。

杜甫《春夜喜雨》"随风潜入夜,润物细无声"一句的"潜"字也十分传神。"潜"字本义为潜水,即没入水中游渡,因此引申为不被人察觉、偷偷地进入。"随风潜入夜"写春雨随着春风悄悄来到人间,一点儿也没有被人察觉,非常传神地写出了春雨"润物细无声"的特点。

还有祖咏《终南望余雪》"终南阴岭秀,积雪浮云端"一句中的"浮"字,郑燮《竹石》"咬定青山不放松,立根原在破岩中"一句中的"咬"字,都使用得十分传神。这些字的妙处都可从字形构意入手分析,群山的积雪如同飘浮在山尖上,松根扎入石缝如同牙齿紧咬不放的画面足以给学生留下深刻的印象。可见,从"三维属性"分析关键字也是理解文学艺术手法的有效途径。

第二节　利用汉字的系统性教学语文

汉字有其系统，它的系统性表现在两个方面：一是形体结构，一是汉字职用。语文教学中可以有意识地应用汉字的系统性。

一、利用汉字形体结构的系统性成批掌握汉字

汉字形体结构方面的系统性，主要表现在部首（义符）和声符对字的统领作用：部首在意义方面对所属字具有统领作用，声符在读音方面对所属字具有统领作用。我们可以利用汉字形体结构的系统性特点，对相关汉字进行关联，使学生成批掌握汉字。

（一）利用部首的意义统领功能[1]

《说文解字》中9353个小篆字形分属540个部首，后世将之再合并为214或198个部首。由此可见，掌握部首是学习汉字的好办法，它可以以简驭繁，让人能够系统地掌握汉字。下面以《通用规范汉字表》中的一级汉字为例，分析部首对汉字的统领作用。

一级汉字中，以"贝"为部首的字共46个。要把这些字用"贝"统领起来，首先要从"三维属性"视角认识"贝"的构形理据与职用：

（甲骨文）—（金文）—贝（小篆）—貝—贝

从字形演变脉络可知，甲骨文、金文"贝"象贝壳之形，古代曾以贝壳作为交换媒介，即以贝作货币，因此以"贝"为部首的字大都与钱财有关。如"贡""贻""赏""赐""赂"都是与钱财相关的动词，"贪""贫""贱""贵""贤"都是与钱财相关的形容词，"赃""财""账""贾""资"都是与钱财相关的名词。"贼"字从"戈""则"声，其中的"贝"是间接构件，与贝没有意义联系。这样，就把以"贝"为部首的字整理成一个成系统的知识链。

一级汉字中，以"月"为部首的字共85个，要把这些字用部首统领起来，首先要从"三维属性"视角弄清"月"的来源与理据。汉字的"月"

---

[1]　参考张素凤、张学鹏、郑艳玲《一本书读懂汉字》（中华书局，2012年版）。

构件其实分别来自"肉""月""舟""贝""丹"等不同构件。

$$\text{𝕐 或 𝕯（甲骨文）—᧠（小篆）—肉—月}_1$$
$$\text{𝕯（甲骨文）—᧠（小篆）—月}_2$$

大部分"月"构件来源于"肉"，也就是甲骨文象肉块的"月$_1$"。由于"肉"和"月"的小篆字形十分相近，因此隶变过程中"肉"字旁也写作"月"，以"肉"或"月$_1$"为部首的字大都与肉体相关。如"腐""肿""膨""胀""脓"本义与肉的特点相关；"脑""脸""胡""骨""肯"本义是身体部位名称；"肖"本义是人体外貌相似；"育"字以"月$_1$"为示音构件。有的字中，"月$_1$"是间接构件，如"髓"。

"月$_2$"甲骨文象月牙之形，以"月$_2$"为部首的字大都与月亮相关。如"望""霸""期"本义表示月相或时间的名称，"朦""胧""朗"本义表示月光的特点。

还有些字中的"月"构件由其他形近构件变异而来。"服""朝"的"月"构件来源于"舟"的省讹，"朋"的"月"构件来源于"贝"的变异，"青""静"的"月"构件是"丹"的讹变。

一级汉字中，以"冫"或"⺀"为部首的字共有18个。"冫"的金文字形作"仌"，象水凝结成冰的纹理之形。楷体化后，这一构件在左侧时写成"冫"，在下方时写作"⺀"。其统领的字大都与冰有关。如"冬""冰""冻""冷""冶""凌""寒""凛""凝"，其中"冬""冰""凌"是名词，"冷""寒""凛"是形容词，"冻""冶""凝"是动词。应该注意的是，有的"冫"构件是"氵"的省略，如"冲""决""况""净""凄"，这些字虽然都以"冫"为部首，意义却与"冰"无关。

"女"的甲骨文象一个女人跪踞而坐，双手交叉于胸前之状，本义就是女人。以"女"为部首的一级汉字有61个，根据意义类型的不同，可以分为以下几种。一是对具有亲属关系或某种身份女性的称呼，如"姥""妈""娘""姆""婆"。二是表现女子性格或样貌的形容词，"妖""媚""妙""娇""婉"是褒义词，"奸""嫉""妒""妄""娄"是贬义词。三是与女子有关的动词，如"妆""娱""委""妨""耍"。四是与婚姻、生育、姓氏等相关的词，如"婚""嫁""娶""媒""婿"。五是其他含义的词，如"婴""要""威""始"。

　　"宀"的甲骨文像是房屋的侧面简象。以"宀"为部首的字有 48 个，本义大都与房屋相关。"宇""宙""宅""宗""官"表示房屋或房屋部件名称，"守""字""宋""容""客"表示居住或相关的含义，"宁""安""完""宏""定"表示房屋特点或拥有房屋的某种特点；"灾""宝""审""宛""实"等字也与房屋有一定的关联。也有一些字中"宀"构件由字形相近的其他构件演变而来，如"它""宜""宪""害""寅"。

　　"口"的甲骨文象张口之形。以"口"为部首的字有 179 个，意义大多与口有关。如"叮""号""叫""召""叨"本义表示说话或口中发出声音，"叼""吐""唾""呕""喷"本义是口的动作，"吻""唇""嘴""咽""喉"本义是与口相关的部位，"只""吗""呵""哎""呀"是语气助词或叹词，"啤""啡""叭""叽""吗"主要作音译用字或拟声词，"向""合""员""谷""各"中的"口"构件取象器物之口，"右""史""吕""兽""吉"中的"口"构件为相近构件的变异，"哭""器""嚣""靠""囊"中的"口"构件为间接构件。

　　"囗"（wéi）象四周封闭之形。以"囗"为部首的字都与四周封闭或一定的区域有关。"囚""回""围"是与四周封闭相关的动词，"团""困""固""圆"是与四周封闭相关的形容词，"囤""园""圃""邑"本义是与四周封闭相关的名词，"四""因"二字的"囗"构件源于相近构件的变异。

　　此外，以"纟"为部首的字有 79 个，意义大都与丝绳有关；以"言"为部首的字有 79 个，意义大都与言语有关；以左"阝"为部首的字有 36 个，意义大都与山阜有关；以右"阝"为部首的字有 21 个，意义大都表示人群聚居的地方；等等。

　　部首揭示了汉字的规律性，但任何规律都不是绝对的，在利用汉字部首的统领作用系统整理汉字知识时，要特别注意例外的情况，不要把不符合系统的部分拉入系统之内，以免造成错误。

（二）利用声符的语音统领功能

　　具有相同声符的字，读音往往相近，但并不完全相同。如以"中"为声符的"钟""盅""忠""衷"与"中"的读音完全相同，而"肿""种"与"中"的声调不同。汉字与其声符读音完全相同的情况是少数，多数只是读音相近，也有些字与声符的读音相差比较大。如以"工"为声符的"gong"组字"攻""功""汞""巩""贡"与声旁"工"声母、韵母都相同；"hong"组字"红""虹""鸿""讧"与声符"工"韵母相同；"gang"组字"缸""肛""杠"，"jiang"组字"江""豇"和"扛"（kang）与声符"工"的声母、韵母都不同，但两组字之间韵母相同。再如，以"少"为声符的"sha"组字"沙""纱""砂""裟""鲨"等与"少"声母相同，"chao"组字"钞""抄""吵""炒"等与"少"韵母相同，这两组同声符字之间读音相差比较大。以"半"为声符的"伴""拌""绊""跘"与声符"半"声、韵、调都相同，而"畔""判""叛""泮""胖（古代祭祀用的半体牲）"与声符"半"的韵母和声调都相同。

还有些字，声符与所组的字读音相差非常大，但字之间读音比较相近。也就是说，就单个字来看，声符已丧失示音功能，但从整个汉字构形系统来看，声符还具有示音功能，即类化的示音功能。如以"者"为声符的"都""睹""赌""署""暑""曙""渚""诸""著""褚""储""躇"都以"u"为韵母，读音相近，但与声符"者"的读音相差很大。

总之，声旁字与所组字的读音关系以及同组字之间的读音关系虽然复杂，但也并非没有规律可循。只要识字量积累到一定程度，再把汉字读音的规律性与例外相结合，还是能够以简驭繁地掌握汉字的读音。

二、利用汉字职用的系统性掌握词义关系[1]

汉字不仅在形体结构方面具有系统性，职用方面也有系统性。职用方面的系统性主要表现在字的各个含义可以用一条线索贯穿起来，即字义的引申演变沿着一条脉络发展，有规律可循，有理据可说。

（一）以本义为起点整理字义系统

把各个字义贯穿起来的线索和起点，往往就是与字形相切合的本义，因此整理字义系统主要从字的构形理据出发，从"三维属性"的角度对汉字的形、构、用进行综合分析。如"生"字十分常用，意义丰富但也并非一盘散沙，以其本义为起点可将所有相关含义联系起来。

---

[1]　参考张素凤、张学鹏、郑艳玲《一本书读懂汉字》（中华书局，2012年版）。

Ψ（甲骨文）—Ψ（西周金文）—Ψ（小篆）—生（隶书）—生（楷书）

甲骨文的"生"象草木生出地上之形，可以判定长出、生长是本义。由本义可以引申出：

1. 生育，出生。例：生孩子、诞生。

2. 产生，发生。例：生病、生效。

3. 果实没有成熟。例：生柿子。

4. 生存，活。例：生死、生存。

5. 生计，谋生。例：营生、谋生。

6. 生命。例：丧生、舍生取义。

7. 有生命力的。例：生物、生龙活虎。

由引申义"果实没有成熟"又可以引申出：

1. 食物没有煮过，或煮得不够。例：夹生饭、生菜。

2. 没有进一步加工或提炼过的。例：生石灰、生铁。

3. 生疏。例：生人、生字。

为了更清晰地表现义项的派生关系，可以用下图来表示：

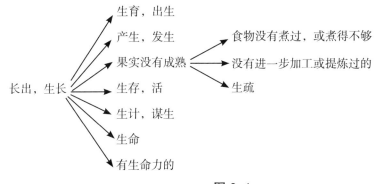

图 6-1

再如"串"字，上下两个"口"表示两个事物，中间用"丨"贯串起来。本义是把事物逐个连贯起来，成为整体。引申出以下义项：

1. 名词，用于连贯而成的物品。例：羊肉串、钱串子。

2. 量词，用于连贯在一起的东西。例：一串项链、一串钥匙。

3. 动词，勾结（做坏事）。例：串通、串供。

4. 错误地连接。例：串行、串线。

5. 由这里到那里走动。例：到处乱串、走街串巷。

6. 两种不同的东西混杂在一起而改变了原来的特征。例：串味儿、串种。

可以用下图把各个义项的关系表现出来：

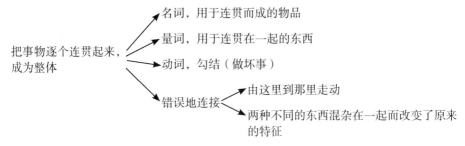

图 6-2

有的字有两个与字形相切合，并且很早就在使用的含义。如"具"的甲骨文字形作""，象两手执鼎之形。"鼎"是古代重要的祭祀用具，也是重要的炊具，因此与双手执鼎构意切合的本义有两个。本义一是准备饭食。如《汉书·灌夫传》："请语魏其具，将军旦日蚤临。"由该义引申出以下义项：

1. 准备，备办。例：具呈、具结、敬具菲酌。

2. 饭食。例：《战国策·齐策四》"食以草具"。

由准备，备办进一步引申出：

1. 具有。例：具备、初具规模。

2. 陈述，写出。例：具名、条具时弊。

本义二为用具。例：农具、文具、器具、家具。引申出：

1. 才干，才能。例：才具、干城之具。

2. 量词，用于棺材、尸体、器物等。例：一具女尸。

"具"的两个本义及其引申义的关系可以用下图来表示：

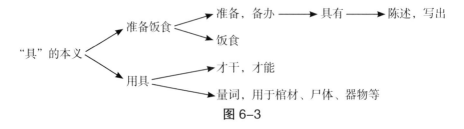

图 6-3

再如"宰"，甲骨文作"𡧛"，从"宀"从"辛"，"辛"为宰割之器。古代先民祭祀先祖以牛、羊、猪等作为祭品，祭祀之后，要将用来祭祀的牺牲分给本宗族的成员，以此表示接受先祖的福佑。因此，整个"宰"字形构意取象为屋下操"辛"以切割牛、羊等祭祀品。谁主刀切分祭祀品呢？当然是本宗族内有一定威望的人，这个人是宗族内辅助族长处理政务的管理者，也就是"宰"。根据《史记·陈丞相世家》，陈平曾做过宰。乡里祭社时，陈平为宰，分配肉食公平均匀，受到父老称赞。显然，这里的"宰"还担负着主刀分祭肉的任务。后来，国君之下辅助国君处理政务的最高官职被称作"宰"。因此"宰"的含义脉络如下图：

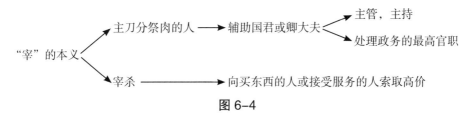

图 6-4

（二）以音义为纽带整理字义关系

现代汉字中，多音多义字十分常见。以音、义为纽带梳理字义关系，能够弄清多音多义字的来源，对于多音多义字教学有很大帮助。

1. 一字承担本用和借用等多项职能

汉字简化时，将几个读音相近字的职能合并，只选用其中一个字来记录，使该字承担几个字的职能，因此一字拥有几个不同的音义系统。

有的字与合并的字读音相同。如：

𠔌（甲骨文）—𠔌（西周金文）—𠔌（小篆）—谷（楷书）

𥞤（古钵文）—𥡙（小篆）—穀（楷书）—谷（简化字）

"谷"和"穀"是同音字。"谷"的甲骨文象溪流从山谷流出之状，本义是山谷。"穀"字是"禾"为表义构件的形声字，本义是庄稼和粮食的总称。汉字简化时，"谷"字兼并了原来"谷""穀"两个字的职能，因而"谷"虽然只有一个读音，但拥有两个不同的含义系统。

"泛""汎""氾"三个字记录的含义有相同的地方，也有不同的地方。"泛"的本义是在水上漂浮，引申出广泛、普遍、透出、呈现出、一般、不深入等意。"汎"的本义是浮游不定的样子，引申出浮泛、不切实、广泛、普遍等意义。"氾"的本义是江、河、湖泊的水漫溢出来，引申出广泛、普遍、一般、不深入等含义。汉字简化时，"汎""氾"的职能与"泛"合并，造成一字记录多个不同义项，拥有不同的含义系统。

"表"承担了原来"表""錶"两个字的记录职能。"表"小篆字形作" "，从"衣"从"毛"，本义是外衣，引申出加外衣、外面、显示出来、古代奏章的一种、表格等意义。"錶"字从"金""表"声，本义是钟表，引申为测定某种量的器具。这样，"表"承担了原来两个同音字的记录职能，造成一字记录多个不同义项，拥有不同的含义系统。

有的字与所合并的字读音不同。如：

　　（甲骨文）— 占（小篆）— 占（隶书）—占（楷书）

　　佔（楷书）—占（简化字）

"占"字甲骨文从"口"从"卜"，有的字形还增加了取象卜骨的构件，本义是占卜，读作"zhān"。"佔"字从"人""占"声，本义是占据、占有，读作"zhàn"，引申为处在某一种地位或属于某一种情形。汉字简化后，"佔"的职能也用"占"字来记录，造成"占"字承担"占""佔"两个字的记录职能，成为多音多义字。

"叶"字承担了"叶"和"葉"两个字的记录职能。"叶"从"十"从"口"，读作"xié"，本义是和谐、融洽。"葉"的本义是树叶，读作"yè"，引申为形状像叶子的东西。后"葉"字的职用与"叶"合并，造成"叶"字多音多义。

"僕"读作"pú"，本义是侍从、供役使的人，即仆人，引申为古时男子的谦称。"仆"的本义是"顿"，即以头碰地，引申为向前跌倒，读作"pū"，如"前仆后继"。后来"僕"简化为"仆"，承担"僕""仆"两个字的记录职能，成为多音多义字。

"鬥"是"争斗"的"斗"的本字，读作"dòu"；"斗"是"量斗"的"斗"的本字，读作"dǒu"。"鬥"简化为"斗"，承担"鬥""斗"两个字的记录职能，成为多音多义字。

"鬨"字从"鬥""共"声，本义是吵闹，读作"hòng"。"哄"有两个与字形相切合的本义，一是拟声，模拟许多人大笑或喧哗的声音，读作"hōng"；一是哄骗，读作"hǒng"。"鬨"简化为"哄"后，"哄"就有三个不同的读音和含义系统。

汉字简化过程中，有时会造一个新字形承担原来几个音近字的记录职能，或者用某个字的一个简化写法承担几个字的记录职能，使得一个不同于任何原字的新字承担几个字的记录职能。

如"髮"和"發"读音相近，含义毫无联系。"髮"的本义是头发，读作"fà"，如"烫发""染发""美发"。"發"的本义是射箭，引申为发射、送出、交付、起程、表达、开始行动、引起、启发等意义，读作"fā"。后来把"髮"简化为"发"，同时兼并"發"的职用。于是笔画较少的简化字"发"承担了原来"髮"和"發"两个字的记录职能，造成"发"字多音多义。

"纖"从"糸""韱"声，本义是细纹丝织品，引申为细小，读作"xiān"。"縴"从"糸"从"牽"，本义是拉船用的绳子，读作"qiàn"。汉字简化时，重造简化字"纤"来承担笔画比较繁复的"纖""縴"的记录职能，造成"纤"字多音多义。

2. 一个字兼记本义和引申义

字义引申到一定程度时，字的读音可能发生变化，进而派生出新义项。如果没有为引申义重新造字，而是用记录源义的本字兼记引申义，就会造成一字兼记多义、一字多音多义现象。不难理解，这类多音多义字的含义之间都有或远或近的联系，也就是具有共同的含义源头。

如繁体字"龢"的甲骨文作"𪉢"，读作"hé"，左边的构件是排管类乐器，右边的构件为"禾"，表示多种乐声一起发音而音声协调，本义就是和谐、协调。后来引申出平和、和缓、结束战争或争执、不分胜负，在粉状物中加液体搅拌或揉弄使有粘性、粉状或粒状物与水掺和在一起搅拌成较稀的东西等意义。为了区别，表示在粉状物中加液体搅拌或揉弄使有粘性一义时，读音变成"huó"；表示粉状或粒状物与水掺和在一起搅拌成较稀的东西时读作"huò"。两个义项仍用源义本字记录，这就造成"龢"字记录多个读音不同而意义有联系的义项，形成多音多义。后来"龢"字的职用被本义是声音相应的"和"（hè）字兼并。两字的职用合并后，"和"的音、义更为繁多。

简化为"处"的"處"字，西周金文作"𧆨"，象人头戴虎头皮冠坐在几上，本义是暂止、休息，读作"chǔ"。引申为居住、跟别人一起生活交往、置身在、处置、办理、处罚等意义。当其由居住义进一步引申出地方、机关组织系统中按业务划分的单位的含义时，读音变作"chù"，产生了与源义有联系而读音不同的引申义，但仍用本字记录。因此，"處"因兼记源义和引申义成为多音多义字。

"吐"字从"口""土"声，本义是主动地让东西从嘴里出来，读作"tǔ"，引申为说、从缝隙里绽放或露出等含义。当进一步引申出呕吐，比喻被迫退出等含义时，读音变作"tù"，产生了含义之间有联系而读音变化的引申义。

"间"金文作"🌙"，门闭而见月光，表明门有缝隙，本义是门缝、缝隙，引申出位于两者之中的、非直接的、隔开、断开、使有缝隙、挑拨、除去等意义，读作"jiàn"。引申为两个事物当中、两段时间当中、一定的范围之内、房间和房屋的量词的含义时，读音发生变化，读作"jiān"，但字形没有变化。这样"间"因兼记源义和引申义成为多音多义字。

第三节　利用汉字的泛文化性增强传统文化修养

一、汉字的泛文化性

汉字是人为规定的符号系统，它据义构形的造字特点，决定了汉字在创造时必然把当时的社会文化反映到字形中。因此汉字形体，尤其是古文字形体封存着丰富的社会文化信息，也就是具有泛文化性。从广义的"文化"来说，凡是人类创造的事物都属于文化的范畴，汉字自然也是文化的一部分，因为它不是自然产物，而是我们的祖先用自己的心智创造的一套符号。但这个文化类项与一般的文化类项不同，它所涉及的文化元素非常宽泛，没有固定的内容和归属，所以表现出"泛"的特性。[1]

首先，在汉字形体的构造上，古人"近取诸身，远取诸物"，通过描摹客观事物的形象来构造字符，把语言的音、义固定在已有的字形上，再通过音、义的重新组合构造出更多的字符。在构造字符的过程中，造字者的思维方法、情感意识、智慧技巧，以及当时的时代背景、社会生活、历史典制等文化因素都或多或少、或此或彼地渗入其中，使得每个汉字都有一定的取形构意的理据，即使形体在以后的演变和改造中有所改变，也会受到各种人文因素的制约。虽然个体汉字的文化元素可能是一定的，但就整个汉字系统总体而言，汉字构造的理据是泛文化的，并不固定与某种文化类项发生单一关联。

其次，汉字的书写也是泛文化的。从甲骨金石到简帛纸张，再到版刻荧屏，书写载体在不断变化；从刀刻范铸到软笔键盘，书写工具也在与时俱进；瘦甲肥金、纵篆横隶、正楷行草，张王欧柳，各种字体书法的产生和变迁，无不带有历史的印痕、文化的踪迹。与汉字书写密切相关的笔墨纸砚这些"文房四宝"甚至成为中国传统文化的代表。

再次，汉字的职用与文化的关联更是宽泛。汉字可以用原形体直接传递信息，也可以利用形体的变异和组合表达各种言外之意，还可以进行各种文化活动，如字谜、拆字、字形对偶等。而且不同时代用字可能

---

[1]　李运富.汉字教育的泛文化意识[J].中小学课堂教学研究，2016（1）：6-8.

不同，不同地域用字也可能不同，这些用字的不同往往也有文化因由。

二、汉字教育应有文化意识

汉字既然是泛文化的，汉字教学就应该体现出文化意识。无论是汉字的形体、结构还是职用，当某种文字现象无法从符号本身说明时，可以联系有关的文化事项来解释。相应地，其他文化事项关联汉字，也能增广传统文化的知识内涵。

例如在形体方面，要解说汉字的外形为什么会是方块状的，教师可以联系古代造字取形（最初的汉字取形于客观实物形体，描摹下来就是块状的）、书写材料（简牍帛书以及依边线成行书写的习惯对于规整汉字外形也有影响）、汉民族的"崇方意识"（古人认为"天圆地方"，"方"为立身之本，"方正"具有准则、规范意义，是正直贤良的象征）等文化因素来加以阐释。同时，也可以利用汉字"方正"的特点，教育学生要一笔一画写字，端端正正做人。

汉字的构造理据方面，蕴涵了更多的文化元素。例如，汉字系统中为什么与钱财有关的字大多含有"贝"这个构件？《说文解字》说："古者货贝而宝龟，周而有泉，至秦废贝行钱。"因为古代曾经用"贝"作为通货进行交易，所以有"贝"构件的字多与钱财有关。解说的同时，教师正可借此机会让学生了解古代的货币制度。为什么汉字中表示思想和心理活动的字大都含有"心"这个构件？《孟子》说："心之官则思。"古人认为，心脏主管人的思想意识，借此可以让学生了解古代的医学水平。"葬"字为什么是"艹"（草）字头？要解释清楚"葬"字的构形理据，就必须联系古代的丧葬习俗。"葬"小篆形体写作"𦵏"，上下都是草，合起来是"茻"（莽），中间还有一横。《孟子·滕文公上》："盖上世尝有不葬其亲者，其亲死，则举而委之于壑。"《周易·系辞》说："古之葬者，厚衣之以薪，葬之中野，不树不封，丧期无数。"可见，远古时期葬俗并不是把死者埋入地下，而是将死者遗体投到荒野，有的在死者遗体下铺垫草席，上面覆盖柴薪。所以《说文解字》这样解释："葬，藏也。从死在茻中，一其中，所以荐之。"抛尸荒野，覆盖柴草，这就是"葬"字从"茻"的理据。显然"葬"字的构形反映的是远古葬俗，与后来将死者遗体埋入地下，进而封建坟堆的葬俗不符，更与现代的火葬、水葬等形式无关。只有用泛文化的意识才能讲清楚"葬"字的形、义，让学生了解中国丧葬制度的发展概况。

汉字的职用也有许多文化因素的参与，可以从泛文化角度解释。例如古代通假用字的的情况很普遍，有人将其等同于现代的错别字，其实通假很多时候有其文化追求，不能简单看作别字、错字。《史记·廉颇蔺相如列传》："顷之，三遗矢矣。""三遗矢"不是丢了三只箭，而是拉了三次屎。为什么不用"屎"而用"矢"？如果认为是别字，这很难解释为什么古代文献普遍用"矢"代替"屎"，甚至用笔画多的"溺"代替笔画少的"尿"。难道这些人都无意识地写同样的"别字"？如果从文化的角度看，这应该是古人有意回避"屎""尿"，另用音同（近）的"矢""溺"来追求委婉文雅。避讳中也有通假用字现象，如清代的《千字文》第一句"天地元黄"，其中的"元"本应用"玄"而改用了音近的"元"，就是为了表示对清代皇帝"玄烨"的尊敬。影响文献阅读理解的用字现象多种多样，改用音同、音近字只是其中之一。现代的中小学生直接接触古代用字的机会很少，但网络用字的"超常"现象却接触得很多。例如"阔落"（可乐）一类的谐音用字、"囧"一类的借形用字、"蕜伤ノ縫蕬晟菏"一类的杂乱用字，其用意和原理与古代的通假用字现象有某些相通之处。所以如果能从时代背景、交际群体、心理诉求、表达目的等方面做泛文化的解释和引导，教学效果可能更佳。

三、目前汉字教育存在的问题

汉字具有符号性和泛文化性，把汉字当作符号来掌握，当作文化财产和文化载体来教学，其教学内容一定是丰富的，视野一定是广阔的，途径一定是多向的。长期以来，教育界忽视汉字的符号性和泛文化性，只把汉字当作"工具"，教学的重点自然放在如何掌握和如何利用这个"工具"上，直接造成许多不良后果，主要有如下两种。

一是过度规范。文化是软的、开放性的，而工具是固定的、形式的。将文字视为工具而对汉字进行多方面的规范，是汉字"工具观"指导下的僵化行为。例如个体汉字的特殊笔顺规范其实并不影响汉字的职能，不必太过在意。由于书写工具、书写载体、书写风格的不同，历代笔顺并不完全一致，大都以方便为准。为了适应现代的模式化教学，做一些宏观的、不限定具体笔画的书写规范是可行的。告诉学生从上到下、从左到右、先内后外的整体书写规律，有助于学生快速提高书写效率。但具体到某个字某个笔画的先后顺序，则不宜做硬性规定。学习汉字的目的是为了阅读和表达，何况有些字的书写顺序和宏观规则相抵牾，甚至不符合运笔便利原则。如"万"字规定第二笔是横折钩，第三笔竖撇，这既不符合从左到右规则，也不符合从上到下规则。而且从运笔衔接来看，最后一笔竖撇与下个字的接序笔程是最远的，不如横折钩为最后一笔再接着写下一字来得顺畅。也许有人说这种规范是为了字典中字顺的编排和查检，但这一问题可以用容错或多选等方法解决字典检索问题，因此没有必要对笔顺过于强求。

二是胡乱拆解字形。汉字的形体是可以拆解的，但拆解的目的应该是为了阐释形体构造或演变的理据，是为了更好地理解汉字形、音、义的来源，因此形体的拆分和讲解必须从字形本身出发，符合构造原理和演变规律，符合文化背景和逻辑事理。一些中小学教师由于把汉字"工具化"，所以为了使学生掌握这个"工具"而随意拆解字形，编出种种便于记忆的儿歌、谜语和故事，以能认会写作为评判标准，不顾历史、不顾系统，也不顾形体和音、义有何联系。这样的"文化阐释"是虚假的，不是真实理据的揭示和还原。缺乏历史依据和文化内涵胡拆乱讲是不负责任的行为，对学生没有积极意义。

四、汉字教育的正确方向

在"工具观"指导下，汉字教育很容易陷入死板的掌握和利用工具的功利陷阱中，致使主要精力花在认字、写字上，汉字的符号职能及文化内涵却被忽略了。其实在信息技术社会中，认读和书写已不是汉字学习的主要问题，因为信息社会有大量的汉字通过视觉反复刺激，小学阶段感知和认读两三千汉字并不困难，少年时期利用各种输入输出技术实现汉字的高效书写甚至艺术展示也较容易达到。除开形体的认读和书写外，结构理据和实际应用才是最大的难点，因为汉字单位和它所记录的语言单位并不是一一对应、固定不变的，同字异义和异字同义的现象普遍存在，能认能写几千个汉字，不一定能读懂或创作几千字的文章，更不一定能知道汉字跟语言（字形与语言的音、义）的内在联系。所以现代的汉字教育应该把重点放在汉字的文化解构和职能应用方面，让学生不仅知其然且知其所以然，在掌握汉字职用的同时，感受汉字之美，了解汉字之源，明白汉字之理。只有这样，才算突破汉字"工具观"的局限，真正把汉字当作符号来应用，当作文化来传承，汉字教育才会内涵丰富而生机盎然。

参考文献

［1］陈澧．陈澧集［M］．上海：上海古籍出版社，2008．

［2］戴侗．温州文献丛书：六书故［M］．上海：上海社会科学院出版社，2006．

［3］段玉裁．说文解字注［M］．上海：上海古籍出版社，1981．

［4］高亨．文字形义学概论［M］．济南：山东人民出版社，1963．

［5］郭敬燕．汉字研究从"形音义"到"形意用"：读李运富《汉字学新论》［J］．语文知识，2013（4）．

［6］何余华．汉字"形构用"三平面研究的回顾与展望［J］．语文研究，2016（2）．

［7］梁东汉．汉字的结构及其流变［M］．上海：上海教育出版社，1959．

［8］吕叔湘．语文常谈［M］．北京：生活·读书·新知三联书店，1998．

［9］李香平．汉字教学中的文字学［M］．北京：语文出版社，2006．

［10］李香平．汉字理论与应用［M］．广州：暨南大学出版社，2012．

［11］李运富．楚国简帛文字构形系统研究［M］．长沙：岳麓书社，1997．

［12］李运富．汉字构形原理与中小学汉字教学［M］．长春：长春出版社，2001．

［13］李运富．现代形声字的判定及类义符和类声符［M］//湖南师范大学文学院古汉语教研室．古汉语论集：第三辑．长沙：岳麓书社，2002．

［14］李运富．汉字学新论［M］．北京：北京师范大学出版社，2012．

［15］李运富．论汉字数量的统计原则［J］．辞书研究，2001（1）．

［16］李运富．论汉字的记录职能（上）［J］．徐州师范大学学报（哲学社会科学版），2003（1）．

［17］李运富．论汉字的记录职能（下）［J］．徐州师范大学学报（哲学社会科学版），2003（2）．

［18］李运富．汉字语用学论纲［J］．励耘学刊（语言卷），2005（1）．

［19］李运富．字理与字理教学［J］．吉首大学学报（社会科学版），2005（2）．

［20］李运富.关于"异体字"的几个问题［J］.语言文字应用,2006（1）.

［21］李运富.论汉字结构的演变［J］.河北大学学报（哲学社会科学版）,2007（2）.

［22］李运富.汉字演变的研究应该分为三个系统:《古汉字结构变化研究》是汉字结构系统的重大研究成果［J］.唐山师范学院学报,2009（3）.

［23］李运富.《说文解字》的析字方法和结构类型非"六书"说［J］.中国文字研究,2011（1）.

［24］李运富."六书"性质及价值的重新认识［J］.世界汉语教学,2012（1）.

［25］李运富.汉字结构演变研究的新成果:评张素凤《汉字结构演变史》［J］.古汉语研究,2012（4）.

［26］李运富.汉字教学的理与法［J］.语文建设,2013（12）.

［27］李运富,何余华."两"字职用演变研究［J］.励耘语言学刊,2014（2）.

［28］李运富.汉字的特点与对外汉字教学［J］.世界汉语教学,2014（3）.

［29］李运富.汉字"独体""合体"论［J］.中国文字学报,2015（0）.

［30］李运富.汉字教育的泛文化意识［J］.中小学课堂教学研究,2016（1）.

［31］李运富."汉字学三平面理论"申论［J］.北京师范大学学报（社会科学版）,2016（3）.

［32］李运富."形声相益"新解与"文""字"关系辨正［J］.语言科学,2017（2）.

［33］裘锡圭.文字学概要［M］.北京:商务印书馆,1988.

［34］苏培成.现代汉字研究简述［J］.语文建设,1992（7）.

［35］唐兰.中国文字学［M］.上海:上海古籍出版社,2005.

［36］王力.汉语史稿［M］.北京:中华书局,2013.

［37］王宁.训诂学原理［M］.北京:中国国际广播出版社,1996.

［38］王宁.汉字构形学讲座［M］.上海:上海教育出版社,2002.

［39］魏鹏程.对外汉字教学必须坚持理据性原则［N］.语言文字周报,2005-04-27.

［40］王筠.说文释例［M］.北京:中华书局,1987.

［41］万业馨.从汉字研究到汉字教学:认识汉字符号体系过程中的几个问题［J］.世界汉语教学,2007（1）.

［42］王周文．汉字学教育学专家关注小学识字教学［N］．中国教育报，2000-10-03．

［43］许慎．说文解字［M］．北京：中华书局，1985．

［44］张道升．论李运富对汉字学理论的贡献［J］．求索，2012（9）．

［45］中共中央马克思恩格斯列宁斯大林著作编译局．马克思恩格斯选集：第1卷［M］．北京：人民出版社，1995．

［46］张素凤．古汉字结构变化研究［M］．北京：中华书局，2008．

［47］张素凤，汉字结构演变史［M］．上海：上海古籍出版社，2012．

［48］张素凤．谈书写对古汉字结构的影响［J］．兰州学刊，2013（9）．

［49］张素凤．谈字理分析在课文解析中的应用［J］．语文知识，2017（24）．

［50］张素凤，宋春淑，娜红．字里中国［M］．北京：中华书局，2017．

［51］张素凤，孙文莲．论古汉字构形变化的规律［J］．河北学刊，2007（2）．

［52］张素凤，石野飞，李怀志．汉字趣味图典［M］．北京：中华书局，2016．

［53］张素凤，杨洲．汉字演变中的理据重构现象［J］．河北学刊，2008（4）．

［54］张素凤，郑艳玲．汉字学理论在识字教学中的应用［J］．唐山师范学院学报，2010（3）．

［55］张素凤，张学鹏，郑艳玲．一本书读懂汉字［M］．北京：中华书局，2012．

［56］周士琦．实用解字组词词典［M］．上海：上海辞书出版社，1986．

［57］朱小健．当汉字面对世界［N］．文艺报，2014-12-29．

［58］赵元任．赵元任语言学论文集［M］．北京：商务印书馆，2002．

［59］郑贤章．龙龛手镜研究［M］．长沙：湖南师范大学出版社，2004．

［60］朱志平．汉字构形学说与对外汉字教学［J］．语言教学与研究，2002（4）．

后 记

　　二十世纪七十年代的时候，我曾在一个学校当过几年教师。后来，我进入了师范大学深造，也一直关注中小学语文教学的发展。几年的教学经验加上专业知识的深入学习让我不断思考，当前教师的首要任务是什么，又该如何进一步提高教学质量？在把自身存在以及见过的教学问题认真梳理后，我认为，当前教师的首要任务应该是全面提升自己的文化素质。我们的语文教材对教师提出了许多要求，但是相当多的语文教师在面对这些要求时往往力不从心，这充分说明现有师资队伍的总体文化素质还处于偏低的状态，因此在讨论二十一世纪中小学语文教育改革时，我提出首先要保证中小学语文教师文化素质的全面提高。[1]"要给学生一碗水，教师要有一桶水。"这句话深得教育之理！毕竟名师才能出高徒，一个知识渊博的人总会在无形中对周围的人产生积极影响，如果这个才华横溢的人恰巧是教师，那对他的学生来说，该是多好的福气啊。我一向认为，教育改革的重点不是教学方法改革而是提高教师素质。一个年轻教师，只要向有经验的前辈学习，参与教师团体的教学研讨，多观摩名师课堂，就能快速提升自己的教学技巧。但教师的素质是长期学习和培养的结果，专业系统的语文知识不是光凭资历就能拥有的。时至今日，距离我当时的思考已经过去了二十多年，现在想来这个观点依旧有

---

[1] 参考李运富《当务之急在于全面提高教师的文化素养——21世纪中小学语文教育改革漫议》（载《问题与对策：中小学语文教育改革》，人民教育出版社，2000年版）。

一定道理。所以当顾之川先生邀请我写一本关于汉字教学方面的参考读物时，我欣然答应了。

汉字的"三维属性"是我提出的一套汉字理论，不同于传统的"形音义三要素说"和"六书"分析法，而是从形体、结构、职用三个维度对汉字进行考察、分析和描述。这一理论立足汉字本体，避免了把语言系统的音、义与文字系统的形混为一谈；强调职用功能，避免汉字教学局限于形体而忽略字词关系；重视形体识别和理据关联，不主张对汉字进行过度的书写规范和随意拆解。这些变化较之"形音义三要素说"观念下的"字典式"教学更符合实际需要，更容易为学生接受。这套理论提出后有幸得到重视汉字教学的张素凤、李香平两位老师的认同，她们在自己的论文中介绍了"三维属性"理论，并据此编撰了汉字教学应用的书籍。我也希望这套理论能为教学一线的广大中小学教师用于教学实践，只有经受过无数次教学实践，才能验证其优势并找到有待完善之处。而这次应邀编写此书，正是将"三维属性"理论直接引荐给广大中小学教师的机会。

为了不让论述显得空洞，也为了帮助广大教师理解，我打算结合汉字教学实际来丰富书籍内容。毕竟我已离开教学一线几十年，恐怕不能很好地把握当前的教学情势，所以特别邀请李香平和张素凤两位老师与我合作。两位老师在汉字教学方面都有长期的实践和积累，对我的"三维属性"理论有所了解也曾用于教学实践，是很理想的合作伙伴。两位老师很是积极热情，按我提出的撰写思路和大纲并参考我的一些相关论著后，很快就拿出了初稿。在两位老师互相补充的初稿基础上，我又进行了一些增删和统一，这本针对汉字教学的书籍终于得以面世。本书并非理论创新的成果，只是对汉字的"三维属性"如何应用于日常教学作了一些建议，希望能作为应用型辅助读物在某些方面给汉字教学研究者和一线的中小学语文教师提供借鉴和启示。

感谢顾之川先生的真诚邀约，感谢张素凤和李香平老师的倾力合作，也感谢所有阅读本书的朋友！